汉译世界学术名著丛书

理查三世史

〔英〕托马斯·莫尔 著

夏海涛 译

Thomas More
THE HISTORY OF KING RICHARD THE THIRD
根据 Rastell 1557 年版并参考乔治·M. 洛根英译版译出

汉译世界学术名著丛书
出 版 说 明

我馆历来重视移译世界各国学术名著。从20世纪50年代起，更致力于翻译出版马克思主义诞生以前的古典学术著作，同时适当介绍当代具有定评的各派代表作品。我们确信只有用人类创造的全部知识财富来丰富自己的头脑，才能够建成现代化的社会主义社会。这些书籍所蕴藏的思想财富和学术价值，为学人所熟悉，毋需赘述。这些译本过去以单行本印行，难见系统，汇编为丛书，才能相得益彰，蔚为大观，既便于研读查考，又利于文化积累。为此，我们从1981年着手分辑刊行，至2023年已先后分二十一辑印行名著950种。现继续编印第二十二辑，到2024年出版至1000种。今后在积累单本著作的基础上仍将陆续以名著版印行。希望海内外读书界、著译界给我们批评、建议，帮助我们把这套丛书出得更好。

商务印书馆编辑部
2023年11月

目　录

导论 …………………………… 乔治·M. 洛根　1

年表 ………………………………………… 56

理查三世史 ………………………………… 61

译名对照表 ………………………………… 143

附录：莎士比亚借鉴莫尔 …………………… 149

导　　论

乔治·M.洛根

托马斯·莫尔用英文和拉丁文撰写了《理查三世史》，但都没有最终完成。两个版本的开头部分都是理查的哥哥爱德华四世于1483年4月9日去世，接着比较详细地叙述了后来三个月动荡时期发生的一系列事件，以理查于7月6日加冕为国王而达到高潮。拉丁文版《理查三世史》到此戛然而止。英文版继续往下写，叙述了所谓奉理查之命谋杀爱德华的两个王子（王位合法继承人），接着，有几页讲述了后来的一幕——篡位者理查的主要盟友白金汉公爵发动叛乱——英文版也到此戛然而止。

尽管英文版《理查三世史》尚未完成，但它仍不失为一部声誉卓著、影响巨大的作品。在莫尔于1535年被处决之前，这本书尚未出版。从1543年开始，它被纳入一系列流行的、接连不断互相蚕食引用的16世纪编年史之中，并很快被认为是其中最好的部分。（这部书也发表在1557年出版的《托马斯·莫尔英文著作集》里。）尤其是《理查三世史》在编年史中的延续性，莎士比亚阅读后颇为景仰，他本人的《理查三世》（Richard III）就是以莫尔的著作为主要来源和史学模式。莎士比亚的理查实质上就是莫尔的理查，在他们之间，这两位伟大的作家确立了仍然众口相传的对理查的看法：一个身心俱被扭曲的彻头彻尾的伪君子，执意不顾任何生命代价夺取王位。

对理查的这个看法，自16世纪后期开始就受到他的辩护者的诸多质疑，事实证明，他的辩护者是一个特别富有激情而坚持不懈的群体。他们集中精力揭露《理查三世史》中的错误和不近情理之处。不可否认，作为文艺复兴时期人文主义者复兴自古希腊罗马的丰富多彩的、半虚构的史学人物传记，莫尔的著作不符合现代历史写作的评判标准。然而，到了20世纪后期，历史研究已经表明，这部《理查三世史》大体上与关于理查篡位最可靠的早期记述相吻合，尽管书中有不准确、恶意和夸张之处，它仍然是了解1483年事件的宝贵来源，莫尔对那些事件显然是非常知情的。

这部作品也被公认为非常优秀的文学作品。最近最著名的莫尔传记作家理查德·马里厄斯（Richard Marius）称这部《理查三世史》"或许是他写过的最好的东西"。① 鉴于莫尔的著作中还包括一部现代世界里最吸引人、最具影响力的著作《乌托邦》（Utopia），这么说就是赞誉有加了。但是，莫尔只用拉丁语写了《乌托邦》，尽管同许多其他中世纪和文艺复兴时期作家一样，他对拉丁文这种第二语言（欧洲学术交流的通用语）使用得非常流利，但拉丁文毕竟不是他的母语。相比之下，在英文版《理查三世史》中，莫尔毫无限制地发挥了保罗·默里·肯德尔（Paul Murray Kendall）（拥有最

---

① 理查德·马里厄斯：《托马斯·莫尔》，第98页。

多读者的理查现代传记作家)所说的"[他的]文学天赋有令人震惊的生机活力"。①

令人震惊的生机活力,这话恰如其分地表达了阅读这部《理查三世史》的如此令人愉快的经历——事实上类似于看一部莎士比亚的同名戏剧,莫尔的著作与莎士比亚的同名戏剧形成了令人着迷的对比。在导论中,我将通过莫尔的生平履历,他所能了解到的对理查的记述,以及人文学者的史学研究,概述这部书的来龙去脉,追本溯源。我还试图概述这部书对后来的文学以及对理查三世的争议所产生的影响,并指导对莫尔、他这部书及其主题的拓展阅读。

托马斯·莫尔

莫尔1478年2月7日生于伦敦,抑或是1477年。② 他的父亲约翰·莫尔(John More)是一位律师和法官,显然希望他的长子步其后尘从事法律行业。托马斯在附属于圣安东尼医院的一所文法学校待了几年,学习拉丁文基本知识。十二岁左右,他到约翰·莫顿(John Morton)家中做少年侍卫,莫顿担任过亨利七世(Henry VII)的大法官,亨利七世于1485年在博斯沃思原野战役(the Battle of Bosworth Field)中击败理查三世后登上国王宝座。莫顿还是坎特伯雷大主教,从1493年起担任红衣主教。因此,莫尔跟

---

① 保罗·默里·肯德尔:《理查三世:大辩论》,第423页。
② 参看理查德·马里厄斯:《托马斯·莫尔》,第7页;彼得·阿克罗伊德(Peter Ackroyd):《托马斯·莫尔传》,第4页。后文所述莫尔的生平概况改编自《剑桥乌托邦》。

随莫顿是被放在一个理想的位置上,这使这个男孩得以熟悉公共生活的方式,并确保莫顿成为他强有力的庇护人。莫顿成了他最重要的良师益友,对这一点,莫尔怀着深深的敬重,在这部《理查三世史》(莫顿其实是这部《理查三世史》一系列事件中的关键人物)和《乌托邦》(莫尔在这部著作开头部分用虚拟对话为莫顿创造了一个角色)中对这位老人的描写尤为明显。

莫尔在莫顿身边待了两年之后,被送进牛津大学,大概旨在磨练修辞和辩证法技能,这对从事法律生涯是很重要的。(当时十四五岁入校学习人文学科并非罕见。)大约十六岁时,他回到伦敦,开始在律师学院(the Inns of Court)接受法律训练。

然而,莫尔在学习法律的那些年里,越来越受到一群人文学者的影响,这群人是正在涌现的欧洲人文主义传统的核心人物。现代调查表明,"人文主义"一词用在文艺复兴时期,是最恰当地用来专指某种学术取向,而不是指某种哲学立场——因为没有哪个单一的立场是所有那些我们习惯称之为人文主义者的文艺复兴时期人物所共同持有的。"人文主义"是19世纪新造的词语,但"人文主义者"一词只是在文艺复兴时期方可找到,它源于西塞罗的短语"人文学"(studia humanitatis),指的是由语法、修辞、历史、诗歌和道德哲学组成的学科门类。[①]拉丁文作为标准学术语言,在中世纪经历了自然演变。在13世纪后期,人文主义者发起一场复兴古典拉丁语的尝试,取得了令人瞩目的成功;在15世纪早期,他们中比较先进的人热衷于掌握古希腊文。莫尔师从语法学家约翰·霍

---

① 参看保罗·奥斯卡·克里斯特勒(Paul Oskar Kristeller)的开创性著作《文艺复兴思想:经典、经院哲学和人文主义流派》(纽约:哈珀火炬丛书,1961年)。

尔特(John Holt)学习拉丁文写作,师从第一个教授希腊文的英国人威廉·格罗辛(William Grocyn)学习希腊文。他还受到人文主义神学家约翰·科利特(John Colet)的强烈影响。和格罗辛一样,科利特也曾在人文主义中心意大利学习。1496年回到英国后,他在牛津大学就圣保罗书信(the epistles of St. Paul)开设了几个系列的讲座,这些讲座是最早在英语中应用意大利人文主义的一些训诂史学技巧;后来他担任圣保罗大教堂枢机主教长(dean of St. Paul's Cathedral)。1499年,莫尔结识了伟大的荷兰人文主义者伊拉斯谟,后者在那一年首次访问英国。

事实上,这一时期,莫尔似乎一直像在倾心追求法律那样追求文学术业。他可能也在考虑接受牧师的召唤。根据伊拉斯谟1519年所写的莫尔小传,有一段时间,"他全部心思都用来追求虔诚,包括守夜、斋戒、祈祷和类似活动,为自己做牧师做准备"(《多伦多伊拉斯谟文集》,7.21)。事实上,莫尔似乎已经检验了他的职业不仅仅是为了牧师生涯——正如莫顿的表率所表明的那样,这个召唤不一定会排斥法律(和政治)生涯——而且也是为了宗教退隐生活。莫尔的女婿威廉·罗珀(William Roper)所写的传记说,大约在这个时候,莫尔和加尔都西会隐修士一起生活了四年,这是修道院中最严格的品级。①

---

① 《托马斯·莫尔爵士传》,见《都铎王朝早期的两个人》,理查德·S.西尔维斯特和戴维斯·P.哈丁编(纽黑文,康涅狄格和伦敦:耶鲁大学出版社,1962年),第198页。罗珀说,莫尔"在伦敦查特修道院(the Charterhouse)献身祷告,过了大约四年的宗教生活,但未立誓"。莫尔的曾孙克雷萨克雷·莫尔(Cresacre More)所写的传记却说,莫尔是居住在查特修道院的"附近"。《托马斯·莫尔爵士传》,约瑟夫·亨特编(伦敦,1828年),第25页。

莫尔终于作出了选择。1505年初,他关上了牧师和隐修生活的大门,与一个富有地主的女儿琼·科尔特(Joan Colt)①结婚;结婚之后的岁月里,也没有任何迹象表明他打算放弃从事法律。鉴于需要扶养一个不断添丁的大家庭——琼于1511年二十三岁去世之前给他生了四个孩子,前妻去世不久莫尔又娶了中年寡妇艾丽斯·米德尔顿(Alice Middleton)——他不敢抱有放弃从事法律的念头。

第一次结婚后的十年里,莫尔的职业生涯迅速蹿升。罗珀说他是1504年的国会议员(据说他在国会里挫败了亨利七世的征税令),在1510年的议会里他几乎肯定是伦敦金融城的代表。同一年,他被任命为伦敦副行政司法长官,其职责包括担任城市法官。1518年3月,他进入亨利八世(1509年继承其父为英国国王)的国王咨议会。② 作为咨议会顾问的职责五花八门,但他本人在1529年成为大法官之前,他的主要工作是担任国王的秘书。因此,当亨利八世(于1521年)决定出版一本抨击马丁·路德(Martin Luther)*的书的时候,莫尔充当他的文学顾问和编辑。

在莫尔职业生涯的早期,他还得以进行了大量独立的学术研究和写作。他在这一时期的著作与西塞罗"人文学"的五个相关学

---

① 她的名字通常是"简"(Jane),参看热尔曼·马卡杜尔:"莫尔的第一任妻子……简?还是琼?",《莫尔研究》,第29卷,第109期(1992年3月),第3—22页。

② 关于莫尔进入国王咨议会的日期,参看约翰·盖伊(John Guy)所著《托马斯·莫尔》,第52—53页。

* 马丁·路德(1483—1546年),16世纪欧洲宗教改革倡导者,基督教新教路德宗创始人。——中译者

科显著吻合。作为语法学家(按照文艺复兴时期对这一术语的理解),他将许多希腊诗歌警句以及希腊讽刺作家琉善(Lucian)的四篇短篇散文翻译成拉丁文。作为修辞学家,他针对琉善"诛杀暴君"(Tyrannicide)撰写了一篇演说词。(演说词是一篇标准的修辞练习,一篇关于似是而非抑或是巧妙话题的演说词,经常涉及一些历史或神话人物的人格化身。)伊拉斯谟报告了一篇失传的对话,对话或许有着演说词的意味,捍卫柏拉图在《理想国》中所提倡的公妻制。这些年来几篇冗长的辩论文字属于谩骂的修辞流派。作为诗人,莫尔除了写过几首英文诗外,还写了大量的拉丁警句。作为道德和政治哲学家,他撰写了《乌托邦》。作为历史学家,他用人文主义手法撰写历史传记,先是翻译15世纪意大利哲学家皮科·德拉·米兰多拉(Pico della Mirandola)的一本传记,然后撰写了《理查三世史》。

不过,莫尔自四十岁出头,就再也没有发表人文主义的作品了。他的两篇辩论性文字在1520年一起发表了。但其后他发表的作品——他本人的反路德的作品和一系列祷告作品——并不属于人文主义类别。

《理查三世史》

1. 主题选择

对于莫尔来说,历史显然具有极其强大的吸引力。根据他的16世纪传记作家托马斯·斯特普尔顿的说法,他"如饥似渴地研读了他能找到的所有历史著作"。① 由于他一度还打算将自己树立为欧洲人文主义者社团的出版业大员，所以他着手撰写一本他自己的历史著作也就不足为奇了。

理查三世的生涯成为他选择的特别主题也不足为怪。如果说历史是莫尔特别热衷的学科之一，那么腐败的政府——暴政和不道德的治国术——就是他最反感的事情之一。伊拉斯谟在他的莫尔传记小品中报告说，他的这位朋友"总是特别憎恨暴政"。② 这种厌恶之情在莫尔拉丁文警句里关于暴政的一系列刻薄诗中表现得尤为明显，在警句里，暴政实际上是唯一最突出的主题。莫尔对不道德治国术的憎恨是《乌托邦》一书的主要关切，表现在既直接严厉地谴责同时代欧洲君主制的所作所为，又将欧洲和乌托邦联邦之间进行含蓄和明确的对比（最鲜明的对照）——乌托邦联邦的军队不时地将邻国从暴君手中解救出来（《耶鲁圣托马斯·莫尔全集》，4.197, 201；《剑桥乌托邦》，197, 201—203）。《理查三世史》属于这类作品，因为莫尔对腐败政客（多半未曾改变的）的阴谋诡计和劫掠蹂躏作了最详细的分析，而理查和他那个时代的政坛其他表演者为之提供了实例。

按照现代标准，理查三世即使是一个暴君，也似乎相当温和，与其说是头雄狮，不如说是只狐狸。但对莫尔和他同时代的人来说，理查是最著名的英国暴君典型；无论按任何标准来衡量，他篡夺政

---

① 《托马斯·莫尔爵士的生平和殉道壮举》，菲利普·E.哈利特译，E.E.雷诺兹编（伦敦：伯恩斯暨奥茨出版社，1966年），第14页。
② 《多伦多伊拉斯谟文集》，7.18，将"暴君"译为"专制君主"。若要浏览莫尔关于暴政的著作（完全符合伊拉斯谟的申述），参看尤厄·鲍曼（Ewe Baumann）："托马斯·莫尔及古典暴君"，《莫尔研究》，第86期（1985年7月），第108—127页。

权都是毫无约束的现实政治的最好例证。^①理查篡权不仅在英国,而且在整个欧洲都是一桩令人关注的丑闻,它已成为许多书面评论的主题,毫无疑问,也是大量口头回忆和流言蜚语的主题。正如我们将会看到的那样,莫尔本人与这些谈资的关键部分有着令人信服的关联。他可能也相信,对理查三世秉笔直书将对他本人的政治生涯产生有益的影响。(伊拉斯谟的传记小品鼓吹莫尔必须被拉进去为皇室效劳,虽然鼓吹得非常成功,但现在看来相反的一面或许更接近真相。)^②理查三世的死敌是亨利七世,即现任国王的父亲。事实上,莫尔对欺压成性的英国君主的手法最熟悉的还是阴险狡猾、敲诈勒索的亨利七世本人,也是他最鄙视的人。但他绝不能写一本敌视亨利七世的传记。^③

2. 日期

看来莫尔有可能是在1510年至1520年这十年间撰写(并最终放弃)英文版和拉丁文版的《理查三世史》的,当时他的其他人文

---

① 在当时,英文和古拉丁文"暴君"(tyrant, tyrannus)一词,既指"暴君",也指"篡位者",即是说,篡位者非法篡夺王位本身就使他成为暴君,无论他后来统治的性质如何。比较弗朗西斯·培根(Francis Bacon)所著《英王亨利七世史》的开篇语:"……理查三世,名义是国王,但称号和统治是暴君,自……以来的各个时期都是这么普遍称呼的……"《英王亨利七世史》,布赖恩·威克斯编,"剑桥版政治思想史"系列(剑桥:剑桥大学出版社,1998年),第5页。一般性讨论参看 W.A. 阿姆斯特朗(W. A. Armstrong):"伊丽莎白时代的暴君概念",《英语研究综述》,第22期(1946年),第161—181页。

② 参看盖伊:《托马斯·莫尔》,第42—58页。

③ 然而,在未完成的《理查三世史》中断写作前不久,莫尔提出了一种可能性,即他有可能"以后没准撰写已故的念念不忘的高贵君王亨利七世的时代"。人们不知道他是怎么想的,他是否能够办到。

主义著作多半已经完成,不可能精确划定这部著作的撰写日期,甚至无从知晓在1520年代他是否继续写作。关于这个问题,唯一的外部证据来自莫尔的外甥威廉·拉斯特尔(William Rastell),他在1557年出版的《昔日英国大法官托马斯·莫尔英文著作集》(以下简略为《托马斯·莫尔英文著作集》)里说,莫尔"大约是在1513年"撰写了《理查三世史》。①然而,这部著作的一些章节只有到了1513年以后才能撰写——拉斯特尔给出的这个日期肯定是个粗略估计。我们不知道莫尔是否对他的初稿作过重大修改。(但我们确实知道他没有作过彻底修改,因为拉斯特尔出版《托马斯·莫尔英文著作集》所使用的莫尔手稿中,明显包含几个小的错误、不一致和重复材料,即便是草草浏览也会发现的,手稿中还留有若干空白之处——为填日期、距离、人名和地名,莫尔显然是留待以后某个时候填写。)但此书首句提到萨里伯爵托马斯·霍华德二世(Thomas Howard II),无论撰写还是修改此句,都不会早于1514年2月,因为只有到了这个日期霍华德才被册封伯爵头衔。此外,这部著作开头几页总体上似乎明显模仿塔西佗(Tacitus)的《编年史》的卷首

---

① 1565年在鲁汶(Louvain)出版的《托马斯·莫尔拉丁文著作集》卷首语对这种说法作了回应。拉斯特尔同年8月在鲁汶去世,死后不久莫尔的拉丁文著作集出版,他在出版拉丁文版本中肯定起了一些作用——或许是主要作用。参看《托马斯·莫尔英文著作集》,1.9—12——也是为了表示不同意拉斯特尔主要负责这个版本,见《耶鲁圣托马斯·莫尔全集》,2.xlviii—1。
关于英文版和拉丁文版《理查三世史》之间的关系——有令人信服的证据证明两个版本都不是简单互译而成的,莫尔是交替撰写英文版和拉丁文版《理查三世史》的,参看《托马斯·莫尔英文著作集》,1.47—52;《耶鲁圣托马斯·莫尔全集》,2.liv—lviii,15.cxlviii—cli。

语。①* 但《编年史》早期几卷多少个世纪以来早已佚散，只是到了1515年才第一次出版，因此英国最早要到那一年才能有这些书。② 我们至少可以说，提及霍华德被册封为萨里伯爵不可能是在1524年之后写的，因为那一年霍华德已继承其父的诺福克公爵（duke of Norfolk）头衔。③ 总而言之，虽然这部著作有可能是到1513年才开始写作，但似乎更可能是至少一两年后，或许只是到了1516年秋天《乌托邦》完成后才开始写的（到那时莫尔貌似能读到《编年史》的卷首语）。直到1510年代后期，他或许都没有放弃《理查三世史》的写作——甚至或许才开始创作，他也无任何理由不会将这部书一直写到1520年代，即使仅仅是断断续续地撰写。④

---

① 参看后文第xxxvii—xxxviii页。（此为乔治·M.洛根英译版原书页码，即本书导论部分边码。余同。——中译者）

* 塔西佗（56—120年），古罗马元老院议员、行政官、历史学家，主要著作有《历史》《编年史》，分别记述68—96年及14—68年罗马史实。——中译者

② 从1520年起才最早两次提到在英国有这些《编年史》书籍（《耶鲁圣托马斯·莫尔全集》，2.xci），但完全有可能英国在这之前就有这些书籍。
莫尔《理查三世史》的几个细节似乎是源于罗伯特·费边（Robert Fabyan）的《英国和法国新编年史》（The New Chronicles of England and France），这部书的第一部分——记述直至理查垮台的历史——是在1504年完成的（根据费边记录），并于1516年或1517年初出版。但莫尔可能已经结识了费边，可能看到了他的著作手稿。参看后文第xxviiii页。

③ 莫尔还在卷首语中说，爱德华四世的女儿凯瑟琳"仍然……健在"；她于1527年去世。大约在书的中部，关于爱德华四世的受宠情妇"简·肖尔"（"Jane" Shore）的著名章节估计也不可能是晚于1527年撰写的，因为肖尔是在1526年或1527年去世的，但那一章节说她仍然健在。参看本书后文第109页。关于肖尔生平，参看尼古拉斯·贝克尔（Nicholas Barker）所写的"真实的简·肖尔"，《伊顿研究》（Etoniana），第125期（1972年6月），第383—391页（关于她去世，见第385页）。

④ 理查德·西尔维斯特在耶鲁版《理查三世史》中处理日期时非常细心，他确定这部著作是在1514—1518年写的（《耶鲁圣托马斯·莫尔全集》，2.lxiii—lxv），但他没有提供可以排除莫尔将这部书的写作持续到1520年代的证据。艾莉森·哈纳姆（转下页）

3. 消息来源

莫尔只有一次在《理查三世史》(只是在拉丁文版中)中指明了一个消息来源:他说无意中听别人谈话,是从他父亲那里听说的(《耶鲁圣托马斯·莫尔全集》,15.328—329)。他不愿吐露向他提供消息的人,部分原因可能是他在撰写比较近期的事件,在这些事件中,一些强势人物——其中少数人仍然健在,其他人有强势的后代——多多少少扮演了不太光彩的角色。莫尔情有可原地觉得有必要隐瞒这些事情的消息来源。① 但是,这种考虑难以解释他为何一概不提供向他口头提供消息的人的名字(上面提到的他父亲是唯一的例外),也难以解释他为何一概不指明他可能使用过的书面消息来源。要想解释他为何多半缄默,我们必须转而正视这样的事实,即奉行莫尔所遵循的传统——希腊罗马历史学家所确立、他们在文艺复兴时期的人文主义竞争者所复兴的修辞史学——的历史学家是回避指明提供消息人士的,引用他们的话语也被认为是不雅的。

确实,这些历史学家懂得,他们作品的权威——说服力——部分取决于他们似乎有好的消息来源,似乎明智地权衡了互相冲突的消息来源,因此,他们经常用套话提及(未指明的)消息来源和他们据称权衡再三后对不同的说法所作的选择。这里莫尔也和他的同道保持一致,插入一些标准的套话:"一些智者也认为";"我是从

(Alison Hanham)认为《理查三世史》的最后创作阶段至少延续到1527年(《理查三世与他早期历史学家(1483—1585年)》,第217—219页),但她的主张是基于一个难以叫人相信的说法,即编年版《理查三世史》的创作阶段比拉斯特尔出版《托马斯·莫尔英文著作集》时所用的手稿还要晚。

① 参看后文第 xli—xlii 页。

非常可靠的来源获知这一消息的";"非常真实、非常灵通的消息";"我肯定知道";"我听一些人（说他们亲眼看到了）"。这样的插入文字，最煞费苦心的莫过于他所处理的一件最神秘、最有争议的事情，即爱德华四世的两个儿子失踪和据信被谋杀一事的开头叙述："我要告诉你们那两个小儿的悲惨结局，我不是依据我听到的各种说法，而是依据我从这样的人物，以这样的方式听到的说法，虽然令人难以置信，却是真实的。"

当然，这种符合常规套话的表白并不一定意味着是假的。毫无疑问，莫尔听到许多人谈论他所撰写的事件，这些人不同程度地贴近这些事件，他显然要评估向他提供消息的人士的相对可靠性。虽然莫尔对这些消息来源遮遮掩掩，再加上当时历史写作相互之间的复杂关系，使之不可能确切了解到他从哪些权威渠道获取了哪些消息，但仍有可能对他最靠谱的消息来源作出貌似可信的推断，并确定《理查三世史》与理查的岁月真相有多接近。

我们可以肯定，向莫尔口头提供消息的人士包括他父亲——必定告诉了他比上面提到的所传谈话还要多的情况。[②] 约翰·莫尔并不是他儿子所撰写的事件当中的角色，因此除了公共事件外，他所谈到的其他任何事件必定是道听途说。但在理查篡权时，他是一位三十多岁的正在擢升的律师，在伦敦生活工作，理查篡权的大多数事件都发生在伦敦。显然，他对儿子了解《理查三世史》里的人物事件所作的最重要贡献，是设法将儿子送到约翰·莫顿家里当少年

[②] 对莫尔口头消息来源人士作了最好叙述的是 A.F.波拉德（A.F.Pollard）的著作《托马斯·莫尔〈理查三世史〉诞生记》，第 422—425 页；以及西尔维斯特的序言，见《耶鲁圣托马斯·莫尔全集》，2.lxv—lxx。

侍从，莫顿最有可能是莫尔最重要的口头消息来源人士。①

　　莫尔大约在1490—1492年侍候莫顿，即是说，是他大约十二岁至十四岁的时候，理查篡夺王位过去还不到十年。莫顿1483年担任伊利主教和爱德华四世的重要顾问，在爱德华四十岁英年早逝后，他陷入极度混乱的旋涡。我们无须想象他私下向一个少年男孩谈过这些事情，但同样难以想象的是，在1490年代早期，他家里包括莫顿本人没有大量谈论过这些事情。莫尔就在他家里，他肯定是一个智力早熟的青少年。据威廉·罗珀说，莫顿本人呼吁关注这个男孩的伟大前程。"在这儿侍候进餐的这个孩子，"据信他不止一次这么说，"谁能活着看到，就会见证他将是个了不起的人物。"(《托马斯·莫尔爵士传》，第198页）罗珀说莫尔是通过莫顿方才进入牛津大学的；或许莫顿在1500年（莫尔二十二岁时）去世之前，确曾偶尔与他这个绝顶聪明的心腹有过私下交谈。

　　同样，其他各种人物大概也向莫尔讲过1480年代的事情。正如A.F.波拉德所指出的那样，有若干个人"在理查统治的时候参与了公共事务，在莫尔写书的时候不仅健在，而且是他的朋友、相识，或者是邻居"（《托马斯·莫尔〈理查三世史〉诞生记》，第423页）。

---

① 有些许理由认为莫顿可能留下了讲述理查篡权的书面材料：参看A.N.金凯德（A.N.Kincaid）所写的"爱德华·霍比爵士和'理查国王'：莎士比亚戏剧或莫顿的小册子？"，《注释和疑问》，第226期(1981年），第124—126页；以及丹尼尔·金尼对金凯德的发现所作的评价，见《耶鲁圣托马斯·莫尔全集》，15.cxxxvi—cxxxvii注释。与数世纪以来理查的许多辩护者——有时候还有其他人——的主张相反（参看后文第xlix页），莫顿并没有撰写拉丁文版或英文版《理查三世史》。莫顿写过《理查三世史》的说法遭到R.W.钱伯斯（R.W.Chambers）的驳斥，参看他的论文"《理查三世史》的作者"，见《托马斯·莫尔爵士英文著作集》，1.24—41；还可参看《耶鲁圣托马斯·莫尔全集》，15.cxxxvi注释，cxlv注释。

当然,无法断定这些人中有谁告诉过他尤其是为撰写《理查三世史》xxvi 铺平道路的事情。①

莫尔也能看到大量的书面消息来源。首先,作为律师和伦敦副行政司法长官,他能轻易地查阅公共档案。然而,没有证据表明他这么做过,除了他报道过一次白金汉公爵(在伦敦市政厅发表)的讲话,讲话在某些地方极像呈送给理查的劝进表(毫无疑问是理查本人的主意),呼请他接受王位;劝进表于翌年被纳入议会《王位解决法案》(Act for the Settlement of the Crown)。②

即便是莫尔可能看到的叙事史,其中一些他肯定读过(别忘了斯特普尔顿曾经说过,莫尔对历史著作有着贪婪的胃口),要将这些历史与《理查三世史》建立确切的联系也几乎永远是不可能的。之所以如此,不仅仅因为莫尔选择不指明消息来源,而且因为另外两个原因。首先,没有史实或断言与某部历史有着独特的关联,既是因为一个列举的史实经常出现在不止一部史书中,也是因为任何史实同样很有可能是口头消息来源提供给莫尔的。其次,只有三个章节——费边的《新编年史》里——莫尔的措辞与先前叙事措辞足够接近,意味着与之有直接的关联。尽管如此,有必要快速浏览一下这些历史著作,以便明了莫尔的这部书是如何与理查早期叙事史的母体著作一脉相承的。

---

① 哈纳姆提供了莫尔大概从口头消息人士那里获悉的事例,因为在现存的书面消息来源里没有这些事例(《理查三世与他早期历史学家(1483—1585年)》,第163页)。

② 这个版本的劝进表——现存的最早版本——被哈纳姆广泛引用(《理查三世与他早期历史学家(1483—1585年)》,第45—48页),她还列举了劝进表和《理查三世史》里白金汉讲话之间最明显的相似之处(《理查三世与他早期历史学家(1483—1585年)》,第164页注释)。至于莫尔版本的白金汉讲话,参看后文第120—129页。

英国如同其他地方一样,中世纪撰史的主要方式是编年史:一种仅仅是逐年记录历史事件的著作,通常没有复杂的解释,结构和风格也不复杂。在印刷业(英国从1476年开始)出现之前,以及之后的相当长时期,许多编年史是以手稿的形式流传的。个人抄本通常是由单独的续篇予以更新的。这些通常是吸收抄自不同消息来源的各种材料创作或补充的;续篇作家通常是编纂者而不是原作者。因此,这些编年史之间的相互关系通常极为复杂,以至于不可能查考到这些编年史材料的系谱图。

几乎与欧洲中世纪所有其他历史写作一样,英国的编年史是在隐修院用拉丁文写出来的。然而,到了15世纪后期,英国隐修院编年史写作传统已经奄奄一息。有一个显著的例外,对审视莫尔可能的消息来源来说重要的(或者对研究理查的独立消息来源并用以比较《理查三世史》来说重要的)编年史,属于一种新样式,即伦敦编年史。这些伦敦编年史是用英文写成的,在学术取向上比隐修院编年史通常更为世俗,是由伦敦市官员和商人抄写或编纂的,显然常常由其业主更新。如同隐修院编年史(并与古典传统的修辞史形成强烈对比),伦敦编年史经常吸收官方文件抄本,正如一位现代学者所指出的那样,甚至吸收了"大堆大堆的"官方文件抄本,[①](用现代观点来看)其价值多半源于这种做法。

隐修院编年史作为莫尔《理查三世史》的可能消息来源或重要类似物,通常并无重要分量,但有一个例外,那就是林肯教区克劳兰本笃会修道院(the Benedictine abbey at Crowland in the diocese of Lincoln)极其有趣的一个编年史片段,这是一部匿名著作,被

---

① F.J. 利维:《都铎王朝史学思想》,第18页。

称为《克劳兰编年史第二续篇》(The Second Continuation of the Crowland Chronicle)。这部续篇是现在研究爱德华四世和理查三世统治时期历史的最权威的资料来源,是一部判断准确且内容丰富的著作,显然是根据政治事件内幕消息编纂而成的。① 但莫尔极无可能看到这部作品(在16世纪末之前其他历史学家似乎不知晓这部作品,它直到1684年方才出版)。续篇编纂者对理查统治的叙述远不及莫尔《理查三世史》的详细,但这两部著作对理查篡夺王位的基本史实以及对理查的总体看法有着惊人的相似之处(不过,续篇中没有耸人听闻的面相细节,而莫尔引用其他消息来源重复了这些细节,虽然惹人怀疑)。这些相似之处构成一个最重要的标记:莫尔对他勘察过的历史地形是了如指掌的,他对历史主角的性格和行为毫无奉承的解释不仅仅是都铎的宣传,而且与事件本身同时代的最敏锐的观察家所作的解释和谐一致。②

在伦敦编年史中,需要挑出来说明可能是莫尔消息来源的两种都与罗伯特·费边有关联。费边是伦敦高级市政官,1493年担任伦敦行政司法长官,正如我在上面说过的那样,他有可能认识莫尔本人。他于1513年年初去世。1516年或1517年,《英国和法国新编

---

① 此续篇似乎是在1486年4月写成的。关于此续篇及其作者的可能身份和性格的详细而严肃的讨论,参看尼古拉斯·普罗内伊(Nicholas Pronay)和约翰·考克斯(John Cox)编的《克劳兰编年史续篇(1459—1486年)》序言。

② 莫尔基本上是认同最早的消息来源的,这同样明显地表现在《理查三世史》的基本叙述与其他最具价值的同时代记述基本相似(莫尔是极其不可能知晓这些记述的),见多米尼克·曼奇尼(Dominic Mancini):《理查三世篡夺王位》。多米尼克·曼奇尼是意大利人,在理查篡夺王位时旅居伦敦,六个月后他返回欧洲大陆,用拉丁文撰写此书,记述了理查三世的篡权事件。这部著作以手稿的形式保存在法国的里尔(Lille),直到1936年方才出版(参看后文第 liv 页)。

年史》在伦敦出版，没有著作者姓名。① 然而，在1533年，（莫尔的外甥）威廉·拉斯特尔出版了与此编年史不同的扩充版，载明整部作品的著作者是费边。也有足够的理由认为另一部作品也是费边撰写的，这部作品现在被称为《伦敦大事记》(The Great Chronicle of London)，显然在1512年就已经完成，但直至1938年仍然只是手稿。② 和其他多数编年史一样，这两部编年史只是些材料汇编，包含的以前没有记录过的材料极少。莫尔在撰写《理查三世史》时，肯定查阅过——或者仔细回忆过——手稿形式的或1516/1517年出版的《英国和法国新编年史》(或有可能与费边分享了文本的其他著作)，因为《理查三世史》至少有三处章节的史实细节和措辞显然借鉴了这部编年史。反向引用消息来源也是可以想象的。但是，正如我早前所指出的那样(参看前文第xxii—xxiii页注释)，费边在1504年完成了这部著作的第一部分——这一部分的叙述延续至理查统治的终点；《理查三世史》里与这部编年史极为类似的三个章节中，有两个颇得费边的笔法，与费边著作中不可能借鉴莫尔消息来源的其他章节如此类似，说费边借鉴了莫尔的消息来源似乎是极其不可能的。③《理查三世史》和《伦敦大事记》相互之间在多处也

---

① 出版日期载明是"1516年2月"，但这可能意味着要么是1516年，要么是1517年，取决于出版者认为这一年是始自1月1日，还是按古老的月亏日期始自3月25日。

② 罗伯特·费边：《伦敦大事记》，A.H.托马斯和I.D.索恩利编(伦敦和艾尔斯伯里：乔治·W.琼斯，1938年；格洛斯特：艾伦·萨顿，1983年再版)。关于这部作品著者的复杂问题，参看第xxxix—lxix页。

③ 对这个观点，参看R.W.钱伯斯的观点，见《托马斯·莫尔爵士英文著作集》，1.37注释；对佐证的资料，参看朱迪丝·H.安德森：《传记真相》，第80—81页。

有足够相似的地方,表明莫尔也是知晓《伦敦大事记》的。①

除了这些和其他一些编年史外,莫尔可能还知晓几篇论述理查的书面文章。一篇是《英王列传》(*The History of the Kings of England*)里由沃里克郡古文物收藏家约翰·劳斯(John Rous)(用拉丁文)撰写的耸人听闻的记述,约翰·劳斯于1491年去世。一部更早的作品(关于沃里克诸位伯爵的历史,被称为《劳斯案卷》[*The Rous Roll*]),是劳斯在理查仍为国王时撰写的,对国王赞誉有加。劳斯在这部史书中,有几页叙述包含了一些似乎真实的细节,②并认为理查担任国王时是做了一些好事的。但最引人注目之处是将他与伪基督进行比较,并肆无忌惮地声称他是非自然分娩产儿:他是怀孕两年后才降生的,出生时头发都耷拉到肩上,而且长出了牙齿。莫尔重复了最后一种说法(这种说法或许是众口相传),但承认这种说法很有可能是假的。

在莫尔撰写《理查三世史》之前的一段时期里,旅居英国的欧洲人文主义者也用拉丁文写了四部多多少少评述理查的著作。最早的两部著作是宫廷学者皮特罗·卡梅利安诺(Pietro Carmeliano)撰写的:他在为理查统治时期献给理查的一首诗所作的书信体序言中,对国王极尽奉承夸耀之能事;然而,理查垮台之后一年,卡梅利安诺在祝贺亨利七世长子阿瑟王子诞生所作的一首诗中,却诅咒理查是杀人暴君。若干年后,亨利的桂冠诗人、宫廷史官伯纳

---

① 参看哈纳姆:《理查三世与他早期历史学家(1483—1585年)》,第163、165—170页。
② 参看哈纳姆的翻译,见《理查三世与他早期历史学家(1483—1585年)》,第118—124页。

德·安德烈(Bernard Andre)在他(1500年开始撰写,1502或1503年呈送给国王)的《亨利七世传》(*The Life of Henry VII*)中对理查作了简短的、同样充满敌意的评述。莫尔对卡梅利安诺和安德烈都了无敬意,对这两人的诗作,他还以两首讽刺短诗加以嘲讽,似乎没有理由认为他会在意这两人对理查的描述,这些描述是为他们自己利益服务是再也明显不过的了。不过,这一系列人文主义著作中第四部也是最后一部是由伟大的历史学家、也是莫尔的亲密朋友撰写的,他就是波利多尔·维吉尔(Polydore Vergil, 1470—1555年),亨利七世大约在1506年至1507年委托他撰写的《英国史》(*Anglica Historia* [*History of England*]),是一部精妙的作品,极富影响力,被誉为"都铎神话"的源头。① 按照这种观点来审视15世纪的英国历史,玫瑰战争就是旷日持久地补偿亨利·博林布罗克(亨利四世)推翻理查二世的罪恶,补偿的终结是理查三世去世和兰开斯特家族的亨利七世和他的约克王后、爱德华四世的长女登上王位。波利多尔对理查的评述比莫尔更超然一些,远不及莫尔的详细(和引人入胜),但符合他的和其他一些著作的传统,我们一直按照这个传统审视理查这个篡位者的欺骗性、专制性和肆无忌惮。

波利多尔于1513年完成了《英国史》手稿,这部历史一直写到那一年,因此他对理查的评述几乎不可能借鉴莫尔的《理查三世史》(当然两位朋友可能讨论过理查)。也没有多少理由证明莫尔的著作受到了波利多尔著作的影响。正如西尔维斯特所指出的那样,

---

① 关于波利多尔的影响,亦可参看后文第xlv页。关于他的人文主义史学,参看托马斯·S. 弗里曼(Thomas S. Freeman)的文章:"从喀提林到理查三世:古典历史学家对波利多尔·维吉尔的《英国史》的影响"。

两人的著作都包含一些相同的细节——比如理查愤怒时有咬嘴唇的习惯——这样的细节在其他作家那里是找不到的。但波利多尔的拉丁文著作和莫尔拉丁文版的《理查三世史》"极少有文字上的一致性",并且,虽然波利多尔和莫尔都设置了一些类似的场景,但每人"都以不同的方式组织自己的材料,并按自己的方式对材料进行解释"。① 毫无疑问,波利多尔作为莫尔的私人朋友,而且是一位有着相当知识境界和兴趣的人物,同其他我们已审视过其作品的作家比较起来,他对莫尔来说就显得更为重要。但这里同其他地方一样(费边的情况是个例外),我们的审视并未显示哪些作品莫尔实际读过,只是显示他可能读过哪些作品——他能获得的有关理查的书面记述那一类。

我们的审视还表明,尽管在莫尔的描述中,理查的形象,无论从绝对意义上讲,还是与同时代其他政治人物相比,比现代较为不偏不倚的描述所展示的理查形象要差一些,但《理查三世史》对理查的描述与莫尔前代人和同时代人的描述并无实质性的迥异。莫尔对理查的看法绝不巴结奉承,但并不甚于先前的描述,包括最权威的描述,不同的细节也是如此。莫尔对理查篡权的方方面面显然有准确的了解,除了他对收进书中的少数细节表示怀疑外,没有理由认为他就理查的所作所为说过的任何话他自认为是不真实的。当然,他展示给我们的理查的想法和秘密谈话只是推测,他报道的这位篡权者和其他主要人物的口头交谈显然在很大程度上只是一

---

① 《耶鲁圣托马斯·莫尔全集》,2.lxxvi。哈纳姆反对西尔维斯特的观点,认为波利多尔是莫尔的主要书面消息来源(《理查三世与他早期历史学家(1483—1585年)》,第146—147、159—164页),在我看来这似乎令人难以信服。

些编造的话语。但他期望读者承认实际情况就是这样，因为这样的章节就是他所遵循的那种史学的传统惯例。

4. 史学

无论从哪方面来看，莫尔的史学是文艺复兴时期人文主义史学家复兴古典前任的修辞史学。他的著作实际上是这种传统的巅峰之一。

在人文学科中，修辞学——文字说服艺术或技巧——是体系性学科；无论古典还是人文主义史学的一个关键事实是，其实践者认为历史多半是修辞学的一个分支。此外，正如西塞罗（公元前106—前43年）——古罗马最伟大的修辞学家，因而是人文主义之神——所解释的那样，历史属于示范性（或表现辞藻艺术技巧的）修辞学，是最注重艺术风格表现的学科。示范性修辞学是一种赞扬或者指摘的修辞学，正如西塞罗所说的那样，包含"颂词、描述、历史和劝诫"，总而言之，是一些提供"展品"的著作，主要是"为使它们能带来愉悦"（《论演说家》，11.37）。

尽管西塞罗极力主张历史写作必须极富雄辩力，但是他也为历史写作阐明了第二条标准，即真实："你不知道历史的首要法则是撰写人除了真相必不敢讲任何其他的话吗？不知道第二条法则是他必须勇敢地说出全部真相吗？"（《论演说家》，2.15.62）西塞罗补充说，历史应包括撰写人对计划和行为的智慧（抑或相反）的评价，并详尽阐述事件发生的原因。由此可见，历史是有用的，也是愉悦的。

这个古典史学理论的两个主要之点显然是互相较劲的：说出往事"全部真相"的目的，不一定符合炫耀而愉悦地讲述往事的目的。

实际上，第二个目的通常比第一个目的更加占有优势——这是个事实，无论是在修辞史特地包含进去的某些材料中，还是修辞史特地不包含进去的某些材料中，都有明显的表现。① 这些历史学家回避他们认为不雅的任何东西，通常不愿详细讨论可作为证据的历史事实，也不愿引用单调乏味的文件，无论是私下的还是公开的文件，而这些文件常常构成最有价值的历史证据。另一方面，他们的历史篇章充满了修辞片段——尤其是演说、人物描写和战斗记述——而这些通常与已知的历史事实只有微弱的联系，而且实际上常常是一些老调重弹。(但这并不意味着在最好的修辞史中——就像在最好的历史小说里那样——没有对历史事件及其原因和后果的深刻探讨，没有优美的写作：这毕竟是一个历史学传统，包括修昔底德、塔西佗和普鲁塔克，仅举这三个最著名的例子。)

修辞史学著作与历史事实之间的关系是一种弹性关系，著作中的演说表现得尤其明显。这些演说据信通常是所记述事件中的关键人物发表的讲话，是在一些紧要关头的讲话。但是，演讲者在这些场合实际讲了些什么(如果他们真的演讲了)，通常是不甚了了的，或者只知道个梗概。因此，历史学家通常的做法就是杜撰这些讲话。这些讲话旨在——而且常常就是——令人眼花缭乱地展示杰出的修辞技巧，通常也是为重要的主题旨意服务，传达历史学家对所记述事件意义的感受，通常还传达他对引起这些事件的原因的理解，在这样的历史写作传统中，这些原因主要是从强势人物的性格和抱负

---

① 参看彼得·伯克(Peter Burke)：《文艺复兴时期的怀旧感》(伦敦：爱德华·阿诺德出版社，1969年)，第106对开页。

中寻找。^①莫尔特别擅长并且热衷于撰写虚拟的演说：直接或传说中的讲话，包括一些讲演，其精彩程度堪比莎士比亚戏剧或《失乐园》，以及一场绝妙的辩论（莫尔在其中多半是个律师角色），这些讲演在英文版《理查三世史》中占百分之四十，在拉丁文版中占一半以上。

莫尔还无拘无束地欣然接受了模仿修辞理论，根据这个理论，锐意模仿最优秀的文学楷模，不仅仅是学习写作的一种方法，而且如果处理得当，还堪称有成就的作家的主要特征。对我们来说，古典和人文主义修辞学中，没有哪一个部分比这个中心理论更显得陌生、更令人疑惑的了，但是，当我们理解到，根据这个理论以及最权威人士的做法，模仿不仅仅是抄袭复制，那么这种陌生感和疑惑就少多了。文艺复兴时期人文主义运动的精英人物彼特拉克（Petrarch）*，在致薄伽丘（Boccaccio）**的一封信里，有一段话对这一点作了很好的阐述——这一段话模仿罗马哲学家、悲剧作家塞内加（Seneca）***：

---

① 撰写这种历史的基督徒或许从上帝那里找到事件的根本原因（波利多尔·维吉尔对 15 世纪英国政治史的解释就是显著的例子），或许从上帝提供的有益例证中找到，但主要的焦点集中于直接的、世俗的因果关系上。莫尔是在伦敦塔两个小王子的悲惨结局中寻找上帝给予的教训（后文第 137 页），但是，在《理查三世史》里，上帝在理查及其亲信一系列虚伪而被巧妙嘲弄的诉求中体现得最为明显，亲信们试图给篡位者涂上合法的色彩。

* 彼特拉克（1304—1374 年），意大利诗人、学者，欧洲人文主义运动主要代表，著有爱情诗《抒情诗集》及描述第二次布匿战争的史诗《阿非利加》等。——中译者

** 薄伽丘（1313—1375 年），意大利文艺复兴时期作家，代表作为《十日谈》。——中译者

*** 塞内加（公元前 4—公元 65 年），古罗马哲学家、剧作家，尼禄的老师，因受谋杀尼禄案的牵连而自杀。哲学著作有《论天命》《论幸福》等，悲剧有《美狄亚》《俄狄浦斯》等九部。——中译者

模仿者务必做到：他所撰写的东西只是相似，而不是完全一样；而且，这种相似性不应当是一幅油画或一尊雕塑所表现的人物，而是儿子像父亲，父与子的相貌和器官通常有很大的差别，然而，毕竟总有一种朦胧模糊的东西盘旋在面部——就像我们的画家称呼其画作的神态——尤其是眼睛，流露出来的相似之处，我们一看到孩子，其父亲的模样立马浮现在我们面前。若说这是一个量度问题，每一个细节将被发现是不同的，但肯定有某种仪态具有这样的效果……所有这些都可以用塞内加和在他之前的弗拉库斯（Flaccus）*的话来概括：我们写作就像蜜蜂造蜜，不是保留花朵，而是把它们变成我们自己的甜蜜的东西，把许多极为不同的风味融合在一起……①

在我看来，这正是对莫尔作为一个模仿者的做法所作的精当而准确的描述。从微小的短语措辞到阐释人物和事件的至关重要的问题，《理查三世史》都充满了对古典拉丁文作家的模仿。小规模

---

* 昆图斯·贺拉斯·弗拉库斯（公元前65—前8年），罗马帝国奥古斯都统治时期著名的诗人、批评家、翻译家，代表作有《诗艺》等。——中译者

① 《日常书信集》，23.19，詹姆斯·H.鲁滨逊和亨利·W.罗尔夫译，《彼特拉克：首位现代学者和文人》（纽约和伦敦：G.P.帕特南之子出版社，1898年），第290—291页。参看贺拉斯（昆图斯·贺拉斯·弗拉库斯）的著作《歌集》，4.2.27—32。至于彼特拉克自己的模仿做法，参看塞内加的《道德书简》，85.5—8："我们……应当仿效……蜜蜂，从各种不同的阅读过程中筛选出我们所收集到的东西……；然后，用……我们的天赋，……把那几种不同的风味融合成一种混合的美味，尽管它已背离了它的源头，成了一种不同的东西，但很显然，它毕竟来自那个所来之地……我们的头脑……应该把所有曾经帮助过它的材料都隐藏起来，只曝光我们的头脑是怎么处理这些材料的。即便你看起来像他，你对他的仰慕使他给你留下了深刻的印象，我宁愿你像他就像是孩子像他的父亲，而不是画像像其实物，因为画像是没有生命的东西。"

的模仿在拉丁文版中自然比在英文版中更为常见,在那里更容易被发现。在丹尼尔·金尼的拉丁文版中,可以发现大量记载的仿词并不是拉丁文原著的复制品,而是它们的变体。正如彼特拉克所建议的那样,莫尔通常使相似之处"隐蔽得难以表述",只是"一种朦胧模糊的东西"——的确,经常是如此朦胧模糊,以至于人们不能完全确定是否存在着有意识的模仿。

xxxv 虽然这些小规模模仿遍及罗马文学从中心到边缘的地带,但它们尤其集中于少数几位主要作家:塔西佗、萨卢斯特(Sallust)、塞内加、西塞罗、维吉尔、普劳图斯(Plautus)、泰伦斯(Terence)、奥维德(Ovid)*。莫尔的大规模模仿只限于一个更小的群体。这个群体的一个成员是琉善——他是莫尔显然予以模仿的唯一希腊作家。① 正如我早先指出过的那样,在1506年,莫尔和伊拉斯谟出版了一本琉善著作译文集;莫尔对这本书所作的贡献之一是翻译了《梅尼普斯》(*Menippus*)的对话。在这部作品的一个篇章中,犬儒派哲学家和讽刺作家梅尼普斯把人生比作一出戏剧(这个篇章在1509年为伊拉斯谟《愚人颂》[*Praise of Folly*]中的一个同样精彩

---

* 萨卢斯特(公元前86—前35年),古罗马历史学家和政治家,担任过努米底亚总督,主要历史著作有《喀提林》《朱古达》等。普劳图斯(公元前254—前184年),古罗马喜剧作家,主要作品有《一罐金子》《吹牛军人》等。泰伦斯(公元前186?—前161?),古罗马喜剧作家,主要作品有喜剧《安德罗斯女子》《两兄弟》等。奥维德(公元前43—公元17年),古罗马诗人,代表作为长诗《变形记》,其他重要作品还有《爱的艺术》《哀歌》等。——中译者

① 除了下面谈到的这个篇章外,金尼对拉丁文版(《耶鲁圣托马斯·莫尔全集》,15,外加《耶鲁圣托马斯·莫尔全集》,1中的补遗)的评论列举了莫尔和琉善另外八个相似的地方,还有莫尔和其他希腊作家另外十个相似的地方。但所有这些相似之处都很普通,或者是关于很平常的问题,以至于人们怀疑它们是否包含了故意的模仿。

的篇章作了铺垫),在这个篇章之前,是《理查三世史》的一个同样精彩的篇章,莫尔在此篇章中,称伦敦市民将政治生活看作是"国王的游戏,就像舞台剧一样,多半是在断头台上表演的"。然而,连同这个显著的例外,《理查三世史》里超越了短语或句子的范围、包含了重要的实质问题或结构的古典模仿,只局限于两位罗马历史学家:萨卢斯特和塔西佗。

萨卢斯特在各方面对莫尔来说都至为重要。如同塔西佗,萨卢斯特是这样一位作家,他的短语措辞,莫尔在拉丁文版《理查三世史》中附和使用得最为频繁;正如西尔维斯特所说的那样,萨卢斯特的话莫尔"几乎都能背下来"(《耶鲁圣托马斯·莫尔全集》,2.1xxxvii)。萨卢斯特还是这样一位作家,他对历史类著作的编纂为莫尔的《理查三世史》树立了榜样。萨卢斯特的两本主要著作是传记专著,是写两个反派人物:一个是喀提林(Catiline)*,他的失败的罗马政变,经西塞罗四次讲演的宣扬,也永远声名狼藉;另一个是朱古达(Jugurtha)**,他是努米底亚国王米西普萨(Micipsa)的侄子、继子和共同继承人,朱古达为了独占王位,把国王米西普萨的亲生儿子都杀害了。①

莫尔附和《朱古达》要比附和《喀提林》频繁得多。《理查三世

---

* 喀提林(公元前108?—前62年),罗马共和国贵族,因竞选执政官失败而策动武装政变,遭执政官西塞罗镇压,在率部反抗中战死。——中译者

** 朱古达(公元前156—前104年),努米底亚国王(公元前118—前106年在位),发动反罗马战争,被诱捕处决。——中译者

① 主要撰写传记专著的古典作家当然是普鲁塔克(Plutarch, 46—120年),但普鲁塔克几乎是在萨卢斯特去世一百年后才出生的。

史》里莫尔借鉴萨卢斯特最多的两个篇章都是以《朱古达》作铺垫的。在《朱古达》这本著作的开头部分,行将撒手尘寰的米西普萨将他的家人和支持者召集在身边,发表了一番意味深长的讲话,他敦促朱古达爱护两个兄弟,他们还只是小男孩;他说,努米底亚王国的福祉系于三个王子的和睦相处。朱古达(他就像莫尔笔下的理查一样,是一个善于逢场作戏的伪君子)给予国王"一个体面而礼貌的回答",而实际上他心中怀着"迥然不同的企图"。这个场景是莫尔《理查三世史》开头部分一个相似片段的原型,在那个片段中,爱德华四世也是在行将就木的病榻上,苦口婆心地敦促分裂的朝廷团结起来支持他的两个儿子。① 爱德华在最后重病时试图与两个关键朝臣黑斯廷斯勋爵和多塞特侯爵和解,早先一个可靠的消息来源证明这是事实,② 但莫尔为这位君王虚构了一篇临终病榻上的意味深长的讲话,显然是在模仿萨卢斯特的篇章,正如金尼所说的那样,莫尔作了"精心的重新安排和演绎"(《耶鲁圣托马斯·莫尔全集》,15.cl 注释)。更加引人注目的是一个关联之处,莫尔叙述的理查在爱德华两个儿子被杀后良心上惴惴不安、备受折磨,与描述朱古达对其反对者大开杀戒后的心境的篇章相似。③

尽管莫尔对理查的描绘与萨卢斯特对其两个大反派人物的刻画有关,但与在当时刚刚发现的塔西佗(公元 56 或 57 年出生,公元 117 年后去世)《编年史》开头几卷里(参看前文第 xxii 页)对提

---

① 参看萨卢斯特:《朱古达》,9.4—11.1。
② 曼奇尼:《理查三世篡夺王位》,第 69 页。
③ 萨卢斯特:《朱古达》,72。

比略皇帝（Tiberius）*的描述有着更密切更重要的亲缘关系（用彼特拉克的比喻）。情况几乎不可能是另外的样子。不仅莫尔与塔西佗这位罗马作家在智力上有着最深厚的亲和关系，而且塔西佗对奥古斯都（Augustus）**的恐怖继承人统治的描述，构成了对伪君子暴君以及这样的政权对公民的腐败影响的经典描述。①

正如我早先所指出的那样，莫尔似乎是从塔西佗那里借鉴了史书开头部分的整体设计。塔西佗的一部暴政史，是以提示此前不久的较好年代作为开场白的，他以描绘奥古斯都晚年的罗马景象为引导，进而描述提比略。除了一个他认为是无足轻重的例外，罗马帝国是和平的，国内动乱早已成为遥远的过去，没有什么人还记得这些动乱：

> 那时除了一场抗击日耳曼人的著名战役外，已经没有战争……国内一片安宁。官员们都用旧的名字；年轻人是在亚克兴（Actium）海战胜利后出生的；甚至老一辈的大多数人都是

---

* 提比略（公元前42—公元37年），古罗马皇帝，军功显赫，继岳父帝位后渐趋暴虐，引起普遍不满，在卡普里岛被近卫军长官杀害。——中译者

** 奥古斯都（公元前63—公元14年），罗马帝国第一代皇帝，恺撒的继承人，原名屋大维，元老院封以"奥古斯都"的称号。——中译者

① 莫尔也了解2世纪初另一位历史学家苏埃托尼乌斯（Suetonius）对提比略皇帝的相似的人物描绘（参看其《诸恺撒生平》或《罗马十二帝王传》），西尔维斯特表明，《理查三世史》里有几个章节是附和苏埃托尼乌斯的，有助于莫尔"以提比略的罗马为背景"进行讲述（《耶鲁圣托马斯·莫尔全集》，2.xci—xcii）。但是，苏埃托尼乌斯关于从尤利乌斯·恺撒到图密善（Domitian）诸皇帝八卦丑闻的著作——实际上是一个趣闻轶事选集——并不是莫尔史书的重要原型。（图密善[51—96年]，罗马皇帝[81—96年在位]，专横暴戾，终被其妻和廷臣所杀。——中译者）

在内战期间出生的；事实上很少有人见过共和国。……(1.3)

莫尔史书的开头部分非常富有这种精神。在爱德华四世的晚年岁月里，"这个王国平静安宁，繁荣富足：不用担心外敌入侵，眼下没有战争，也无战争逼近"（后文第64页）。旧有的敌意多半被遗忘了：

> 他驾崩时，因为他推翻了亨利六世，人们对他怀有的怨愤已大为纾解，实际上已经平息，因为其中许多人在他统治的二十多年中已经去世，二十多年是其漫长生涯中的一大部分，在此期间许多人成为他的宠信……（后文第64页）

这个脉动里流淌着不少东西，包括一种说法，即王国处于幸福状态，部分是由于爱德华"留下了所有敛集的钱财（这是唯一能使英国人从这位君王那里收回心的东西）"（后文第65页）。

这个开头部分的一个特别重要（尽管不是直接显现出来）的特征，是与莫尔必然知道的爱德华统治的实际情况多半不相符合的。首先，在国王的最后几年里，英格兰并没有实现和平，它与苏格兰时有冲突，在他生命的最后几个月里，爱德华似乎一直计划与法国重燃战火。至于他统治时期的总体过程，莫尔在著作后面其他章节就这个问题传达了一种相当不同的、更加准确的观点。白金汉在伦敦市政厅发表的讲话中——一篇精彩的演说，莫尔以修辞历史学家的方式，对此作了无拘无束的阐释，从较早的简要说明，以及很明显的，在1483年6月提交给理查的劝进表——，公爵试图通过阐述爱德华的贪婪和滥用法律诉讼程序进行臭名昭著的敲诈勒索而激发对理查的热情(参看后文第121—122页)。白金汉的辞藻有些夸张,但他讲述的关键部分是以实际事例为依据的,并且,总的来说,这篇讲话关于爱德华统治的阐述,比莫尔著作开头几页对此田园牧歌式的叙述更接近真相。莫尔试图重复塔西佗的构思,将统治进行戏剧性的对比。虽然莫尔经常捏造公开讲话和私下交谈,并且,正如我们将会看到的那样,他有时从伟人名单中隐瞒理查支持者的名字,或者删除他们所起的作用,但莫尔对爱德华的统治田园牧歌式的叙述,或许是《理查三世史》中彻底背离历史事实的唯一地方,莫尔对此是心知肚明的。

从根本上说,塔西佗对莫尔至关重要,这是因为,正如我在前面所指出的那样,他是莫尔与之有着最深厚的知识亲和力的罗马作家,这一事实在《理查三世史》的叙事声音和诠释视角中随处可见。尽管不同语言的作品风格上的相似之处必然是有限的,但塔西佗的风格是莫尔在他最地道的英语段落中常常达到的那种闲散快捷和锐利辛辣的伟大原型。① 不过,比这两位历史学家特别是风格上的相似之处更为引人注目的是他们声音的相似之处——尖刻、冷峻、怀疑、高傲,常常聚焦于表象与现实、期望与结果的具有嘲讽意味的反差上,而他们的声音是借助他们的风格确定的。塔西佗在《编年史》的一处地方插叙道:"我越是回顾近期或遥远的事件,

---

① 英文版《理查三世史》的风格多种多样,既有直接、活泼、地道的英语风格,又有搭配极为均衡的句子元素所体现的高昂乃至庄重的风格。尽管《理查三世史》的段落之间从无风格上不连贯的感觉,莫尔还是倾向于在叙述、对话和趣闻轶事的段落中使用第一种风格,而第二种风格尤其存在于正规的讲话和说教段落中。详细的分析参看W.A.G. 多伊尔-戴维森(W.A.G.Doyle-Davidson):《托马斯·莫尔爵士早期英文著作集》,第371—374页;以及伊丽莎白·斯托里·唐诺(Elizabeth Story Donno):"托马斯·莫尔和理查三世",尤其是第428—429、438—440页。

就越有一种被人类事务无情嘲弄的感觉。"(3.18)弥漫在莫尔著作中的这种感觉和弥漫在塔西佗著作中的一样透彻，而且给莫尔著作涂上一种同样的暗色调。不过，莫尔的史书也常常被他耀眼的智慧光芒所照亮，莫尔的智慧，不同于他的嘲讽，是一本正经的罗马人无可比肩的。

莫尔采用塔西佗的风格，并在较小程度上采用萨卢斯特的风格，代表了一种最有趣的史学模仿，证明它是阐释历史和坚称人类经验永恒性的一种方式。对于这种模仿观点，有关莫尔采用两位罗马人的风格，有关他的古典原型和英语消息来源，西尔维斯特作了绝妙的表达：

> 萨卢斯特和塔西佗给予他的是一种形式，一套技巧和类比，一种文学模式，根据这种模式，他能拓展自己的历史视野。那个视野的基本要素是由他所能获得的口头和书面消息来源确定的。莫尔将他们提供的原始材料塑造成引人入胜的历史叙事，他在这个过程中利用了他从古典作家那里学到的一切。结出的硕果便是一部人文主义的历史。将旧的形式和新的主题结合在一起，往往表明以过往的视角能够最好地理解当今。(《耶鲁圣托马斯·莫尔全集》，2.xcviii)

以这种方式创造一部历史，就要对已知事实之外（以及少数与已知事实相抵触）的事情不断地进行推断，并将英国和罗马合成在一起。但是，对《理查三世史》来说，真正重要的不是它的不准确，而是它极度的准确：它对那些肆无忌惮的、自私自利的政客在各个时候、各个地方,在他们每天最糟糕的时刻耍弄的阴谋诡计进行了无与伦比的分析和控诉。

未完成的杰作

我们知道莫尔打算将《理查三世史》写到理查去世,他就是这么告诉我们的(后文第137页)。他为什么没有完成这部著作呢?我们无法知道确切的原因,但可以进行一些貌似有理的猜测,其中总有一种猜测或一种组合或许是正确的。至少,详细阐述这些猜测就能阐明莫尔在撰写时所受的限制。

首先,他可能就是没有时间来完成这本书。《乌托邦》(1516年)的卷首语解释了他撰写那部著作为何缓慢,将拖延归咎于过度的职业负担和个人的繁忙:

> 我一天的多半时间忙于法律——为一些案件辩护,听证其他案件,仲裁其他案件,判决更多案件。我礼节性拜访一个人,因公务走访另一个人;因此几乎一整天我在外面忙于应酬,剩下的时间我陪家人;最后才轮到我自己——我的研究——已经没有时间了……我自己的时间只有从睡眠和用餐里挤了。(《剑桥乌托邦》,33)

据他的传记作家斯特普尔顿说,莫尔每晚睡四五个小时,凌晨两点起床。两年后,他加入了国王咨议会,开始在一系列政坛职位上擢升,以担任大法官登上顶峰,想必他并没有因此而减少繁忙。

此外，他所能找到的写作时间，从1521年起，多半或完全用于宗教作品的创作，尤其是一系列反路德的专著，他参与其中，既充当亨利八世的编辑和合作者，也是他自己几部作品的作者，部分是在亨利的鼓动下撰写的。后者包含了数量惊人的篇幅。在日益恶化的宗教改革危机中，莫尔毫无疑问认为这些作品是应在《理查三世史》之前撰写的，而多数现代读者对两者作了比较阅读后，质疑这种排列顺序。

莫尔也有可能相信他永远出版不了《理查三世史》，由于不可能出版，撰写的劲头也就小多了。正如我早先所指出的，若干强势人物在他所叙述的事件中扮演了可疑的角色。其中一些人已经去世，但将权力传递给了他们的孩子；另一些人仍然健在。莫尔若是出版一本书，里面尽是对这些人塔西佗式的尖酸刻薄的评判，对莫尔来说肯定是一件尴尬的事情，正如莫尔的现代传记作家理查德·马里厄斯所指出的那样，莫尔如果真的这么做了，可能会对他的政治生涯造成致命的影响（《托马斯·莫尔》，第119页）。

《理查三世史》本身的遗漏和规避似乎证明了莫尔感受到这些情况施加的限制。最显著的遗漏是霍华德家族。① 除了白金汉公爵外，约翰·霍华德（John Howard）——诺福克一世公爵霍华德——曾经是理查篡位时最强有力的支持者；但是，莫尔的外甥威廉·拉斯特尔根据莫尔亲笔手稿出版的《理查三世史》权威版本里没有提到他的名字。很难不把这个遗漏与下面的事实联系起来：霍华德的儿子托马斯（1514年恢复公爵爵位，约翰·霍华德支持理查使

---

① 关于莫尔对霍华德家族和其他仍然大权在握的家族保持缄默，参看A.F.波拉德：《托马斯·莫尔〈理查三世史〉诞生记》，第425页。

他家庭受损),以及孙子(也叫托马斯——诗人、萨里伯爵亨利·霍华德的父亲)在莫尔极有可能还在写作的时候是极其强势的人物;还需关联的一个事实是,正如威廉·罗珀告诉我们的那样,托马斯·霍华德二世成了莫尔"唯一的亲密朋友"(《托马斯·莫尔》,第225页)。

托马斯·霍华德一世也是理查的积极支持者。在拉斯特尔出版的《理查三世史》里,儿子也分享了父亲被遗漏名字的好运。在关于黑斯廷斯垮台的叙述里,莫尔提到一位骑士,理查派这位骑士通知黑斯廷斯男爵准时到达一个委员会会场,男爵将在那里以叛国罪被捕;这位骑士只被确认是"当时的一位平庸(即普通)之辈,而现在却极具权势"(后文第105页)。但在《理查三世史》头四个非权威版本(1543—1550年)——哈丁-霍尔(Hardyng-Hall)版本①——里,这位骑士非常貌似有理地被确认为托马斯·霍华德;在这些版本里,托马斯·霍华德在另一个段落里也被具名,而拉斯特尔版本的这个段落没有具名,只是说有一个人为理查执行一项没有吸引力的任务。此外,哈丁-霍尔文本有一处确认拉斯特尔版本没有具名的另一个人物是约翰·霍华德。②

xlii

---

① 参看后文第 xliii—xliv 页。
② 参看后文第 105、108 页(托马斯),第 91 页(约翰)。有可能是莫尔本人在另一个大概是《理查三世史》的早期编纂本中确认了诸位霍华德的,经过各种重新复制和编辑过程,这个编纂本最终成了哈丁-霍尔文本。一个有趣的类似例子是波利多尔·维吉尔,正如德尼斯·海(Denys Hay)所指出的那样,波利多尔·维吉尔在他的《英国史》的一处地方,显然拿定主意要删除托马斯·霍华德的名字:关于理查的同谋杀害黑斯廷斯的手稿版里,托马斯·霍华德的名字是包含进去的,但在印刷版里被删除了。参看海撰写的《波利多尔·维吉尔:文艺复兴时期历史学家和文人》(牛津:克拉伦登出版社,1952年),第204—205页;《耶鲁圣托马斯·莫尔全集》,2.lxix 西尔维斯特注释。

白金汉二世公爵在《理查三世史》中声威显赫,他也有一个儿子继承了乃父的头衔。这个事实并未阻止莫尔充分报道这位父亲在理查篡夺王位中所起的作用,但英文版《理查三世史》叙述白金汉被约翰·莫顿诱骗反叛新登王位的理查,而实际上白金汉着眼于自己登上王位,讲述到此却戛然而止。正如 A.F. 波拉德所指出的那样,莫尔在这个节点戛然而止,或许是因为在他看来,此处正是《理查三世史》不可能出版体现得最为明显的地方。或许是莫尔在撰写此书的那些年里,亨利八世并没有男性后裔(他女儿玛丽是 1516 年 2 月出生的),而白金汉三世公爵——一位野心和放纵酷似乃父的人——是王国盖世无双的贵族,敏锐地意识到他对王位有着强烈的继承申索权利。莫尔或许早已断定:出版一本书,过分聚焦于白金汉二世公爵(对爱德华五世然后又对理查)的双重背叛,是很不谨慎的。① 同样,正如保罗·默里·肯德尔所指出的,莫尔或许忐忑不安,他发现自己在这个最后段落把他原来的庇护人莫顿描绘成一个"大阴谋家"②——确实,一个和理查本人一样狡猾的伪君子。

无论是些什么原因,莫尔未能完成《理查三世史》是英国文学的巨大损失。我们没有莫尔那样令人振奋的风格撰写的理查故事的其余部分(编年史续篇得了无生气最能体现这种损失),他所起草的部分没有完全修正,我们从文本中的小缺陷和偶尔出现的混乱与不一致就能了解得到。莫尔是一位很细心的作家,总是反复推敲最

---

① 参看波拉德:《托马斯·莫尔〈理查三世史〉诞生记》,第 430 页。最终白金汉三世公爵和他父亲一样,被判犯有叛国罪并被处决;儿子的案子,对其指控是值得怀疑的(1521 年)。

② 《理查三世:大辩论》,保罗·默里·肯德尔编(纽约:W.W. 诺顿公司,1965 年),第 28 页。

好的措辞；①《理查三世史》如果全部撰写完毕该有多好，设想一下是很诱人的。《乌托邦》连同尚未完成的理查传记，充分显示了莫尔担任王室官员和反路德辩论家对他文学生涯造成的损失。

劫 后 余 波

即使尚未完成，《理查三世史》仍然在英国文学的后续发展以及一场重大的历史争论中发挥了重大作用。尽管这部作品在莫尔的有生之年没有出版，但它在某个时候以手稿的形式开始流传。(别人拿到这本书的最早实际记录是从 1538 年开始的，在莫尔被处决三年之后。)② 1543 年，这部书的英文版首次印刷，是作为约翰·哈丁(John Hardyng) 15 世纪诗歌编年史的续篇出版的。理查德·格拉夫顿(Richard Grafton)出版的这部书，当年晚些时候再版(重排)，有许多拼写变化和一些更正。五年后，《理查三世史》再次问世，这次被收录在爱德华·霍尔的《兰开斯特和约克两大名门望族联盟》(*The Union of the Two Noble and Illustre Families of Lancaster and York*)中，是在格拉夫顿死后出版的，1550 年霍尔再版，有一些小的改动。哈丁和霍尔的版本只有小小的差别，它们肯定是来自与这部书密切相关的手稿版本。后来，1557 年，莫尔的外甥威廉·拉斯特尔在他的《托马斯·莫尔英文著作集》里出版了《理

---

① 参看《耶鲁圣托马斯·莫尔全集》，2.xli—xliii，特别是克拉伦斯·H. 米勒在那部作品序言中对《德特里丝提塔·克里斯蒂》(*De tristitia Christi*)的亲笔手稿的迷人描述，见《耶鲁圣托马斯·莫尔全集》，14，第二部分，第 754—776 页。

② 参看《耶鲁圣托马斯·莫尔全集》，2.xxvii。

查三世史》,他告诉我们,他使用的是作者的亲笔手稿。拉斯特尔在卷首语中严厉批评哈丁-霍尔版本"许多地方讹误迭出,有时删减,有时增添,甚至窜改词语和整个句子"——这是非常公平的总结。格拉夫顿在1568年和1569年精校版的《大纪事》(*Chronicle of Large*)中两次出版了《理查三世史》,并根据拉斯特尔的文本作了更正;莫尔的这本著作还被收录在另外两人的编年史中,他们是拉斐尔·霍林斯赫德(Raphael Holinshed)(1577年出版,1587年第二版)和约翰·斯托(John Stow)(1580年版以及后来的版本)。[①]

在哈丁的编年史中,《理查三世史》出版时未出现著作者的姓名,或许是因为八年前以叛国罪将莫尔处死的亨利八世仍在位。首次确认莫尔是该书作者的印刷版本是霍尔的1548年的编年史。(亨利在前一年去世。)1553年,人文主义学者阿谢姆(Roger Ascham)在他的《德意志事务和状况报告》(*Report of the Affairs and State of Germany*)卷首语中总结了一位理想的历史学家的品质。在他列举各种品质(主要引自西塞罗)之后补充说:"我认为,托马斯·莫尔爵士的那本《理查三世史》小册子,多半具备了这些品质,令所有人满意,如果英国其他的历史都这么写,我们就足以比肩法国,或意大利,或德国,那本小册子堪称代表。"[②]1596年,约翰·哈林顿爵士(Sir John Harington)记录如下:"所有人都认为,我们所有

[①] 关于1557年之后的这些重印再版,参看《托马斯·莫尔爵士英文著作集》1.46—47的叙述。拉丁文版《理查三世史》是1565年首次出版,收录在《莫尔拉丁文著作集》中。

[②] 《罗杰·阿谢姆著作全集》(*The Whole Works of Roger Ascham*),J.A.吉尔斯编,四卷本(伦敦:约翰·拉塞尔·史密斯出版社,1864—1865年;纽约:AMS出版社,1965年再版),3.6。虽然该报告是1553年撰写的,但直到1570年方才出版。

编年史中最好的、写得最好的那部分是那本《理查三世史》。"①

《理查三世史》再版的次数比那个时代任何其他历史著作都要多,受到人们高度的赞赏,从某种意义上说具有极大的影响力:莫尔的作品以超常的辩才呈现了对该死的理查的早期看法,从而注定了一位英国国王的历史命运。它在这方面的影响,与波利多尔·维吉尔的《英国史》的影响相结合,就显得特别强烈。正如我前面指出的,波利多尔的著作创造了"都铎神话",在这个神话中,玫瑰战争被看作是对亨利四世篡位罪恶的救赎,1485年都铎王朝的建立成功地标志着救赎的完成。对于伊丽莎白时代的人来说,这种观点在霍尔的编年史中体现得最为明显,霍尔书中对玫瑰战争的叙述是以波利多尔的《英国史》作为铺垫的;莫尔的《理查三世史》与霍尔的著作结合在一起,与波利多尔对15世纪整个历史样貌的审视完全吻合。正如保罗·默里·肯德尔所指出的:"莫尔为都铎王朝提供了理查三世的肖像;波利多尔·维吉尔制作了肖像的意识形态框架。"②霍尔则把肖像装进了框架。

但是,尽管莫尔的著作被整体收录于16世纪的编年史,并大体上决定了理查的历史声誉,它对新的历史写作却没有产生显著的影响。阿谢姆将《理查三世史》作为他的《报告》的主要原型,但是

xlv

---

① 《陈旧主题的新论述——阿贾斯变形记》(*A New Discourse of a Stale Subject, Called the Metamorphosis of Ajax*),伊丽莎白·斯托里·唐诺编(纽约:哥伦比亚大学出版社;伦敦:劳特利奇暨基根·保罗出版社,1962年),第107—108页。(我更新了拼写和标点符号。)哈林顿补充说,这部作品"如我听说的那样是莫顿写的,但多数人认为是那位高尚的、未被腐蚀的执法官托马斯·莫尔爵士写的"。关于这个现在完全令人难以信服的说法,参看前文第xxv页注释。

② 保罗·默里·肯德尔:《理查三世:大辩论》,第423页。

没有其他16世纪历史学家步其后尘。① 直到1622年,另一位大法官弗朗西斯·培根出版了他的《英王亨利七世史》,英国这才有了一部散文体历史著作,从叙述的激情和塔西佗式的冷峻来说,足以步莫尔之后尘。即便到这时候,尽管培根肯定意识到他的著作和他那个伟大前辈的著作有相似之处,但没有理由认为培根的《英王亨利七世史》特别借鉴了莫尔的著作,因为培根的作品是文艺复兴晚期"政治"史的时尚产品,而"政治"史是以塔西佗和同样显赫的马基雅维利(Machiavelli)与圭恰迪尼(Guicciardini)的著作为原型的。②

然而,莫尔的《理查三世史》对伊丽莎白时代的诗歌和舞台有着明显的实质性的影响。下台王侯叙事诗结集的《执法官之镜》(*A Mirror for Magistrates*)(1559年版、1563年版以及后来的版本)极受欢迎,其中几首显然是以莫尔的方式描述理查传奇故事中的人物的;这些作品包括:除了理查本人、黑斯廷斯、爱德华四世的内兄里弗斯勋爵(Lord Rivers)的悲剧之外,两首最著名的诗篇是托马斯·萨克维尔(Thomas Sackville)的白金汉悲剧和托马斯·丘奇亚德(Thomas Churchyard)的"肖尔之妻"(讲述爱德华四世最宠爱

---

① 参看M.M.里斯(M.M. Reese):《君王谢幕:莎士比亚历史剧研究》,第46—47页:"[《理查三世史》]是一位非凡人物的非凡著作,从美学意义上说,这部著作太特殊,无法对历史写作产生任何直接的影响。莫尔学问渊博,有着不同寻常的天赋,他有高度的讽刺智慧和天生的戏剧技艺;但这本书的真正品质在于作者自身,在于他非同寻常的影响范围,在于他视野的广阔和独特。对两代人来说,他的历史碎片只是一个孤立的东西,我们需要等到莎士比亚的《理查三世》方才找到类似的作品。"

② 关于培根和政治史,参看F.J.利维(F.J. Levy)编的培根《英王亨利七世史》(印第安纳波利斯和纽约:博布斯-梅里尔公司,1972年),第1—54页,以及利维的《都铎王朝史学思想》。

的情妇简·肖尔,因为莫尔《理查三世史》一个著名章节的描述而名扬天下)。①

在伊丽莎白时代的剧院里,《理查三世史》的影响首先体现在16世纪由牛津和剑桥发展起来的拉丁剧中。1579年3月,剑桥大学凯斯与冈维尔学院院长托马斯·莱格(Thomas Legge)在剑桥大学另一学院圣约翰学院连续三个晚上上演了他的十五幕狂剧《理查三世》(*Richardus Tertius*)。剑桥大学上演的悲剧紧紧追随塞内加悲剧冗长的朗诵模式。暴政是塞内加悲剧的主题,莱格的原始贡献是认识到了可将英国编年史的材料,尤其是暴君理查的故事诗韵化,从而改编成塞内加风格的悲剧。剑桥上演的《理查三世》几乎没有什么新的原创的东西,它极其贴近莫尔《理查三世史》和霍尔编年史续篇对理查的叙述——这种叙述以其频繁的演说和戏剧化的场景而易于改编成戏剧。莱格的剧本很受欢迎,而且很有影响力,成了现在被称为编年剧的流行流派的鼻祖。②

在1580年代后期或者1590年代初期,理查被搬到了伦敦的流行舞台,那时,剧院观众不仅可以看到用英语演出的塞内加风格的反派主角剧,还可以看到马洛*风格的超级英雄剧以及"马基雅维利"人物剧,"马基雅维利"人物剧的制作,是把马基雅维利极受欢

---

① 在16世纪最后十年,迈克尔·德雷顿(Michael Drayton)在他的古罗马诗人奥维德风格的《英格兰英雄书信集》中包含了爱德华四世国王和简·肖尔之间的书信体诗作;莫尔从一开始就对这些诗作作了自由的阐释。

② 关于莱格剧本及其受欢迎情况,参看托马斯·莱格的《戏剧全集》第1卷:《理查三世》,达纳·F.萨顿编译(纽约:彼得·朗出版社,1993年)。

* 克里斯托弗·马洛(1564—1593年),英国戏剧家、诗人,发展无韵诗体,革新中世纪戏剧,为莎士比亚和詹姆斯王朝剧作家开辟了道路,主要剧作有《帖木儿》(*Tamburlaine*)、《爱德华二世》等。——中译者

迎的简约理论嫁接到16世纪道德剧的人格化邪恶行为上。篡位者理查初次在伦敦舞台露面或许是在匿名剧作家的剧本《理查三世的真正悲剧》上演的时候,这个剧本只是在1594年出版过,讹误极多,但据认为初次上演还是几年之前的事。这个剧本是以莫尔的《理查三世史》为铺垫的,虽然它与剑桥上演的《理查三世》相比更不严谨,但也把莫尔的理查纳入塞内加风格的框架,同时也赋予理查鲜明的马洛风格的人物特征。① 但《理查三世的真正悲剧》现在仍然是一部粗糙的作品,过去也肯定是一部粗糙的作品,甚至它的原始形式也是如此,只有等到莎士比亚方才挖掘了莫尔《理查三世史》的全部戏剧潜力。

莎士比亚戏剧中理查初次登台是在《亨利六世》(中篇)末尾。虽然理查的敌人嘲笑他身体畸形,但他在这部剧中,以及在他担任主要角色的《亨利六世》(下篇)的前半部分中,他是以一个勇敢而有魅力的年轻武士的形象登台亮相的。(从未有人否认理查如莫尔极不情愿地用反叙法所说的那样,"在战争中……绝非一个蹩脚的指挥官"[第67页]。)然而,在后一部剧的中途,他却突然暴露出自己是个伪装的恶棍。第三幕第二场的第一部分将莫尔叙述的爱德华四世追求伊丽莎白·伍德维尔的情景搬上舞台,并添上理查和他哥哥乔治在一厢旁观和诙谐地发表评论的特写场面;在这一场的第二部分,理查独自留在舞台上,发表了精彩的长篇独白——莎剧里最长的独白,他吹嘘自己的完美伪装("呃,我会微笑,一边杀

---

① 关于这个剧本与马洛的《帖木儿》和《浮士德》(*Faustus*)的相似之处的详细总结,参看乔治·B. 丘吉尔的《理查三世至莎士比亚,角力场》,第469—474、480—484页。

人,一边微笑")并信誓旦旦地说,为了追求王冠,他将"比尤利西斯更加狡猾地进行欺骗……玩弄权术,小儿科而已"(ll.182, 189, 193)。^①从这处起,贯穿后来的剧本,凡是提到他的名字,他就是莫尔《理查三世史》里的那个理查,不过添加了"冷嘲热讽的诙谐打趣"(M.M.里斯的说法),这是承袭了英国中世纪道德剧罪恶角色的马基雅维利风格剧舞台。^②实际上(就像常常发现的那样),莎士比亚接过了叙事高手莫尔的风趣和尖刻的讥讽,把这些转移到理查身上——而在《理查三世史》里,理查不是一个风趣的人。

莎士比亚是在霍尔和霍林斯赫德的作品里邂逅《理查三世史》的。^③他很熟悉《理查三世史》,自由自在地借用,为了剧情,为了人物刻画(包括理查愤怒时咬嘴唇这样的细节),也为各处的语言。在好几个地方——追求伊丽莎白·伍德维尔,爱德华在临终病榻前的短命和解,关于避难圣所的辩论,黑斯廷斯的垮台,白金汉在伦敦市政厅的讲演,以及贝纳德城堡上演的琉善风格的把戏——他只需用全部对话重写莫尔已经高度戏剧化了的场景。(参看附录第149—154页。)人们常常认为,莎士比亚邂逅了莫尔,

xlviii

---

① 引自《莎士比亚著作全集》,斯坦利·韦尔斯、加里·泰勒等编(牛津:克拉伦登出版社,1986年)。

② 参看里斯:《君王谢幕:莎士比亚历史剧研究》,第96页注释。只要理查明确地把自己和马基雅维利风格剧联系在一起,他也就把自己和道德剧中的罪恶角色联系在一起了:"就像常说的罪恶角色,邪恶角色/我在道德剧中将这两个意思合并成一个词。"(里斯,3 3.1.82—83)

③ 参看兰德尔·马丁(Randall Martin)编《亨利六世》(下篇),牛津莎士比亚(牛津:牛津大学出版社,2001年),第327—356页;安东尼·哈蒙德(Anthony Hammond)编《理查三世国王》,阿登莎士比亚(伦敦和纽约:梅休因出版社,1981年),第79—80页。

标志着他的戏剧艺术发展的一个转折点——这个观点可追溯到R.W.钱伯斯著名的莫尔传,著名的莎士比亚专家E.M.W.蒂利亚德(E.M.W.Tillyard)、约翰·多弗·威尔逊(John Dover Wilson)以及M.M.里斯随后强化并详细阐述了这一观点。①莎士比亚成熟的历史剧——英国和罗马历史剧——连同其他作品是人文主义史学传统的巅峰之作,而莫尔的《理查三世史》,连同波利多尔·维吉尔的作品,是这一传统的光辉榜样,莎士比亚在掌握他的戏剧艺术的岁月里是亲密邂逅了这一传统的。

《理查三世》始终是莎士比亚最受欢迎的剧本之一,添上莫尔的《理查三世史》,它甚至更紧密地锁定了理查作为魔鬼暴君的名声。然而,长期以来,理查也有他的辩护者,在过去四个世纪里,他们的辩护激情和坚持不懈,围绕着理查制造了一场有关英国各种历史人物最激烈、最持久的争议。赞扬理查的书面颂文(比如《劳斯案卷》里的颂文),在他被亨利七世推翻后自然不复存在,但是,到了16世纪晚期,对他普遍不利的看法开始受到了警告。伟大的古文物收藏家和历史学家威廉·卡姆登(William Camden)对理查的看法,被亚里士多德和马基雅维利关于好人和好统治者之间的区别所扭曲,他在《大不列颠》(1586年)一书中评述说,虽然理查登上国王宝座靠的是"邪恶的手段和犯下的罪行,……他被所有善于

---

① 钱伯斯:《托马斯·莫尔》(伦敦:乔纳森·海角出版社,1935年),第117页;蒂利亚德:《莎士比亚的历史剧》(伦敦:查托暨温达斯出版社,1944年),第39页;威尔逊编《理查三世》(剑桥:剑桥大学出版社,1954年;修订版,1961年),第xiv—xxiii页;里斯:《君王谢幕:莎士比亚历史剧研究》,第46—47、66页。威尔逊:《理查三世》,第xvii页:"莎士比亚在他戏剧艺术发展的这个阶段对莫尔的借鉴是怎么夸大也不过分的;或许他从莫尔那里学到的东西和他后来从古希腊传记作家普鲁塔克那里学到的一样多。"

思考的人视为一个坏人,但却是一位好国王"。① 后来,弗朗西斯·培根作出了类似的评价:"尽管他作为一位君王,军事美德被人称赞,他珍惜英国的荣誉,同样,他也是一位好的立法者,为普通民众带来安闲和慰藉;然而,在所有人看来,他的残暴和弑亲[即杀害近亲]抵消了他的美德和功劳;况且,在智者看来,即便那些美德本身,也被认为与其说是他的判断和本性所产生的[即内在的]真实品质,不如说是为他的野心服务的虚假的装模作样的东西。"② 在 16 世纪末,小威廉·康沃利斯爵士(Sir William Cornwallis)撰写了一篇为理查辩护的诙谐而似非而是的文章,献给诗人约翰·多恩(John Donne),以手稿的形式流传于世;这篇文章最终于 1616 年出版。③ 第一个为理查三世全面辩护的是古文物收藏家乔治·巴克爵士(Sir George Buck),他的作品是在 1646 年,即他去世二十四年之后出版的(版式粗糙不堪)。巴克接受了一个流传已久的说法,即红衣主教莫顿撰写了拉丁文版的《理查三世史》,莫尔只是"翻译、阐释、润色、更改了他主子的书"。④ 理查的辩护者常常愿意接受这样的看法,即莫顿本人的声誉,尽管令莫尔景仰,并被莫尔尽力维护,却是令人存疑的。显然,莫顿既是爱德华四世也是亨利七世的强有力的支持者,是一个远比莫尔值得想望的对手——尽管巴克以及随后

---

① 威廉·卡姆登:《大不列颠》,理查德·高夫译,四卷本(伦敦:约翰·斯托克代尔出版社,1806 年;希尔德斯海姆和纽约:乔治·奥姆斯·维拉格出版社,1974 年再版),1.386。
② 培根:《英王亨利七世史》,维克斯编,第 6 页。
③ 参看小威廉·康沃利斯:《理查三世颂》(The Encomium of Richard III),A.N. 金凯德编,J.A. 拉姆斯登和 A.N. 金凯德作序(伦敦:特纳暨德弗罗出版社,1977 年)。
④ 乔治·巴克爵士:《英王理查三世史》(1619 年),A.N. 金凯德编(格洛斯特:艾伦·萨顿出版社,1979 年),第 121 页。

认为理查三世是一位公正国王的人也并不怯于攻击莫尔。

替理查辩护最著名的作品是霍勒斯·沃尔浦尔(Horace Walpole)撰写的《理查三世国王生平和统治的历史疑点》(Historic Doubts on the Life and Reign of King Richard the Third, 1768)。正如 A.R. 迈尔斯在对有关理查的历史著作做了精细的调查后所说的那样,沃尔浦尔运用"理性主义的、雄辩的方法"来对付普遍对理查所持的批评意见,认为理查的诋毁者指控他的那些行为"是不合乎道理的,是与理查的平常性格不相符合的"。①沃尔浦尔的书引起了许多激烈的反响,②但也有助于鼓励其他人为理查进行辩护,在后来的两个半世纪里,替理查辩护的著作逐渐形成了庞大的规模。正如肯德尔所指出的,自从 19 世纪晚期出现了专业历史学家以来,关于理查的辩论多半是业余爱好者(理查的辩护者)与专业人士对抗,"学者们沉着冷静地守住营垒应对游击队不规则的进攻"。③这并不是说理查没有非常能干的有学问的辩护人。肯德尔本人就是最成功的辩护者,他的传记《理查三世:大辩论》于 1955 年首次出版,毫无疑问是一部拥有最广泛读者、影响最大的有关理查生平的现代记述。然而,对专业历史学家来说,肯德尔(一位英语教授)似乎也不太专业。仅举一例,理查的另一个最重要的现代传记作家查尔斯·罗斯(1981 年)就持有这种观点;当然,肯德尔对理查的思想和战争细节的富有想象力的重构更多的是符合人文主义的史学

---

① A.R. 迈尔斯:"理查三世与史学传统",第 193 页。
② 参看 P.W. 哈蒙德版本(格洛斯特:艾伦·萨顿出版社,1987 年),第 ix—xix 页。
③ 保罗·默里·肯德尔:《理查三世:大辩论》,第 11 页。参看肯德尔《理查三世:大辩论》第 427—434 页的详细论述以及迈尔斯的文章。

传统，而不是清醒的现代史学传统。①

然而，在过去几十年里，专业历史学家和最具学者气质的理查辩护者之间对理查观点的分歧越来越小。对所有严肃的理查研究者来说，由于20世纪的学术研究成果，现在难以回避两个主要结论，第一个结论相对有利于约克王朝的最后一位国王，第二个结论明显不是。一方面，从现代研究提供的更全面的历史背景来看，理查并不比他那个严酷时代的许多其他政治人物好到哪里或坏到哪里。另一方面，越来越明显的是，都铎王朝的历史学家对他的主要指控（正如理查的辩护者一贯主张的那样），并不仅仅源于都铎王朝的斗士急于抹黑他的名声，更是源于他自己的时代，而且，那些指控得到了有关理查篡位的最早的、最好的消息来源的证实。至于《理查三世史》，它对理查造成的伤害，不应归咎于恶意的捏造，而应归咎于（肯德尔所说的）"莫尔文学天赋令人震惊的生机活力"——它将搜集的各种事实和谣言融合成一个连贯的、尽管是畸形的人物，并为其注入持久的生命。

拓 展 阅 读

威廉·拉斯特尔1557年出版的《昔日英国大法官托马斯·莫尔爵士英文著作集》，提供了当下版本的文本基础，有影印版：

---

① 参看罗斯的《理查三世》，第li页注释（关于肯德尔的一般方法），第21页。（关于他记叙的巴内特战役），第215页注释（关于博斯沃思原野："肯德尔对这次战役的记叙仍然是想象、推测和辞藻华丽的散文的大杂烩，令人叹为观止，他对理查最后时刻的描述似乎表明他当时就在国王马匹的臀部上。"）

K.J. 威尔逊作序，两卷（伦敦：斯科拉出版社，1978年）。还有另一份《托马斯·莫尔爵士英文著作集》中《理查三世史》的1557年文本的影印版，由 W.E. 坎贝尔和其他人编（但在两卷之后中断），第1卷（伦敦：艾尔暨斯波蒂斯伍德出版社；纽约：林肯·麦克维出版社，1931年），其中还包括极其宝贵的介绍性文章、评论以及其他早期印刷品的校勘。英文版《理查三世史》的当前完整校勘版是由理查德·S.西尔维斯特编的，收录在《耶鲁圣托马斯·莫尔全集》第2卷（纽黑文和伦敦：耶鲁大学出版社，1963年）。西尔维斯特的文本保留了1557年印刷版的标点符号和拼写。他附上一篇综合性序言和一长篇评论，这些是寻找英文版《理查三世史》各方面或各章节进一步信息的关键。西尔维斯特的版本还包括拉丁文版的《理查三世史》，但他的版本的这一部分被耶鲁版本第15卷所取代，第15卷由丹尼尔·金尼于1986年编，文本的基础是一部新发现的手稿。这些版本中关于16世纪《理查三世史》各种各样文本之间关系的讨论，得到戴维·沃默斯利（David Womersley）的宝贵补充，见其"托马斯·莫尔爵士的《理查三世史》：英国文本的新理论"，《文艺复兴时期研究》，第7期（1993年），第272—290页。

约翰·盖伊的《托马斯·莫尔》（伦敦：阿诺德出版社，2000年）对莫尔的生平作了权威而简洁的叙述；盖伊还非常了解莫尔传记知识的局限性，这种局限性是消息来源的本质所固有的。最近最著名的关于莫尔的完整传记是理查德·马里厄斯撰写的《托马斯·莫尔》（纽约：艾尔弗雷德·A.克诺夫出版社，1984年）。马里厄斯是一个不屈不挠的修正论者，把莫尔基本上如实描绘成为一位深邃的矛盾人物，但他此书有许多精彩的章节。最近另一部完整传记是彼得·阿克罗伊德撰写的《托马斯·莫尔传》（伦敦：查托暨温达斯出版社，1998年）——把莫尔描绘成一位行将灭亡的中世纪天主教文化的健康卫士。斯蒂芬·格林布拉特（Stephen Greenblatt）撰写了《文艺复兴时期的自我塑造：从莫尔到莎士比亚》（芝加哥和伦敦：芝加哥大学出版社，1980年），研究莫尔及其作品的人无不阅读此书中论述莫尔的篇章（第11—73页），包括论述《理查三世史》的见解深邃的简短篇幅（第13—15页）。

与《理查三世史》一起，另一部关于格洛斯特的理查性格和生平的极有影响的早期记述，是在莫尔的朋友、意大利出生的人文主义者波利多尔·维吉尔撰写的《英国史》里面。这部著作的一部分可在16世纪一位不知名人士的优秀英文译本里找到：《波利多尔·维吉尔的三本英国史，包括亨利六世、爱德华四世和理查三世的统治》，亨利·埃利斯编纂（伦敦：卡姆登出版社，1844年）。关于波利多尔的人文主义史学，参看托马斯·S.弗里曼："从喀提林到理查三世：古典历史学家对波利多尔·维吉尔的《英国史》的影响"，见马里奥·A.迪塞萨里编《文艺复兴再思考》（*Reconsidering the Renaissance*），《中世纪与文艺复兴时期文本与研究》系列，第93卷（宾厄姆顿，纽约：中世纪与文艺复兴时期文本与研究中心，1992年），第191—214页。关于理查的篡位，有两部特别有趣而重要的现代记叙。第一部记叙的撰写人是另一位意大利人文主义者多米尼克·曼奇尼，他曾在伦敦逗留过几个月，理查加冕后不久方才离开；曼奇尼的记叙在20世纪之前还不为人知，是以《理查三世篡夺王位》的书名出版的，由C.A.J.阿姆斯特朗翻译并作序（第二版，牛津：克拉伦登出版社，1969年；第一版，1936年）。第二部现代记叙包含在所谓的《克劳兰编年史第二续篇（1459—1486年）》里，这是一部匿名著作，收录了一位高智商、消息灵通的知情人士的材料，现在被公认为有关爱德华四世和理查三世统治最权威记叙的消息来源。参看《克劳兰编年史第二续篇（1459—1486年）》，尼古拉斯·普罗内伊和约翰·考克斯编（伦敦：理查三世和约克历史信托基金会，1986年）。关于理查生涯五花八门重要消息来源的摘录，收集在P.W.哈蒙德（P.W. Hammond）和安妮·F.萨顿（Anne F. Sutton）的集子里：《理查三世：通往博斯沃思原野之路》（伦敦：康斯特布尔出版社，1985年），这个集子还有大量有意义的插图；还收录在基思·多克雷（Keith Dockray）的集子里：《理查三世：一部消息来源书》（格洛斯特郡斯特劳德：艾伦·萨顿出版社，1997年）。乔治·B.丘吉尔（George B. Churchill）撰写的《理查三世至莎士比亚，角力场》10卷本（柏林：迈耶暨米勒出版社，1900年；再版，纽约和伦敦：约翰逊出版社，1970年），查阅了从他所处的时代直至16世纪晚期几乎所有有关理查的历史记述和文学文本；尽管丘吉尔的巨著在某种程度上已经过时，但其令人惊叹的细致总结（连同大量的语录），及理查传说诸多方面考证审慎的系谱图，使这部巨著仍有用途。

在许多现代理查传记中，拥有最广泛读者的是保罗·默里·肯德尔撰写的《理查三世：大辩论》（伦敦：艾伦暨昂温出版公司，1955年），内容丰富多彩，对理查极表同情。一部更好的、不偏不倚的记叙（现在是一部标准传记）是查尔斯·罗斯撰写的《理查三世》（伯克利和洛杉矶：加利福尼亚大学出版社，1981年），此书既提供了莫尔《理查三世史》的丰富背景知识，也提供了关于理查及其所处时代的极有可读性的介绍；在这两方面给罗斯这部著作以补充的是他较早的一部传记《爱德华四世》（伯克利和洛杉矶：加利福尼亚大学出版社，1974年）。A.J. 波拉德（A.J. Pollard）撰写的《理查三世与伦敦塔中的王子》（格洛斯特郡斯特劳德：艾伦·萨顿出版社，1991年）是一部关于理查的生平及其声誉枯荣沉浮的内容广泛的记叙，并配有极好的插图。迈克尔·希克斯（Michael Hicks）撰写的《理查三世与其对手：玫瑰战争中的权贵及其动机》（俄亥俄州伦敦和里奥格兰德：汉布尔顿出版社，1991年）对理查篡位之前年代各种重要人物和事件作了一系列的再审查。在希克斯的这本书里，如同在几乎任何其他地方一样，爱德华四世王后（及其弟妹和她头婚的孩子）都没有好的结果。要想改变历史上对她的偏颇看法，参看戴维·鲍德温（David Baldwin）撰写的《伊丽莎白·伍德维尔：伦敦塔中王子的母亲》（格洛斯特郡斯特劳德：艾伦·萨顿出版社，2002年）。理查继任者的最好传记是S.B. 克赖姆斯（S.B. Chrimes）撰写的《亨利七世》（伯克利和洛杉矶：加利福尼亚大学出版社，1972年）。约翰·盖伊撰写的《都铎王朝的英格兰》（牛津和纽约：牛津大学出版社，1988年）对15世纪晚期和16世纪早期的英格兰作了精彩的整体描述。关于简要概述兰开斯特和约克两大家族之间的斗争，参看A.J. 波拉德撰写的《玫瑰战争》第2版（汉普郡贝辛斯托克镇霍恩德米尔斯；纽约：帕尔格雷夫出版社，2001年）。

意大利史学家阿纳尔多·莫米利亚诺（Arnaldo Momigliano）撰写的《现代史学的古典基础》（伯克利／洛杉矶／牛津：加利福尼亚大学出版社，1990年——根据1961—1962年的系列讲座写成的），是一部介绍西方史学写作史的简明、权威、生动的专著；其中包含一篇论述塔西佗及其对文艺复兴影响的精彩篇章。塔西佗本人的著作以及与莫尔著作有关的其他古典历史，可以在洛布古典丛书中轻易找到。F.J. 利维在《都铎王朝史学思想》（加利福尼亚州圣马力诺：亨廷顿图书馆，1967年）一书中，概述了16世纪英国的历史写作及其古典和中世纪的背景。一部相关的较近期的著作是安东尼亚·格兰斯登（Antonia Gransden）撰写的《1307年至16世纪初英国的历史写作》（纽约州伊萨卡：康奈尔大学出版社，1982年）。托马斯·弗里曼评述波利多尔·维吉尔的著作（见前文）不仅对波利多尔的《英国史》，而且对古典罗马史学都作了极好的介绍；尤其要参看阐述因果关系的那几页（第200—206页）。对英国人文主义修辞传统作了最全面、最好的概述是昆廷·斯金纳撰写的《霍布斯哲学思想中的理性和修辞》（*Reason and Rhetoric in the Philosophy of Hobbes*）（剑桥：剑桥大学出版社，1996年），第19—211页。

对莫尔《理查三世史》的现代批评传统或许始于对1931年出版的莫尔英文著作的评介文章，以及A.F.波拉德撰写的《托马斯·莫尔〈理查三世史〉诞生记》（1933年初次发表）。波拉德的文章很有影响，指导人们将注意力引向《理查三世史》的文学性，尤其是它与戏剧的相似之处。R.S.西尔维斯特和G.P.马卡杜尔编纂的《研究托马斯·莫尔的重要文章》（康涅狄格州哈姆登：阿肯书局，1977年）一书里重新刊登了波拉德的这篇论述，同时刊登的还有若干其他研究莫尔的文章。在这些文章中，伦纳德·F.迪安（Leonard F. Dean）的"莫尔的《理查三世史》的文学问题"（1943年初次发表）就莫尔与古典和人文主义史学以及讽喻的相似之处提供了丰富的说明材料。W.A.G.多伊尔-戴维森撰写的《托马斯·莫尔爵士早期英文著作集》(根据1931年出版的莫尔英文著作重印),对《理查三世史》的风格作了极好的分析。《研究托马斯·莫尔的重要文章》也重新刊登了阿瑟·诺埃尔·金凯德撰写的"托马斯·莫尔爵士《理查三世史》的戏剧结构"(1972年初次发表),这篇文章在形成自1970年代以来流行的重要趋势方面发挥了影响,这个趋势将《理查三世史》和戏剧的相似之处推向极致,以致莫尔的这部著作常常被视为某种真实的戏剧,而不是与戏剧有着许多共同之处的修辞历史当中的一种(而它显然就是后者)。因此,沃尔特·M.戈登(Walter M. Gordon)在"讽喻叙述与托马斯·莫尔的《理查三世史》",《克利俄》,第9卷(1979年),第75—88页中,试图证明《理查三世史》是中世纪晚期道德剧的一种讽喻,人们认为只不过是堂吉诃德式的探险而已。(但是,戈登的这篇文章就莫尔对"简"·肖尔的复杂人物造型作了很好的分析。)

艾莉森·哈纳姆撰写的《理查三世与他早期历史学家(1483—1585年)》(牛津:克拉伦登出版社,1975年),对理查的范围广泛的早期书面消息来源作了可贵的详细叙述,并从许多书面消息来源中作了大量的节选。哈纳姆对这些消息来源的全面了解使她能够表明莫尔的记述与最权威的消息来源是何等接近,但她对《理查三世史》作出的重要结论却不能令人信服,她认为哈丁和霍尔编年史中的《理查三世史》版本比1557年《托马斯·莫尔英文著作集》里的《理查三世史》版本更有权威性,她还认为《理查三世史》是一部讽刺"整个历史手腕"的五幕话剧(《理查三世与他早期历史学家(1483—1585年)》,第155页)。在其他研究《理查三世史》的著作中，可以挑出下述著作：伊丽莎白·斯托里·唐诺撰写的"托马斯·莫尔与理查三世"，《文艺复兴季刊》，第35卷（1982年），第401—447页，认为《理查三世史》是一件符合修辞技巧传统的展品；这篇文章充满了有用的信息和精彩的修辞分析。阿利斯泰尔·福克斯撰写的《托马斯·莫尔：历史和天意》（纽黑文和伦敦：耶鲁大学出版社，1983年），对莫尔的著作作了有影响的概述，他声称，从中世纪神意史学观点来看，他发现了《理查三世史》对人文史学的含蓄批评。朱迪丝·H.安德森撰写的《传记真相：都铎-斯图亚特王朝著作中历史人物介绍》（纽黑文和伦敦：耶鲁大学出版社，1984年）一书中有论述《理查三世史》的篇章，根据文艺复兴时期历史和传记的概念对《理查三世史》作了深邃的批判分析。阅读德文著作的人，可以读汉斯·彼得·海因里希（Hans Peter Heinrich）撰写的《托马斯·莫尔的〈理查三世史〉》（帕德博恩：斐迪南·舍宁出版社，1987年），此书认为《理查三世史》是一部人文主义的史学著作。我还需提及 M.M. 里斯撰写的《君王谢幕：莎士比亚历史剧研究》（伦敦：爱德华·阿诺德出版有限公司，1961年），此书对莫尔、《理查三世史》及其对莎士比亚的影响都有深刻的洞察。若要详细研究莫尔的英文著作，参看约瑟夫·德尔古（Joseph Delcourt）撰写的《托马斯·莫尔爵士英文著作语言分析》（巴黎：H.迪迪埃出版社，1914年），以及 F.Th. 维瑟（F.Th. Visser）撰写的《托马斯·莫尔爵士的英语句法规则：动词》，第1、2、3部分，研究古典英国戏剧的材料，新系列，第19、24和26卷（鲁汶：鲁汶大学出版社，1946年、1952年、1956年；瓦杜兹：克劳斯出版社，1963年再版）。

近期有两份像书本一样厚的关于莫尔的参考书目：迈克尔·D.

温特沃思（Michael D. Wentworth）撰写的《真实的托马斯·莫尔爵士：现代研究力作的注释书目》（纽约：G.K.霍尔出版社，1995年），以及艾伯特·J.格里兹（Albert J. Geritz）撰写的《托马斯·莫尔：批评性注释书目（1935—1997年）》（康涅狄格州西港；伦敦：格林伍德出版社，1998年）。《莫尔研究》杂志每年出三期，堪称全世界莫尔研究的交流中心，它足以引起人们对研究《理查三世史》和莫尔其他著作的新的出版物的关注。理查三世研究会（The Richard III Society）出版的季刊《理查国王时代》在研究理查方面起到了同样的作用。若要概览有关理查的学术研究的历史进展，以及莫尔和其他早期历史学家对理查的描述所引起的长期争论，参看肯德尔撰写的传记（《理查三世：大辩论》，第419—434页），A.R.迈尔斯撰写的"理查三世和史学传统"，《历史》，第53卷（1968年），第131—202页（这是罗斯《理查三世》更简要概览的首要依据，第xlviii—liii页）；若要将概览延伸到1993年，可参看多克雷撰写的《理查三世：一部消息来源书》。

年　　表

1437 年　伊丽莎白·伍德维尔（爱德华四世王后）诞生
1442 年　爱德华四世诞生
1452 年　理查三世诞生
1460 年　约克公爵理查（爱德华四世、克拉伦斯公爵乔治和理查三世的父亲）在韦克菲尔德战役中战死
1461 年　亨利六世被推翻，爱德华四世继位（6 月 28 日加冕）
1464 年　爱德华四世和伊丽莎白·伍德维尔结婚
1470 年　10 月：爱德华四世被推翻，亨利六世复位；11 月 2 日：威尔士亲王爱德华（后来的爱德华五世）诞生，在避难中
1471 年　4 月 14 日：爱德华四世在巴内特战役（"复活节战场"）获胜而恢复王位；5 月 4 日：在特克斯伯里战役最终打败兰开斯特军队；5 月 21 日：亨利六世在伦敦塔毙命
1473 年　约克公爵理查（爱德华四世次子）诞生
1478 年　（有可能是 1477 年）2 月 7 日：托马斯·莫尔诞生
1478 年　克拉伦斯公爵乔治（以叛国罪）被处决

1483 年　4 月 9 日：爱德华四世驾崩
　　　　4 月 24 日：爱德华五世及其扈从离开威尔士赴伦敦

4月30日：理查三世逮捕里弗斯伯爵、理查·格雷和托马斯·沃恩

4月30日晚—5月1日：伊丽莎白·伍德维尔带着幼子（约克公爵）和她的女儿们寻求避难

5月10日：理查三世成为护国公

6月13日：处决黑斯廷斯；逮捕莫顿主教

6月16日：约克公爵从避难圣所被带走

6月22日：沙阿主教布道，宣布爱德华四世的孩子王位继承权不合法

6月24日：白金汉公爵在伦敦市政厅发表讲演，阐述理查三世的王位申索权

6月25日：里弗斯、理查·格雷和托马斯·沃恩在庞蒂弗拉克特城堡被处决

6月25日或26日：白金汉公爵在贝纳德城堡将王权交给理查三世

6月26日：理查三世在威斯敏斯特宫登基

7月6日：理查三世正式加冕

7月底—8月：理查三世御驾巡行约克

10月—11月：反理查三世叛乱失败

11月2日：白金汉公爵以叛国罪被处决

1484年　理查三世唯一有合法继承权的儿子去世（1476年诞生？）

1485年　8月22日：理查三世在博斯沃思荒原战役被杀；亨利·都铎成为亨利七世国王

1486年　亨利七世娶爱德华四世的长女约克的伊丽莎白

1487 年　莫顿就任大法官

约 1490—1492 年　莫尔担任莫顿家庭少年侍卫

约 1492—1494 年　莫尔就读于牛津

约 1494 年　莫尔进入伦敦律师学院学习法律

1500 年　莫顿去世

1504 年　莫尔进入议会？

1506 年　莫尔和伊拉斯谟发表琉善译作

1509 年　亨利七世驾崩，亨利八世继位

1510 年　莫尔进入议会；被任命为伦敦副行政司法长官

约 1513 年　莫尔开始撰写《理查三世史》？

1515—1516 年　莫尔撰写《乌托邦》

1518 年　莫尔加入亨利八世咨议会；他的拉丁文诗作发表

1521 年　莫尔被任命为副财政大臣，并被册封为骑士；奉命编辑亨利八世反路德专著

1523 年　莫尔担任议会下院议长；撰文为亨利八世反路德进行辩护（随后一些年里发表其他反路德著作）

1529 年　莫尔被任命为大法官

1532 年　莫尔因为《教士服从法》(Submission of the Clergy)辞去大法官职务。该法授予国王宗教法规否决权

1533 年　亨利八世娶安妮·博林，教皇克莱蒙七世启动开除教籍进程

1534 年　4 月 13 日：莫尔拒绝宣誓支持《王位继承法》(承认亨利与安妮·博林的孩子为王位继承人)；4 月 17 日：莫尔被关进伦敦塔，他在那里撰写了《快乐与苦难对话录》(*A*

Dialogue of Comfort against Tribulation）和其他用于祈祷的著作

1535 年　7 月 1 日：莫尔受审，被判犯有叛国罪；7 月 6 日：被斩首

1543 年　英文版《理查三世史》初次出版，作为哈丁编年史的续篇

1548、1550 年　《理查三世史》英文版作为霍尔《兰开斯特和约克两大名门望族联盟》的一部分出版

1557 年　《理查三世史》英文版被收录于威廉·拉斯特尔编纂的《托马斯·莫尔英文著作集》出版

1565 年　拉丁文版《理查三世史》初次出版，收录于《托马斯·莫尔拉丁文著作集》

约 1592—1593 年　莎士比亚撰写《英王理查三世悲剧》

理查三世史

《理查三世史》(未完成)是时任伦敦副行政司法长官之一的托马斯·莫尔爵士于1513年左右撰写的。这部作品此前在哈丁的编年史和霍尔的编年史中出版过,但许多地方丢落错讹甚多,有时有删减,有时有增添,甚至窜改词语和整个句子,与莫尔的亲笔手稿版本有很大的差别,而下面这个版本是根据莫尔的亲笔手稿版本出版的。

一

爱德华四世国王活了五十三年七个月六天,因此执政了二十二年一个月八天,1483年4月9日在威斯敏斯特驾崩,留下众多子女,即:威尔士亲王爱德华,约十三岁;约克公爵理查,比爱德华亲王小两岁;伊丽莎白,她的运气和风度是当王后的料,嫁与亨利七世为妻,后为亨利八世母亲;塞西莉(Cecily)不像众多孩子那么有运气;布丽奇特(Bridget),这个名字显示了她全称姓名的贞操,她表示并切实在达特福德过着宗教生活,那儿是一处隐居修女的修道院;安妮后来体面地嫁给了托马斯,那时他还是霍华德勋爵,后来被册封为萨里伯爵;凯瑟琳,很长一段时间在两种命运中辗转反侧,有时在幸福中,常常在逆境中,最后——假设这是最后,因为她还活着——拜托外甥亨利八世的仁慈,她住在非常繁华的庄园里,堪配她的身世和美德。

这位高贵的君王在他的威斯敏斯特宫里驾崩，他的人民在那里怀着极大的悲痛，以隆重的葬礼将他安葬在温莎。在这片土地上，从未有哪位马上得天下、在和平时期有着如此行为表现的君王（因为战时每一方都是对方死敌）得到大多数人民如此衷心的爱戴；他本人在他生涯的任何时候从未像他在死时那样表现得如此特别。在他驾崩之后，人们对他的感激和热爱，因这个狂暴世界随后而来的残忍、祸害和骚乱而更加强烈。他驾崩时，因为他曾推翻了亨利六世，人们一般对他怀有的怨愤已大为纾解，实际上已经平息，因为其中许多人在他统治的二十多年中已经去世，二十多年是其漫长生涯中的一大部分，在此期间许多人成为他的宠信，他从不吝惜给予恩宠。

他相貌堂堂，一派君王气象；生性勇敢，又虑事周全；身处逆境，毫无局促不安；功成名就，欣慰而不骄傲；和平时期公正宽厚，作战时勇猛顽强；驰骋疆场，勇锐果敢，又审时度势不逞强能。无论谁精心筹划的战争，他撤退时表现出的智慧不亚于征服时表现出的男子气概。

他外表可爱，身体强壮：结实、清爽，虽然他在晚年饮食毫无节制，身材略显臃肿肥胖，却并不难看。他年轻时纵情肉欲，身体健康任凭挥霍，毫无体惜节制。这个缺点并不太令人伤心，因为没有暴力，一个人的快乐不可能延伸到令许多人不快乐的程度；况且，在他晚年，暴力减少了，几乎完全放弃了。在他晚年时期，这个王国平静安宁，繁荣富足：不用担心外敌入侵，眼下没有战争，也无战争逼近，但没有人预料到，人民对这位君王并无压抑的恐惧，只有心甘情愿的充满爱意的服从；平民百姓之间本来就心平气和。贵族之间龃龉不合，国王是知道的，而他在临终病榻前已经化解了。

他留下了所有敛集的钱财（这是唯一能使英国人从这位君王那里收回心的东西）；他也没有打算用任何东西来驱使他去得到钱财：因为他以前就从法国得到了贡品，他去世前一年又得到了贝里克城堡。尽管在他统治期间，他对人民总是那样的和蔼、谦恭、熟稔，然而他的美德中没有哪一种比他生命的最后时刻令人惊叹地发扬光大的品质更让人崇敬的了（许多君王由于持久地君临天下，在生命的最后时刻往往由开始时的温文有礼而堕落到倨傲不逊）：甚至到了这样的程度，在他有生之年的最后一个夏天，陛下在温莎打猎，派人将伦敦市长和市议员们叫到他那儿，没有其他公干，只是让他们打猎，和他一起高高兴兴地玩；在那儿，他叫他们不要那么庄重，而是非常友好、非常亲近地娱乐，并叫人将鹿肉从那儿自由自在地送进城里。在这以前的许多日子里，没有一件事使他在平民百姓中间赢得更多的人心或更多衷心的喜爱——他们往往是更多地尊敬他，并认为他这样做显得更友善，谦恭有礼，胜过大恩典。

（正如我说过的那样，）这位高贵的君王就这么驾崩了，在他的生命最被人民企望的时候凋谢了。他对人民的爱，人民对他的全部热爱，都转移到他的高贵的子女身上（子女们本身也拥有在他们的年龄所能接受的许多天赋和王子美德），这本当是像城堡和盔甲一样的了不起的和可靠的保护，可是他们的朋友四分五裂、意见分歧，解除了他们的武装，把他们抛弃了；而可恶的君主欲望促使他导致了他们的毁灭，亲属关系或慈爱如果发挥了适当的作用，本当可以成为他们的首要防护力量。格洛斯特公爵理查，论私是他们的叔父，论公是他们的护国公，对他们的父亲负有义务，对他们自己负有宣誓效忠的责任，但是所有将人与人之间联系在一起的纽带都被割断了，毫不敬重上帝和世人，违背天理人情，打算不仅剥夺他们的地位，还要剥夺他们的性命。但是，尽管这位公爵的行为实际上影响了本书将要叙述的一切事情，在我们继续往前走之前，有必要让你知道这是个什么样的人，将会发现他心里怀有多少鬼胎。

约克公爵理查，一个高贵而魁伟的人，不是通过战争，而是通过法律来申索王权的，将他的王位申索权提交给议会，议会要么出于公理，要么出于好感，至此对他的要求作出了这样的审理，即亨利国王的儿子（尽管他有一个王子）的继承权彻底被否，亨利国王去世之后，王位立即由议会授权传给约克公爵，在任国王去世后传给他的男性子嗣。但约克公爵耐不住长久等待，打算以王国出现纷争与冲突为借口，在亨利国王还活着的时候就提前实施统治，却在韦克菲尔德（Wakefield）战役中，和王国的许多显贵一起殒命沙场，留下三个儿子——爱德华、乔治和理查。

这三个人，由于出身高贵，所以都自命不凡，倨傲不逊，贪婪，对权力野心勃勃，对同伴不胜其烦。爱德华为报乃父之仇，推翻了亨利国王，自己取而代之。克拉伦斯公爵乔治是一位极好的高贵王子，如果不是他自己的野心促使他反对自己的兄长，或者他的政敌兄长没有因为嫉妒而反对他，那么他在各方面都是幸运的。王后和她的贵戚们极力诽谤国王的亲属（女人常常不是出于恶意而是出于本性憎恨她们的丈夫所喜欢的人），无论这是由王后和她的贵戚们造成的，还是一心想当国王的公爵本人的狂妄胃口，无论如何，都要指控他犯有十恶不赦的叛国罪，无论有罪还是无罪，他最终被议会褫夺了公权，被判处死刑，随即被匆匆溺死在一个马姆奇酒大酒桶里。爱德华国王（尽管是他下令干的）听说把他干掉了，猫哭老鼠般地悲戚了一番。

我们现在要描述的幼子理查，在智力和勇气方面可比肩两位兄长，但体格和男子气概远逊于他们两人：矮小身材，四肢畸形，驼背，左肩比右肩高很多，相貌丑陋，被称为好战的政客就是这个样子，其他男人则不然。他恶毒、愤怒、嫉妒，从出生前就一直倔强任性。据真实的传说，他的公爵夫人妈妈在生他时难产，不切腹还不能把他生下来，他是双足先露来到这个世界的（如同人们葬礼时双足在前一样），而且，就像谣传所说的那样，生下来时就长了牙齿——无论是人们出于仇恨，编造离谱的谣言，还是其他原因，说他甫降人间先天秉性就改了道，以致后来的一生中做了许多违背天性的事情。他在战争中绝非一个蹩脚的指挥官，他的性情更适合于战争，而非和平。他赢得了各种各样的胜利，有时将别人推翻，但该勇敢的时候勇敢，该审慎的时候审慎，他从不缺乏有序的安排。人们都称他慷慨大方，但得到的却是不牢靠的友谊，为此他乐于在其他地方进行打劫和掠夺而致使他招来扎扎实实的怨恨。

他守口如瓶，深藏不露；气度卑微，内心傲慢；表面友好，内里仇视，毫不克制地亲吻他想杀掉的人；冷酷，残忍，并不总是因为邪恶的念头，但常常是因为野心使然，要么为保护自己，要么为加强自己的地位。朋友和敌人的区别对他来讲毫无意义：只要能增强自己的优势，无论谁妨碍他达到目的，他都会丝毫不饶恕其性命。正如许多人经常所说的那样，亨利六世被关在伦敦塔里，他曾用自己的双手使劲地拧亨利的脖子，而国王并没有命令他这么做，甚至都不知道这件事——毫无疑问，如果国王打算做这件事，他会指定别人去干这屠夫的差事，而不是自己的亲兄弟。

有些聪明人也认为,他(与一些同谋)秘密串通的计划,并不缺乏帮着处死他哥哥克拉伦斯的内容,他表面上反对处死,却如(人们认为的那样)只是弱弱地表示反对,他对克拉伦斯的福祉本应非常在意。有如此看法的人们认为,长久以来,在爱德华国王还活着的时候,克拉伦斯就预谋要当国王,说不定国王哥哥哪天就一命呜呼(他预料其寿命会因为糟糕的饮食习惯而缩短,后来果不其然),而国王的子女都还幼小。人们认为,由于这个缘故,弟弟克拉伦斯公爵死去国王是高兴的,公爵活着必然妨碍国王琢磨这样一个问题:这个克拉伦斯公爵是忠于他的侄子年轻国王呢,还是处心积虑地自己当国王?

但所有这一切都不是确定的,无论谁进行揣测都容易离谱。尽管如此,我通过非常可靠的消息获悉,爱德华国王去世的当晚,一个叫米斯特布鲁克的人,早在凌晨之前,急匆匆来到一个叫波特的人的家里,波特住在跛子门(Cripplegate)外面的红十字街;他急匆匆走进去之后,就对波特说爱德华国王已经走了。"我保证,老兄,"波特说,"这样我的主人格洛斯特公爵就要当国王。"是什么让他有这样的想法,很难说得清楚——要么是他作为公爵的仆人,任何人都知道他这么做的目的,要么是他已略知一二,不然他不会无缘无故地这么说。

二

现在回到本史。若是格洛斯特公爵有先见之明,预料到这个结局,抑或由于他两个侄子年轻的王子年龄尚幼,第一次抱有希望

(因为成功的机会和可能性会促使一个人去做他从未打算去做的事情），那么可以肯定，他打算将他们消灭，将帝王的尊严篡为己有。因为他知道（并帮助维持）王后和国王两个家族之间的积怨和强烈的忌恨，每一方都嫉妒另一方的权威，他现在觉得他们的内讧应该是（也确实是）他追求自己的目的的有利开端，也是他所有事业奠基的坚实基础，如果他可以先以报复旧日的不悦为借口，滥用一方的愤怒和无知来消灭另一方，然后尽可能多地实现他的目的——而那些实现不了的就有可能在他们预料到之前就消失了。有一件事他了然于胸：假如他的意图被觉察，国王和王后两个家族就会拿他开刀而实现和解。

国王爱德华在世时，尽管对他朋友之间发生的内讧多少有些厌烦，然而由于他健康状况良好，对内讧并不怎么在意，因为他觉得，不管在他们之间发生了什么事，他本人总能驾驭这两大派。但是，在他最后一场大病时，他感觉到他的体力极度虚弱，对痊愈已经绝望，虽然他对发生的事情没有什么预料不到的，然而他足以预见到他们的内讧会增添许多伤害，而他的孩子由于年轻，缺乏自我判断能力，他们的朋友也不会出好主意（两大派只会顾及他们自己的利益，只会讲好听的话而为自己邀宠，而不会为孩子们进良言），于是，考虑到他的孩子尚在幼年，他把他们之中正在内斗的一些人叫到跟前，尤其是王后与第一任丈夫的儿子多塞特侯爵，以及理查德·黑斯廷斯勋爵（Richard the Lord Hastings），当时是国王的贵族内侍，王后尤其不待见他，因为国王特别宠他，还因为她认为他私下很熟稔和国王淫乱的那伙人。她的家族也对他忍无可忍，既因为国王任命他为加莱驻军司令（而国王先前曾答应将这一职位授予王后的兄弟里弗斯勋爵），还因为国王给了他其他丰厚的馈赠，而这些原本是王后家族所企盼的。

当这些侯爷和两大家族其他几个人来到国王跟前时，正如传说的那样，国王坐了起来，把枕头垫在下面，就这样对他们说："各位大人，我的亲人和姻亲，我一副什么苦相，你们都看到了，我感受到了。由于这个缘故，我能指望和你们在一起的时间越少，我就越是深深关注我在什么情况下离开你们：因为我离开了你们，我的孩子们就喜欢去找你们。如果他们万一（上帝也不允许）发现你们内斗，在他们的斟酌判断能有助于你们实现和解之前，就有可能不幸在战争中倒下了。你们看到他们仍然年幼，我想对他们来说唯一可靠的保证就在于你们和谐一致。如果你们彼此仇恨，你们都爱他们也是不够的。如果他们成了年，你们的忠诚或许就足够了。但童年必须由男人的权威来支配，处世不稳的孩童要靠长辈的教诲来支撑：他们得不到这种教诲，除非你们给他们，你们若不同意，就不会给的。因为无论在什么地方，别人立什么，你就使劲破什么，并且由于彼此仇恨，就互相指责对方的忠告，那么要想出现什么好的结果，就必须等待好长时间。同样，当双双都使尽力气争当老大时，巴结奉承往往比实实在在的忠告更有地盘；如此接踵而至的便是王子在邪恶的环境中成长，他的思想在幼稚的童年就被污染，必将堕落到为非作歹，招致和这个高贵的王国一起毁灭，除非上苍使他变得睿智起来——如果上苍施以智慧，那么先前以邪恶的手段最讨他喜欢的人，将会垮台而成为最失宠的人：所以说，阴谋诡计最终往往是一场空，而实实在在的良好行为便会顺利成功。

"你们之间早就有巨大的分歧，并非总是为了伟大的事业。有时候一件用意很好的事情,由于我们的误会而变得更糟;或者是我们遇到的一点小小的不快,要么是我们的偏见,要么是毒嘴毒舌,把事情闹严重了。但有一点我是很清楚的:你们互相仇视从来就没有什么重大理由,不像你们互相友爱是有很多的理由的。我们都是人,我们都是基督徒,这个我留给牧师向你们宣讲(但我一点也不相信牧师的宣讲是否比他到各处的布道更能打动你们)。但我希望你们记住,你们当中的一部分是我的至亲,另一部分是我的姻亲,你们彼此要么是至亲,要么是姻亲——属灵亲缘关系,基督教会的圣事与我们同在,是上帝的旨意,应当感动得我们彼此相爱,就像尊重血亲关系那样。我们的主不允许你们在一起为同一事业糟蹋爱,因为你们应该爱得更好。然而,这种情况还是发生了。我们发现没有哪个地方像他们这样如此致命地争夺,而论情理,论王法,他们最应该和谐一致。这样一条毒蛇,就是野心,就是虚荣心,就是想称王称霸,这条毒蛇一度神不知鬼不觉地爬到皇亲国戚里面,爬窜得很远,直至将原本是分歧和异见统统变成为非作歹的不轨行为——首先是渴望仅次于最好的;然后是要与最好的平起平坐;最后是要称王称霸,压倒最好的。对荣誉的过分渴求,从而引起争论和纠纷。那些损失,那些悲伤,那些烦恼,这几年在这个王国平添了不少,我祈求上帝统统忘记我们戚然于怀的这些东西。这一切如果我能有所预见,就像我所经历的痛苦比快乐还要多,以上帝保佑的女主的名义(这可是他的誓言),我永远也不会在损失这么多人的情况下赢得人们的顶礼膜拜。

"但是,既然覆水难收,我们更应懂得,因为什么我们以前受到这么大的伤害,以后我们就不要重蹈覆辙。现在那些委屈怨愤已经过去了，一切（感谢主）归于平静，我的孩子，你们的侄子，在他们的统治下，极有可能繁荣昌盛，天下太平，那就要看上帝让他们阳寿延绵，而你们又互相友爱。还有两件事。如果王子们年幼时自然死亡，王国总是要有国王的，或许有好国王。但是，如果你们在我孩子统治下互相争斗不止，许多好人就会毁灭，他也好，你们也好，或许在这个王国恢复和平之前就遭到毁灭。因此，我想和你们最后说这番话时，告诫并希望你们所有人，为了你们一直以来对我的爱戴，为了我一直以来对你们的爱，为了我们的主对我们所有人的爱，从此时此刻，忘掉所有的委屈怨愤，你们每个人都要互相友爱。我真的相信你们的意愿，如果你们还看重这个世界上的某种东西——或者是上帝，或者是你们的国王，血亲或姻亲，这个王国，你们自己的国家，或者你们自己的平安。"

国王坐着坐着再也坚持不了了，随即朝右侧躺下，脸朝着他们：在场的人都忍不住哭泣。但这些亲贵——尽量好言宽慰他，一时投其所好地应答他——在他面前（就像他们的言辞所表明的那样）彼此原谅了，他们把手捏合在一起，但（像他们后来的行动所表明的那样）彼此都是人心隔肚皮。

国王去世后，他的儿子高贵的王子随即赶往伦敦——他去世时王子住在威尔士勒德洛的亲王府第里。这个地区远离法治和正义的管辖，开始变得远离亲善，越来越野蛮，强盗横行无忌，无人管束。由于这个原因，王子在他父亲健在时被派到这里，目的是要以他的身威来约束那些邪恶的人，使他们不再像从前那样胆大妄为。为使这位年轻王子的治理有效，在他被派往那里时，同时任命王后的兄弟、一位正直体面的人物、战场上骁勇无比的里弗斯伯爵安东尼·伍德维尔为他的深谋远虑的顾问。和安东尼·伍德维尔在一起的还有同一派系的其他人,实际上,他们之中每一个人和他一样,都是和王后最亲近的人,就这样最贴近地安插在王子身边。

王后工于心计,通过这个计划,她的血亲们都能在王子青春年少时得到他根深蒂固的宠信。格洛斯特公爵将他们全都摧毁,在他们的地盘上筑起他那些招灾惹祸的建筑。无论谁,要么他感觉到与他们有分歧,要么是拥护他,他就对谁敞开心扉,有的是通过口头交谈,有的是通过写信和秘密信使传递,告诉他们既无理由也不会遭受任何损害,年轻的国王,即他们的主子和亲人,是在他母亲家族的掌握和管控之中,将他和非王后派系的人几乎完全隔绝开来,不许他们充当他的侍卫和扈从,而他们之中的每一个人本当忠心耿耿地服侍他的,因为他们之中的许多人是远比他母系的人更值得尊敬的至亲。格洛斯特公爵说:"他母系的人,从充分尊重国王的意愿来说,与国王完全不能匹配,而现在,可以说国王父系的亲属们都将被从国王身边清除掉,而留在他身边的那些不太高贵的人,"公爵继续说,"既不尊重陛下,也不尊重我们。同样,没人能保证王子殿下这些最有实力的朋友会离开他;我们也面临着不小的危险,竟能容忍那些早已被坐实怀有邪恶意念的人对年轻的国王发挥越来越大的影响,年轻人特别容易轻信,很快就能被说服。

"你们记住,我相信,爱德华国王本人,尽管他一大把年纪,也有见识,却在许多事情上被王后派系的人所支配,而不是维护他的荣誉或我们的利益,也不维护任何别人的利益,除了他们自己毫无节制的得寸进尺的要求。无论他们是渴望自己得福,还是我们得祸,我想,都很难猜测。假如一些亲属的友谊并不比家族关系更能维系住国王,他们或许早就在这之前把我们中的一些人消灭了。像我们这样接近王室血统,为什么不能像他们对某个其他人所做的那样容易呢?但是,我们的主已经践行了他的旨意,感谢恩主,危险已经过去了。然而,另一个同样巨大的危险正在加剧,假如我们竟能容忍这位年轻的国王落在我们敌人的手中,在他根本不知情的情况下,他们有可能声称执行国王的命令而干掉我们之中的任何一个人;这样的事是上帝和深谋远虑者所不允许的。由于最近的和解,我们每个人都更需要深谋远虑。在和解的过程中,国王的意愿比争斗双方的意愿更为重要。我相信,我们之中谁也不会如此不明智,竟然很快就相信一个老对手摇身一变而成为新朋友,或者认为在一个小时内突然达成的表面和善,持续还不到两个星期,竟然比扎根多年的惯常仇怨更深入他们的内心。"

用这样的话语、书信和诸如此类的言辞,格洛斯特公爵点燃了他们这些人自身就容易点燃的怒火,尤其是白金汉公爵爱德华和内侍黑斯廷斯勋爵理查这一对,两人都是既享尊荣又大权在握的人物,一人是靠继承祖祖辈辈世代绵长的爵位,另一人是靠宫廷内侍职位和受宠于国王。这两个人,彼此并无多少好感,由于都憎恨王后一派,在这一点上与格洛斯特公爵团结一致,他们将坚决把王后所有的狐朋狗友作为敌人从国王身边清除干净。

在这场活动结束时,格洛斯特公爵意识到,当时围在国王身边的亲贵们打算让国王前来加冕,国王的随从由他们的朋友组成,规模是如此之大,以至于公爵如果不集结一大拨人,他的目的就很难达到,而且还要以一场明战的方式——他知道这场战争的目的是令人怀疑的,而且国王在这场战争中是站在另一边的,而他这一方从表现上和名义上都是一场叛乱——因此,他秘密地通过几种方式让王后听从劝告,使她相信国王由一大队人马护送既无必要,而且会有危险。这是因为,鉴于现在每位亲贵都互谅互爱,他们仔细考虑的不是别的事情,而是国王的加冕和荣誉,如果她家族的亲贵们以国王的名义召集许多人,这些人与亲贵之间曾有过争斗,他们会担心并怀疑亲贵们召集这些人并不是为了保卫国王——没有人非难国王——而是为了消灭他们,他们关注更多的是旧的嫌隙恩怨,而不是新的和解。因为这个缘故,他们这一方也会召集许多人,作为应对以保护他们自己,她很清楚,他们的力量是延伸得很远的。如此整个王国就会陷于动乱。随即带来的伤害估计不会小,在所有的伤害中,最严重的有可能降临到她最不愿降临的地方,普天下将会把这个过错归于她和她的家族身上,说他们愚蠢地、背叛性地破坏了老国王即她丈夫在临终病榻前在他家族和她家族之间如此苦口婆心地达成的和解和安宁,而对于这些另一方是忠实遵守的。

王后听了这番明智的劝告,将这些话传给她的儿子和她那位正在照料国王的兄弟,而且,格洛斯特公爵本人和其他贵族,他这一派的头面人物,极其恭敬地给国王写了信,极其友爱地给王后的亲友们写了信。世上没有什么不信任的,他们带着国王匆匆赶路,"欲速则不达","速"是有了,却没有"达",他们是一支中等规模的护送队伍。

现在,国王正从北安普敦(Northampton)赶往伦敦的路上,格洛斯特和白金汉这些公爵已经来到北安普敦。国王的舅舅里弗斯勋爵留在后面,打算于翌日跟随国王,在离那里十一英里的斯托尼斯特拉特福(Stony Stratford)与国王会合,国王动身得比较早。所以这些公爵和里弗斯勋爵在那一晚亲切友好地欢乐了好长时间。

但是，不久他们极其客气地坦然道了晚安，里弗斯勋爵就寝，可格洛斯特等公爵秘密地和少数最亲密的朋友坐下来磋商了大半夜。黎明起来时，他们秘密地派人到各旅馆客栈就宿的仆人那里，向他们下达迅速做好准备的命令，因为他们的贵族大人们准备上马了。接到命令后，许多伙计做好了准备，而里弗斯勋爵的许多仆人则没有做准备。这些公爵还把旅馆的钥匙扣在手里，没有他们的准许谁也不能出去。为此，他们还在通往国王下榻的斯托尼斯特拉特福的道路旁驻扎了他们的一些伙计，这些伙计将拦载并逼退任何从北汉普敦前往斯托尼斯特拉特福的人，直到他们另行准许；公爵们为了显示自己勤勉积极，要在国王陛下离开斯托尼斯特拉特福镇的那天第一批到达现场：他们就是这样来欺骗人的。

当里弗斯勋爵发现大门紧闭、四面八方的道路都已封锁——无论他的仆人还是他自己都不许外出——时，他就充分意识到一个非常严重的事件在他毫不知情的情况下并非毫无缘由地发生了，将当下这种事态和昨晚的欢娱对比，在这么短的时间内发生了一个非常令人厌恶的变化。尽管如此，既然他走不出去——他又不甘心一直被关在里面，以免他好像要把自己藏起来，暗暗地为他自己的一些过错担忧，而他觉得自己并无过错——于是，为了自己的安全，凭着自己清白无辜，他决心勇敢地去找他们，问问这到底是怎么回事。他们看到他马上和他吵了起来，说他一心要在国王和他们之间制造不和并将他们一网打尽；但他无权这么做。当他开始（他口才很好）明智地为自己辩护时，他们不等他应答完，立即将他逮捕，关了起来。干净利索地干完这件事后，他们立即跨上战马赶往斯托尼斯特拉特福，发现国王及其一行正准备跃上战马，离开城镇前行，将那个住宿地留给他们，因为原来的住宿地太小，容不下两边随行人员。

当他们见到国王后，立即和所有随行人员一齐下马。白金汉公爵对他们说："先生们，侍从们，上前各就各位。"于是他们整齐地排列在国王跟前，跪在地上非常恭敬地向陛下敬礼，陛下和蔼可亲地接见了他们，完全不知也没怀疑任何事情。但是，当着国王的面，他们立即和国王另一个同母兄长理查·格雷勋爵争吵了起来，说他和国王的另一个侯爵兄长（多塞特侯爵托马斯·格雷）* 以及国王的舅舅里弗斯勋爵图谋控制国王和整个王国，并在贵族之间制造不和，制伏并灭掉国王的高贵嫡亲。临近末尾时他们说那位侯爵曾进入伦敦塔，从那里取走国王的金银财宝，并派人出海。公爵们很清楚，所有这些事情是伦敦整个皇家咨议会本着良好目的不得不做的事情——但他们得提供某种理由。

对这番话语国王答道："我的侯爵哥哥做了什么我没法说。但我确信我舅舅里弗斯和我在此地的哥哥是清白的，与这些事无涉。"

"是的，国王陛下，"白金汉公爵说，"他们搞这些名堂是一点也不让陛下知道的。"然后，他们当着国王的面，当即逮捕理查勋爵和托马斯·沃恩爵士（Sir Thomas Vaughan），并把国王和他所有随行人员带回北安普敦，在那里再作商议。在北安普敦，他们撤掉了国王身边他所喜欢的侍卫，换上新的侍卫，新侍卫更讨他们而不是国王喜欢。对这种做法国王不禁哭泣，表示不同意，但毫无用处。

---

* 爱德华四世王后伊丽莎白·伍德维尔与其前任丈夫生有二子，即文中提及的多塞特侯爵托马斯·格雷（长子）和理查·格雷勋爵（幼子）。爱德华五世与其为同母兄弟。——中译者

晚餐时,格洛斯特公爵叫人将自己桌上一盘菜送给里弗斯勋爵,并希望他心情畅快起来,一切都会好的。里弗斯感谢公爵,请送菜人把这盘菜转送给他外甥理查勋爵,并致以宽慰的问候,他觉得外甥更需要宽慰,因为外甥很少碰上这样的逆境,而他自己一生已经习惯了这样的逆境,因此更能忍受。但是,尽管要了这些宽慰性客套,格洛斯特公爵还是把里弗斯勋爵、理查勋爵连同托马斯·沃恩爵士一起送到北部约克郡不同地方关押,然后把所有这些人送到庞弗雷特,他们最终在那儿被斩首。

用这种方式,格洛斯特公爵把年轻国王的安排和管控掌握在自己手里,他怀着无上的荣光和谦恭护送国王前往伦敦城。但在午夜前不久,这件事的消息就很快传到王后那里,而且是个最不幸的消息:她的儿子国王被抓,她的兄弟,她的另一个儿子,她的其他朋友都被逮捕,被送到无人知道的地方,将被如何处置,只有上帝知道。知道这个消息后,王后极度惊恐悲伤,为她儿子的毁灭、朋友们的厄运和她自己的不幸而痛哭,诅咒当时自己听了别人的劝告,不让国王带很多随从。她立刻带着年幼的儿子和几个女儿逃离她当时居住的威斯敏斯特宫,躲进圣所避难,她自己和她的随从在住所里安顿下来。

同样在午夜之后不久,宫务大臣派遣的使者来到当时担任英国大法官的约克大主教离威斯敏斯特不远的住所。因为使者向大主教的仆人们表示过,他主人派他来通报非常重要的消息,不得不打扰大主教的休息,于是他们不得不叫醒大主教,大主教也不得不让使者来到床前,从使者那里得知这些公爵和国王陛下一起从斯托尼斯特拉特福回到了北安普敦。"尽管如此,阁下,"使者说,"我大人派我转告您不必担忧。他让您放宽心,一切都会好的。"

大主教说:"我向他保证:不管怎样,事情永远不会像我们看到的那样好。"于是,使者离开之后,他赶紧召集所有的仆人,他的家人都围集在他身边,每个人都拿起武器,他怀揣国玺,趁天未亮赶到王后那里。他发现王后那里嘈杂不堪,一片忙乱,将她的物品——箱子、保险箱、背包、包裹——运进圣所,都由人背着,没人闲着,有的在装,有的在卸,有的来拿更多的东西,有的破墙而出以抄近道,还有一些人加入进来帮着他们把东西扛到斜道上去了。王后独自一人坐在下面的灯芯草席上,好不凄凉、沮丧;大主教竭力安慰她,向她表示他相信这件事情绝对没有她想象的那么严重,宫务大臣已派人给他捎了口信,他满怀希望,毫不担忧。

"让他见鬼去吧,"她说,"他就是处心积虑地要消灭我和我家族的那伙人当中的一个。"

"夫人,"他说,"您尽管放宽心。我向您保证:假如他们不是拥立现在被他们挟持的您的儿子而是其他人为国王,我们明天就拥立现在在您身边的国王的弟弟为国王。国玺就在我这里,是您丈夫高贵的国王授予我的,因此我在此将它交与您,以为您儿子所用。"他随即将国玺交与她,然后离开回家,此时天刚蒙蒙亮。他在卧室窗前看到,整条泰晤士河上全是载着格洛斯特公爵仆人的船只,监视不让一个人进入圣所,不搜身谁也别想通过。

在王国的一些地方,尤其是伦敦城,人们一片喧嚣埋怨,对这种行为进行了各种各样的揣测。一些贵族、骑士和绅士,或因讨好王后,或因自己担忧而在各处聚会,成群结队而来,全身披挂盔甲;有许多人还因为他们认为这个行动并不是专门针对其他贵族,而是针对国王本人，破坏他的加冕典礼。

然后，贵族们立即在伦敦一起聚会。在聚会之前不久，约克大主教由于担心人们会把过错归因于（后来事实果然如此）他过于反复无常，如此突然地就把国玺交给了王后，而无国王特准，王后是无权保留国玺的，于是，他秘密地派人将国玺追回，一如既往地由他自己保存。在伦敦的这次聚会上，黑斯廷斯勋爵——他对国王的忠诚无人怀疑，也无须怀疑——告诫与会贵族们要相信格洛斯特公爵是绝对忠于他的国王的，而里弗斯勋爵、理查勋爵和其他骑士由于试图反对格洛斯特公爵和白金汉公爵而被逮捕，是为了保障公爵们的安全，而不是因为国王面临危险；他们也被关押起来了，关押时间不会过长，直到这起事件不仅由这些公爵，而且还要由国王咨议会所有其他贵族进行公正审理，斟酌损益，作出决断，予以解决。有一件事情黑斯廷斯勋爵告诫他们要注意：在了解真相之前不要作出过于离谱的判断；也不要把他们的私仇变成共同的伤害，激怒众人，破坏这些公爵正着手准备的国王的加冕典礼，他们或许要把这件事扯得过于离谱，以至于它再也不能恢复到正常状况了。这场冲突如果不巧——有这种可能性——演变成兵戎相见，尽管冲突双方在所有其他事情上是平等的，但权威就在国王自己的那一边。

黑斯廷斯勋爵作了这些告诫劝说——一部分他自己是相信的，一部分他知道情况刚好相反——之后，骚动有所平息；但是，尤其因为格洛斯特和白金汉公爵与国王靠得如此之近，并如此迅速地找到了国王，其行为方式、言谈、表象不是别的，只为国王的加冕，从而使一种说法传播开来，即这些被抓的贵族、骑士曾策划消灭格洛斯特公爵和白金汉公爵以及王国其他高贵血统人士，其目的是仅仅由他们自己来随心所欲地管控国王。证据似是而非，公爵的仆人们在骑行时带着被收缴的一车车的物品——这些物品中没有什么稀奇东西，但有一些盔甲，爱德华亲王搬家时，这些盔甲要么带走，要么扔掉——仆人们一路走一路对人们说："瞧！这儿一桶桶的盔甲，这些叛徒藏在他们的行李中秘密运送，是用来消灭高贵的勋爵的。"这个计谋，虽然使这件事在聪明人看来更显得不可能，他们完全意识到有这番企图的人只会把盔甲扛在背上，而不会把它们捆住一起放在桶里，但许多平常百姓听说后随即表示非常满意，说把他们都绞死才好。

当国王抵达伦敦城附近时，时任伦敦市长、金匠埃德蒙·沙阿（Edmund Shaa）携行政司法长官威廉·怀特、约翰·马修和所有其他身着红衣的高级市政官员，连同五百名身着紫罗兰衣服的市民骑手，恭恭敬敬地在霍恩西迎接，再从那儿陪同国王进入伦敦城。国王是在5月4日进城的，那一年是他统治的元年，也是他统治的末年。但是，格洛斯特公爵在众目睽睽之下对国王表现得如此恭敬谦卑，以至于他从不久之前颇遭非议而突然获得极大的信任，在接下来的国王咨议会上，他成为被认为是担任国王及其王国最适合的护国公的唯一人选：因此（是命中注定还是愚蠢所致）一头羔羊被送给大灰狼看守。也是在这次国王咨议会上，曾把国玺交给王后的英国大法官约克大主教因此受到严厉谴责，国玺从他那里被没收，交给了林肯主教拉塞尔神父，一位聪明睿智、历练丰富的好人，毫无疑问也是当时英国最有学问的人士之一。形形色色的贵族和骑士就任形形色色的职务。宫务大臣和其他几位保留了原有职务。

现在，护国公十分渴望完成他已开启的事业，事业未竟，他觉得度日如年，然而只要他手中掌握的只是一半猎物，他就不敢作出进一步的尝试：他充分意识到，假如他推翻了国王两兄弟当中的一位，整个王国将倒向另一位，如果另一位兄弟继续待在避难圣所，或者迅速逃往国外的话。因此，他当即在接下来的国王贵族咨议会上对贵族们说，王后的行为是危险的，是对国王的顾问们怀有恶意的行为，她将国王的弟弟留在避难圣所，与国王隔离开来，而国王特有的乐趣和快慰就是让他的弟弟待在他的身边。护国公还说，她这样做，没有别的意图，只是要让所有的贵族遭受人民的责难和埋怨——就好像贵族们在国王的弟弟那里不被信任似的。他又说，王国贵族作为国王最亲密的朋友，一致同意将国王弟弟的看护权交由他自己的王室亲人。护国公说："茁壮成长并不全在于撇开敌人和糟糕的饮食，还部分在于消遣和适度的娱乐；但他在这么幼小的年纪，不能与老人为伍，而要由年龄既不比他太小，也不比他太大，然而却是地位相配的熟悉的人来陪伴这位高贵的陛下。为此，还有比他自己的兄弟做伴更好的吗？如果有谁认为这种考虑只是小事一桩（我想凡是热爱国王的人都不会这么认为），那么就请他考虑有时候没有小事就成就不了大事。说国王的弟弟愿意待在避难圣所里，如果让这样的谣言不仅在王国而且在其他国家的每个人口中流传（因为坏事传千里），那确实会极大地损害不仅仅国王陛下还有所有我们这些在国王陛下身边的人的声誉。因为人们都相信没有人平白无故地这么做。这样邪恶的舆论一旦紧紧拴在人们的心里，是很难夺走的，将会造成比任何人料想的还要多的不幸。

"因此，据我看来，派人到王后那里去，纠正这件事情，是不错的主意。这个人必须德高望重，值得信赖，既珍重国王的福祉，又珍重国王咨议会的荣誉，还要受到王后的欣赏和信任。出于所有这些考虑，据我看来，没有哪位比坐在这里的我们敬爱的神父、我的红衣主教大人更合适的了，如果他尽心尽力办这件事，对任何人都有莫大的好处。我对大人的善良深信不疑，他不会拒绝的，为了国王，为了我们，为了这位年轻公爵本人即国王最令人尊敬的兄弟的福祉，也符合我的君主大人、我最亲爱的侄子本人的心意——请想想，现在甚嚣尘上的流言蜚语和责难将因此而停止，可能随之而来的损害将得以避免，整个王国将慢慢平静安息下来。容或王后十分顽固，坚决一意孤行，他的苦口良言不能打动她，任何人的道理都不能说服她，那么依我之见，我们就应当凭借国王的权威将他从那个监狱里抢救出来，送到高贵的国王身边：有国王的持续陪伴，他将得到非常好的爱护和十分体面的待遇，以至于整个世界都会赞扬我们，谴责王后，认为王后将他留在她那里简直就是恶毒、任性、愚蠢。这就是此刻我对这件事的看法，除非你们任何一位大人有相反的看法，我向上帝保证，我绝不会固守我本人的意见，一旦你们有更好的意见，我将随时改变我的看法。"

护国公说完后，整个咨议会都肯定这是个好的合理的建议，对国王、对他的令人尊敬的公爵弟弟都是如此，如果通过良好的方式，让做母亲的听劝交出国王的弟弟，那将是一件止息王国哗然物议的事情。咨议会全体人员一致认为约克大主教是处理这件事最合适的人选，他将这件事承担下来，竭尽全力说服王后。尽管如此，假如她不发善心将国王的弟弟交出来，那么他和其他在场的教士认为，违背王后的意愿试图将国王的弟弟救走无论如何是不明智的。这是因为，如果威斯敏斯特大教堂那座圣所的特权被破坏，那样做将招致所有人的极大不满和上帝的极大不悦，这特权已经保持了许多年，是历代英国国王和罗马教皇授予的，是得到许多人的认可的；而且，这个圣地在五百多年前的一个晚上，被圣彼得本人的神灵在一大群天使的陪同下，作为如此特殊的圣礼奉献给了上帝（作为证据他们迄今在大教堂里还留有圣彼得的法衣以供展示），以至于从那时至今没有哪位如此不虔诚的国王敢于亵渎这个圣所，也没有哪位如此神圣的主教敢于冒昧地祝圣。"因此，"约克大主教说，"上帝禁止任何人为尘世间的任何事情去破坏那个神圣避难所的豁免权和自由，那儿向来是许多好人生命安全的屏障。我相信上帝的恩典，我们不需要这样做。不管有任何需要，我也不主张我们去做这件事。我相信她会理智地表示同意，一切都会以良好的方式得到解决。万一我去了没把事办成，而我是尽了全力的，那么你们都应该明白，不是我没有尽到责任，而是那位母亲的担忧和女人的恐惧才是真正的阻碍。"

"女人的恐惧？不，是女人的任性！"白金汉公爵说，"我敢发誓，她完全知道她无须担心这件事情，无须担心她的儿子，也无须担心她自己。因为对她来说，这儿没有一个男人会和女人打仗。天啊！要是她亲属中的男人也都变成女人就好了，那样一切都立马平安无事！虽然如此，她的亲属中没有一个人是因为是她的亲人而不受人待见，而是因为他们自己的邪恶而罪有应得。尽管如此，即便我们既不爱她，也不爱她的亲属，却无理由认为我们应当仇恨国王的高贵的弟弟，我们自己也是他的亲戚。她要是最想把谁的荣誉当作我们的耻辱，并像尊重她自己的意愿一样地尊重他的福祉，她就和我们任何人一样不愿意让他受离开国王之苦。这是因为，如果她还有一点智慧（上帝啊，假如和她有着恶毒智慧一样有着善良意愿就好了），她就会认为她并不比在这儿的一些人更聪明，这些人的忠心她毫不怀疑，但是，她确实相信并知道他们会像她一样对国王弟弟所受的伤害感到愧疚，然而，如果她继续待在那儿，他们是愿意国王弟弟离开她的。我认为，我们都会同意，如果她从那儿出来，待在他们都有面子的地方，她可以两者兼而有之。

"好吧，如果她拒绝交出他来，遵从他们的建议，而他们的智慧她是知道的，他们的忠诚她是很信任的，那么我们就能很容易地看出，阻碍着她的是任性，而不是害怕。但是，我才不信呢，假若她害怕（谁能让她害怕她自己的影子呢？），她越是害怕交出他来，我们就越是害怕把他留在她手里。这是因为，假如她怀有这样愚蠢的疑虑，她害怕他受到伤害，那么她也会害怕他被从那儿接走。因为她会很快就想到，假如有人打算（上帝是禁止的）干一件非常伤天害理的事情，避难圣所是不允许他们干的。据我看来，有罪恶感的好人是不会像他们这么考虑的。

"那么，如果她害怕他有可能被从她身边夺走，她不就很有可能把他送到国外的某个地方吗？真的，我就是这么预料的。我担心她现在是真打算这么干的，而我们就应该阻止她。如果她碰巧把这事办成了（这不是什么大难事，我们让她独处一隅，自行其是），天下人会说我们是国王身边一群聪明的顾问，让他弟弟在我们眼皮底下被抛弃。因此，我诚心向你们保证，依我之见，不管她意图如何，我宁愿将他从她身边夺走，而不愿把他留在那儿，以至于她出于任性或愚蠢的担忧而把他转移到国外。

"然而我不会因此强行闯进避难圣所。真的，既然那个地方和其他类似地方的特权长久以来一直保持着，我可不是打算破坏这些特权的人。真的，如果他们现在就要开始行动，我可不是将要成就他们的人。然而我不会否认这是件憾事，因为出海或因不良贷款而陷于贫困的人，应当有一块安身的自由之地，以避开他们残酷的债主的威逼。另外，就像往常那样，如果王位出现问题，当一方指责另一方为叛徒时，我非常愿意双双都有避难之所。但是，这些避难之所里充满了盗贼，他们一旦进去就不会洗手不干，遗憾的是避难圣所竟然为他们服务。而且，更有甚者，里面还有杀人凶手，如果杀人凶手随意杀人，上帝都已表示要把他们移出圣坛并把他们杀掉。若非如此，我们就不需要上帝在《圣经·旧约全书》中所指定的避难圣所。他自己的防卫，或者不幸促使他去做那样的事，如果两者都需要的话，赦免可以办到，法律自然应允，仁慈的国王也会应允。

"那么请看，现在真正迫不得已进入避难圣所的人是何等之少，再看看另一方，是多么庞大的一群，他们之中的人普遍肆意挥霍浪费，已经一无所有。真是一群小偷、杀人犯、恶毒的十恶不赦的叛徒，尤其是在两个地方：一个在伦敦城的附近，另一个就在人们的心肠里！我敢保证：权衡一下在这两个地方所做的好事和它们所造成的伤害，你会发现与其有它们两个不如没有它们两个。即使它们不像现在这样被滥用，我也要这么说，很久以来我一直担心，如果人们由于害怕而不敢动手纠正，它们就会一直是这个样子——好像上帝和圣彼得是邪恶生活方式的庇护者。

"现在，挥霍浪费者因为避难圣所对他们免于处罚而壮了胆，行为放荡，债台高筑。的确，富人携带着从穷人那里窃来的物品跑到那里，他们在那儿发展壮大，他们在那儿挥霍消费，叫他们的债主对他们吹口哨。男人的妻子们携带着她们丈夫的餐具跑到那里，说什么她们不能忍受她们丈夫的揍打。小偷们携带着他们偷来的物品，在那儿住了下来。他们在那儿谋划着新的抢劫活动，晚上偷偷溜出去，抢劫、掠夺、杀人，然后又溜了回来——好像那些地方不仅给了他们做伤天害理事情的庇护所，还给了他们做更多伤天害理事情的通行证。尽管如此，如果有智慧的人愿意动手，这些不法行为大部分是可以纠正的，上帝是应允的，而且不破坏避难圣所的特权。长期以来，我根本不知道到底是哪位与其说谨慎不如说仁慈的教皇和国王授予了这种遗留物，而其他人由于某种宗教恐惧而没有破坏它，让我们忍受它的存在，让它以上帝的名义继续存在，在理性的程度范围内——这并不足以阻止我们将这位贵人从那个地方接走，使他回归他的荣誉和福祉，他既不是也不可能是那个地方的避难人。

"那个人若在外面会面临危险，不仅会受到巨大伤害，还会受到合法伤害，那么避难圣所永远要为他的人身安全提供保护。为反对非法伤害，教皇和国王从未打算给任何一个单独的地方以特权：因为那种特权无处不在。有谁知道在什么地方一个人对别人做错事是合法的吗？为了不使任何人受到非法伤害，无论在任何地方，国王、法律和天性本身都是禁止随意对他人做错事的，因此每个人每个地方都有一个避难所。但是，如果一个人面临危险，依法需要得到某种特权的保护，这才是所有避难圣所存在的唯一理由和缘由。这位高贵的王子远非需要这样的避难圣所，他对国王的爱是他的天性和亲属都可证明的，他对整个世界清白无辜是他稚嫩的年龄可以证明的。因此，对他来说，不需要任何避难圣所，也不能要避难圣所。人们去避难圣所不能像他们应教父请求去施洗那样：他必须自己提出需要去避难圣所的请求。至于正当理由，除非因过错而自责的良心使他需要提出这样的要求，否则没有人有理由要去避难圣所。那么，那边那个小孩子有（要去避难圣所的）意愿吗？假如他到了负责任的年龄，需要提出这样的请求，我敢说他会立马对他们把他扣在那里而愤怒不已。我真想对那些在避难圣所里的人更粗暴凶狠一点，我这么做毫无良心上的顾忌，也没破坏特权。这是因为，如果一个人带着他人的物品去避难圣所，为何国王不能在让他有人身自由的情况下，在避难圣所内部将他拿来的物品归还物主呢？无论国王还是教皇，都不能给予任何地方以免除一个有偿还能力的人的债务的特权。"

听了白金汉公爵这一番话，在场的各位教士无论所说是为了取悦于他，还是本来就是他们的本心话，都毫不含糊地赞同依照上帝和教会的条律，避难圣所里人应当将物品交出来，以偿还他的债务，偷来的物品应归还物主，只是把人身自由留给他，让其靠自己的双手谋生。

"确实，"白金汉公爵说，"我认为你们说的都是实在话。要是一个男子的老婆想逃离她的丈夫而跑到避难圣所里来该怎么办？我想，如果她说不出其他理由，他可以把她从圣彼得的教堂里一把抓走，圣彼得也不会不高兴的。如果没有人能被带出避难圣所，说他将待在那里，那么如果一个小孩因为害怕上学而躲进避难圣所，他的主人也必须让他独自留在那里。如果说这个例子微不足道，那么我们的例子比这个例子更缺乏理由。因为在这个例子里，尽管那是小孩子的惧怕，它至少还是一种惧怕。而在我们的例子里，根本就没有什么惧怕。说真的，我常常听说过避难圣所里有大人，但我以前从未听说过避难圣所里有小孩。因此，我的结论是，谁确实需要避难圣所，认为避难圣所可以安身，那么就让他们拥有避难圣所。但是，如果他的心智尚不成熟，没有去避难圣所的愿望，他也不是需要避难圣所的危险人物，他的生命和自由不可能受到任何合法程序的威胁，那么他就不配当避难圣所的人。如果有人为他好而把他从避难圣所里弄出来，我可以直截了当地说，这个人并没有破坏避难圣所。"

白金汉公爵说了这番话后，全体俗人和相当一部分神职人员都认为根本就没有人想伤害这个小孩，他们实际上都赞成如果他不被交出来，那么就应当把他抢出来。尽管如此，他们认为，为了避免各种谣言传播，最好由红衣主教大人先试一试让王后行行善把他交出来。国王咨议会全体成员随即到威斯敏斯特宫"星室"。红衣主教大人将护国公留在星室的咨议会里，离开威斯敏斯特宫进入避难圣所面见王后，陪同他一起去的还有其他大人——既是为了尊重小王子的荣誉，也是为了让王后感觉到，这么多人到场，说明这差事不是一个人的主意；既是因为护国公不想把这件事托付给任何单独的哪个人，或者因为什么别的原因，反正如果王后最终打定主意要扣留小王子，这群人当中的一些人或许就立即接到秘密指示，不顾及她怎么想，将小王子抢走，不给她留下将他偷偷送往国外的机会。既然这件事已经泄露给她了，如果时间帮她的忙，她就会有这样的企图。

当王后和这些大人一起出席见面会时，红衣主教大人向她表示：护国公和国王咨议会全体成员都认为，她把国王的弟弟扣留在那个地方，不仅引起人民的强烈不满和国王咨议会的非议，而且引起国王陛下难以忍受的悲痛和不快。对国王陛下来说，有亲兄弟相伴是他极大的快慰，而让他弟弟在避难圣所里受苦受难，既是兄弟俩也是他们所有人和她的耻辱。就好像一个兄弟在经受着另一个兄弟的危害似的。因此，红衣主教向她表示，国王咨议会派他来面见她，要求她把他交出来，送到国王身边，还他自由，摆脱那个他们认为形同监狱的地方。而他在国王身边将会得到符合其身份的待遇。她如果这么做了，不仅对王国大有好处，国王咨议会也感到高兴，于她本人也有益，还可以解救她正在受难的朋友，（红衣主教特别清楚王后对此尤其在意），不仅为国王也为小公爵本人带来极大的快乐和荣誉，兄弟俩有福同享，也是为了许多更重要的原因，也是为了两人的娱乐和消遣——这件事这位大人认为不是小事一桩，尽管看起来像是小事，原是郑重考虑到他们小小年纪没有娱乐消遣是难以忍受的，没有哪个陌生人如此相宜，能像这哥儿俩那样彼此年龄这么相当，彼此地位这么相称。

"大人，"王后说，"我不否认你所要的这位绅士与他的国王哥哥做伴是非常合适的，但我真心认为，让他们的母亲继续照看一段时间对他们俩都是大有好处的，考虑到他们俩中稍大点的年龄也还小，尤其是小不点，除了他还是婴孩外，还需要很好的照顾，因为他大病了一场，最近只是稍有好转，但未完全康复，除了我本人以外，我丝毫不敢委托任何别人来照顾他；考虑到正如医生所说的那样，也如我们所看到的那样，如果他的头场病旧病复发，就会有加倍的危险，而他头场病后，他的生命机能提前消耗了，身体虚弱，变得不能承受新的热病。虽然有可能找到另外的人，或许能很好地照顾他，而我长久以来一直在照顾他，没有哪个比我更了解如何照顾他，也没有哪个比他亲生母亲更能关怀体贴他。"

"没人否认，仁慈的夫人，"红衣主教说，"所有人中大人您是您孩子最需要的人；国王咨议会的全体成员不仅同意这一点，而且也为您是这样的人而高兴，然而，您在这样的地方待着还挺高兴的，可他们的面子怎么挂得住呢？如果您铁了心要留在这儿，那么请想一想，约克公爵和国王体面地待在一起，自由自在，哥儿俩都快快活活的，总比他在这儿当一个难民，让哥儿俩都没面子，遭人非议要合适得多吧；既然孩子并不总是特别需要和母亲待在一起，那样的话，有时就得把他放在其他地方方才合适。这是有很好的先例的，就像当年您最宝贝的儿子，当时的王子、现在的国王，为了他的体面和国家的良好秩序，在威尔士安了家，离您远远的，大人您当时是立马表示同意的。"

"我不这么看，"王后说，"情况不一样，当时那个是健康的，现在这个是有病的。在这种情况下，我感到非常吃惊的是，护国公大人竟然非常想把他（国王的兄弟）收留在他那里，假如孩子在病中自然死亡，护国公大人是会遭人诽谤，并被怀疑做了手脚的。而他们却说这是件让孩子十分丢面子的事情，他们也是一样，让孩子待在任何人都不怀疑会受到最好照顾的地方，也是为了维护他们的面子，这个地方就是这儿，我现在待的地方——我现在还不想出去，让我像我其他亲友那样面临危险，天啊，最好让他们在这儿和我平平安安地待在一起，而不是让我在那儿和他们待在一起，面临着危险。"

"哎呀,夫人,"另一位大人说,"您知道他们为何面临危险吗?"

"不知道,真的,先生,"她说,"也不知道他们现在为何要蹲监狱。但我相信,没什么大惊小怪的,我担心毫无理由就忍不住要把他们监禁起来的那些人,会无缘无故地把他们灭掉而不当一回事。"

红衣主教使了个眼色,暗示另一位大人不要再谈那件事,然后对王后说,他毫不怀疑,她那些仍被关押的令人尊敬的亲戚大人在事情调查完了之后就没事了。至于她这位贵人,没有也不可能有任何危险。

"我凭什么相信呢?"王后说,"凭我是无罪的?好像他们有罪似的。凭我与他们的敌人在一起,而这些敌人比他们更受人爱戴?他们会因为我的缘故而恨他们!凭我与国王是如此的近亲?而他们却是何等的远亲?——如果这有帮助的话,就像上帝送来恩典,没有害处的。因此,至于我,我不打算离开这里。至于这位绅士,我的儿子,我觉得他应该和我待在一起,直到我有更长远的考虑。我向你保证,因为我看到有些人过于贪婪,没有什么实在理由就想把他带走,这使我更不愿意把他交出来。"

"说实在的,夫人,"红衣主教说,"您越不想把他交出来,其他人就越不容许您留他,担心您的毫无缘由的恐惧会促使您更想把他转移走。很多人认为他不能享有这个地方的特权,因为他既不可能有要求避难的意愿,也不存在必须避难的危险。因此,他们认为即使他们把他带走,也没破坏特权。如果您最后还是拒绝把他交出来,我确实觉得他们将——他的叔父大人出于对他的一片慈爱,十分害怕大人您会把他转移走。"

"哎哟,先生,"王后说,"护国公对他一片慈爱,不担心别的,只担心他会逃离他？他觉得我会把他从这里转移走，他的身体状况是不容许挪窝的——再说，如果他待在这里不安全，我想不出还有哪个地方会让他安全。这个避难圣所从未有过暴君，现在竟然是如此邪恶，以致有人竟敢打算闯进来吗？我相信上帝现在和以前一样强大，能够抵挡住他的敌人。说我的儿子'不配进避难圣所，因此他不能拥有避难圣所'？真的，他发现了一个'妙'不可言的解释，根据这个解释，这个地方可以保护一个盗贼，却不能收留一个无辜的人。说他'没有危险，因此不需要避难圣所'？愿上帝保佑他没有危险。相信护国公（我祈祷上帝能证明他是个护国公），相信他，我不知道他的聪明论点会导致什么？'小公爵待在这儿没面子；他和他兄弟待在一起对他俩都有好处，因为国王缺少一个玩伴'？哦，当然。我祈求上帝给他们俩派来比他更好的玩伴，以这样一个微不足道的借口使事情变得如此重要——好像国王除了他的兄弟就再也找不到其他玩伴似的，而他的兄弟由于患病，没有玩的兴趣，不能走出这个避难圣所，走出他的安身之地，去和国王游玩。好像他们这么年轻的王子只能和同龄人一起玩，儿童只能和他们的亲戚一起玩——而在很大程度上，他们与亲戚玩远不如与陌生人玩得默契。'但是这个小孩是不可能提出特权要求的'？谁告诉他是这样的。如果他愿意，他应当去听听这个小孩提出这个要求。尽管如此，这是个似是而非的问题。以为他不能提出这样的要求；以为他不会提出这样的要求；以为他要求出去：如果我说他不要去，如果我只是为我自己要求特权，我说他违背我的意愿将他带走就是在破坏避难圣所。这种自由只为我的人服务，还是也为我的东西服务？你不能从我这儿带走我的马；你能从我这儿带走我的小孩吗？他还是我的监护对象；这是因为，我的学问渊博的顾问告诉我，由于我儿子并不享有骑士服务所赋予的东西，法律赋予他母亲监护他的权利。那么，我认为没有哪个人在避难圣所把我的监护对象从我身边带走而又没破坏避难圣所的。如果我的特权不能为他服务，而他又没为自己提出要求，那么，既然法律赋予我监护他的权利，我就可以替他提出要求——除非法律为这个小孩提供的监护人只是为了监护他的物品和土地，而免除对他的照顾和人身安全保障的义务，但土地和物品只是为他的人身安全服务的。

"而且，如果有足够多的例子可为我的孩子获得特权，我无须到很远的地方去谋求这特权。这个地方，就是我们现在待的这个地方（这个地方能否让我的孩子受益现在却成了问题），是我的另一个孩子，就是现在的国王降生的地方，是他睡过摇篮的地方，是为他留存了更加光辉灿烂前程的地方，我祈求上帝长久地将它保持下去。你们大家都知道，这次并不是我头一回避难；当年我丈夫大人被人推翻，被放逐到国外，我挺着个大肚子逃到这里来，在这儿生下了那个王子。后来我的丈夫大人再次安全返回国内，并打赢了那场仗，我就从这儿去迎接他回家，我从这儿把我的宝贝王子交给他的父亲，那是他头一回把他抱在他的怀里。我祈求上帝，我儿子的这座王宫将是他现在统治王国的最大的安全保障，而这个地方有时落在国王敌人的手里。既然人的法则赋予监护人监护婴儿的权利，自然法则要求母亲看护她的孩子，上帝的法则赋予避难圣所以特权，在这个地方，我想收留看管他的兄弟——这可是自那时以来我儿子的避难圣所。我害怕把他交到护国公的手里，他已经把他哥哥攥在他的手心上，要是哥儿俩都失败了，他继承了王位怎么办？任何人无须询问我为何有此担忧。然而，我的担忧并不甚于法律的担忧，学问渊博的人士告诉我，法律禁止任何人收留这哥儿俩，万一这哥儿俩去世，收留他们的人继承的可远不止土地，而是整个王国。我不能再做更多了，但是如果谁要破坏这个神圣的避难所，如果小王子得不到避难圣所的保护，我祈求上帝立即给予他必要的庇护。至于把他从避难圣所里带走，我可不同意我的死敌的做法。"

红衣主教大人意识到他们与王后谈的时间越长，王后把孩子交出来的可能性就越小；红衣主教还意识到，她开始焦躁恼怒起来，说一些尖酸刻薄的话，抨击护国公，这些话他既不相信，也不想听，于是他对她说，最后作个了结，他不会再纠缠这件事了。但是，如果她同意把小公爵交给他和其他在场的大人，他敢以他自身，以他的良心，不仅为小公爵的安全，还为小公爵的地位作担保。如果她给一个决绝的反面答复，他将立即离开，然后让随便哪个人来处理这件事：他无意在这件事上再劝她，因为在这件事上，她觉得他和所有其他人，除了她以外，既缺乏智慧，又缺乏忠诚——缺智慧，他们像个木头人似的，体会不到护国公的意图；缺忠诚，他们就应当把她儿子搞到手，交到护国公手里，他们应当从护国公那里体悟到对这小孩子的各种邪恶意图。

王后听了这番话，站在那里使劲琢磨了好半天。在她看来，红衣主教比剩下的一些人更愿意拔腿离开，而护国公随时可到，所以她真的觉得她不能把小王子留在那儿，而应立即把他从那儿带走；而要把他转移到其他地方，她既没有时间帮她的忙，又没确定转移地点，也没有指派人来做这事，一切都没有准备——这个消息对她来说来得太突然，最要紧的是让他离开避难圣所，她觉得这地方已被包围，将他转移而不被截获是不可能的——；在一定程度上，她觉得有可能她的担心是站不住脚的，她非常清楚，她的担心要么不必要，要么没用处：因此，她如果必须离开他，她认为最好把他交出去。那样的话，红衣主教的忠诚她毫不怀疑，其他大人中有一些她也不怀疑，她看到他们在那儿，她怕他们会受骗，她也很肯定他们不会堕落。然而，如果她亲手把他交托给他们，她觉得还是应该让他们更加小心谨慎地照看他，更加小心谨慎地保障他的安全。

最后，她拉着小公爵的手，对那些大人说："大人，各位大人，我既没蠢到不相信你们的智慧，也没疑神疑鬼不相信你们的忠诚。对于这一点，我想让你们作证，如果你们缺乏这两种品质中的任何一个，可能会使我陷入极大悲伤，使王国受到极大伤害，让你们受到严厉谴责。因为，瞧！这儿，这位先生，我毫不怀疑，无论任何人说什么，如果我愿意，我都可以保证他在这里的安全。我也毫不怀疑，外面有一些死敌仇恨我的家族，如果他们知道在他们自己的群体内哪个地方有我们家族的成员，他们就会把他剔除出去的。我们也是有经验的，君主欲壑难填，是不认同胞骨肉的。兄弟竟然骨肉相残。侄子们对他们的叔父就那么放心么？这两个小孩不在一起时，彼此还能有个照应，两人的性命休戚与共。保护好一个人的安全，两人就都平安无事；若把他们两个人放在同一个地方，没有比这更危险的了。哪个聪明的商人竟敢把他所有的货物放在同一条船上？尽管如此，我把他，还有他的国王哥哥，交给护国公看护。现在交到你们手里，（将来）我要你们当着上帝和世人的面把他们完好无损地还给我。我确信你们值得信赖，我确信你们都是聪明人。用权力和实力来看护他，随你们的便，在这件事情上，你们既少不了你们自己，也少不了别人的帮助。如果你们没有其他好地方，那么就把他留在这儿。但只有一件事我恳求你们，凭着他父亲一直对你们的信赖，凭着我现在对你们的信赖，你们认为我担心太多，就请你们注意别担心得太少了。"

然后她对孩子说："再见，我的乖儿子；上帝要好好保护你的。你走之前，让我再次亲亲你，天知道我们何时才能再次亲亲呢。"随即她亲吻他，祝福他，然后转过背去，哭泣着走开，撇下小孩立马大哭起来。

红衣主教大人和随他而来的其他大人接受了这位小公爵，把他带到"星室"，护国公双手将他抱起来亲吻，说道："欢迎，殿下，我发自内心欢迎你。"他说的极有可能是他的心里话。随即他们把他送到他的国王哥哥在圣保罗大教堂的伦敦主教宫里，然后从那里体面地穿过伦敦城进入伦敦塔——从那一天起他们就从未到过塔外。

当护国公把这两个小孩都攥在他的手心里的时候，他对某些其他人，主要是对白金汉公爵更加大胆地敞开心扉——尽管我知道许多人认为白金汉公爵甚至从一开始就与闻护国公的计划。护国公的一些朋友说，公爵是护国公在处理这一问题时的先行者，爱德华国王去世后立即派遣一位密使知会他。但是，同样，其他更了解护国公微妙智慧的人，否认护国公曾向公爵披露过他的冒险计划，直到他设法使事情过去方才讲出。但是，当他囚禁了王后的亲属，并把她的两个儿子都攥在他自己手里，他才不那么担心地向他们披露剩下的意图，而他觉得这些人是适合与闻这件事的，尤其是白金汉公爵：已被争取过来支持他的行动，他觉得他的实力增加了一半以上。

一些精细敏感的人向白金汉公爵捅破了这件事，他们都是处置这类罪恶阴谋计划的行家里手，他们对他说，年轻的国王为其亲属着想而得罪了他，假如国王日后能够的话，是会替亲属报仇的——一旦亲属们逃脱了出去，他们将会鞭策国王勇往直前（因为他们会记住他们曾被监禁）。如若不然，他们都被处死，毫无疑问，年轻的国王会为他们之死而悲伤，他们曾被监禁，是国王难以忍受的。而且，忏悔对公爵毫无用处，因为他没有办法用利益来弥补他的过失，他宁愿自毁也不救国王，他看到国王和他弟弟、其他亲属都被关在这些地方，护国公只要一点头，就把他们消灭殆尽；因此，如果要实施任何新的冒险计划，毫无疑问他确实应当前往执行。由于护国公已为他自己安排了私密护卫，因此有可能为公爵安插了间谍，布下了陷阱，一旦他反对护国公，他就会落入陷阱而被抓获——或许这些间谍是他最不怀疑的那些人。这是因为，就当时的事态和人们的思想状况而言，人们无法辨清谁值得信任，谁需要提防。这些事情和诸如此类的事情都已深深打入他的脑际，促使他认准了一点，那就是虽然他后悔走上了这条道路，然而他还是要在同一条道路上走下去；既然他已开始，就要义无反顾地走到底。因此，对这个邪恶的冒险计划，他认为已无法避开，他要自我振作起来，坚持走到底；他已下定决心，既然通常的胡作非为都无法予以纠正，他就要尽量将其变得对他自己有利。

于是，双方之间达成协议：白金汉公爵帮助护国公，拥立他为国王，护国公唯一亲生的儿子娶白金汉公爵的女儿为妻，护国公授予他赫里福德伯爵领地不受干扰的占有享用权，而公爵声称这是他继承下来的财产，但在爱德华国王时代从未获得过。除了公爵提出的这些要求外，护国公自己拿定主意答应给他大量的国王财宝和家产。他们之间达成这样的协议后，他们就去准备年轻国王的加冕典礼（就好像他们要筹办这个典礼似的）。如此他们就可以转移人们的视线和思想，使他觉察不出他们另有图谋。全国各地的贵族成群结队地前来参加这个庄严盛典。随后，护国公和白金汉公爵把红衣主教大人、约克大主教（时任大法官）、伊利主教、斯坦利勋爵、黑斯廷斯勋爵（时任宫务大臣）以及许多其他贵族召集到一个地方，商议策划加冕典礼事宜，他们两人则迅速到另一个地方策划相反的活动，即拥立护国公为国王。尽管会议接纳的人非常少，而且非常秘密地举行，但毕竟已经开始行动了。人们四处嘀嘀咕咕，好像一切都好不了多久似的，尽管他们既不知道担心的是什么，也不知道为什么担心：莫非在这样的大事前，人们出于神秘的自然本能，心中存有疑虑，就像没有风的大海在暴风雨前涌动那样，或者，莫非某个人或许察觉到了什么，致使许多人充满了疑惑，而他只把他所了解的情况告诉极少数的人。尽管如此，这个行为本身还是多少让人们对这件事认真思考一番，虽然会议是秘密进行的。渐渐地，所有人的注意力从伦敦塔转向主教门大街（Bishopsgate Street）上的克罗斯比之家（Crosby's Place），那儿是护国公的府邸所在：护国公那儿人头攒动，国王那儿俨然形单影只、门可罗雀。有些人因为生意上的原因而诉诸有需要的人，有些人则受到他们朋友的私下告诫：没有护国公的指示，过多地照料国王或许让他们变得一无是处——护国公把国王身边原有的侍卫仆从都撤掉了，换上了新人。

许多事情就这样地凑在了一起，一部分是无意碰到，一部分是有意为之，最终不仅在平民百姓中间掀起了风浪，而且促使智者和一些贵族关注此事并悉心思考——以至于到了这种程度，斯坦利勋爵亦效法德比伯爵，对此事睿智地表示怀疑，并对黑斯廷斯勋爵说，他对这两次会议颇为反感。

"我们，"他说，"在一个地方谈一件事的时候，我们根本不知道他们却在另一个地方密谈。"

"大人，"黑斯廷斯说，"我这一辈子从没担心过。既然在那里安插了一个人，从来没有哪件策划的事情在我看来是不对头的，在他们说出来之前不先灌到我耳朵里的。"

他这里指的是凯茨比，他的亲近幕僚，他非常熟识地使用他，他在最重要的事务中，从不特别信任任何人，不和任何人特别亲近，因为他很清楚，对他来说，没有哪个人比凯茨比更让他铭感在心，凯茨比精通这片土地的法律，而且，由于受到宫务大臣的特别宠信，在宫务大臣的主要权力基地整个莱斯特郡颇有权势管辖着大部分地区。但无疑一个很大的遗憾是他的忠诚不见多，而他的智慧不见少。只是为了掩饰他自己，他就把整个恶作剧继续演下去。假如黑斯廷斯勋爵没有如此特别地信任他，斯坦利勋爵和他以及其他一些贵族就会离开了，并且会打乱所有的计划，因为他把所看到的许多邪恶迹象，都作最好的理解：他确信凯茨比与会的那个会议对他没有危害。

确实，护国公和白金汉公爵与黑斯廷斯勋爵组成了很好的阵线，常常和黑斯廷斯待在一起。毫无疑问，护国公很喜欢他，不愿失去他，以免担心他的性命会破坏他们的目标。为此护国公派遣凯茨比前去证实，远远地抛去一些话语，看看凯茨比是否觉得有可能将黑斯廷斯勋爵争取到他们的营垒里来。但是，无论凯茨比是否试探了黑斯廷斯勋爵，他都向他们报告说他发现黑斯廷斯非常坚定，并亲耳听见黑斯廷斯说了一些非常可怕的话，以至于他不敢作进一步的吐露。确实，宫务大臣非常信赖地向凯茨比表示，其他一些人已开始质疑这件事。凯茨比担心他们向黑斯廷斯勋爵提出的建议会损害他的声誉，而整个这件事情完全依赖他的声誉，因此他奉劝护国公迅速除掉黑斯廷斯。况且，他相信处死了黑斯廷斯勋爵，就能夺回勋爵在他那个地区的很大一部分管辖权，仅仅这份期望就能诱使他成为整个这场叛逆行动的合伙人和特殊的策划者。

紧接着——也就是说，在6月13日，星期五——许多贵族聚集在伦敦塔里，坐在那里开会，筹划庄严隆重的国王加冕典礼。离规定的日期越来越近，威斯敏斯特宫正在日夜筹划盛典的一应事项，为盛典宰杀的牲畜食品后来都扔掉了。这些贵族坐在一起畅谈盛事，护国公来到他们中间，第一次大约在九点左右，礼貌地问候他们，并因久未谋面而表示歉意，并高高兴兴地说他那天睡过头儿了。和他们谈了一会儿之后，他对伊利主教说："大人，你在霍尔本花园的草莓好极了；请您让我们尝尝吧。"

"太荣幸了，大人，"伊利主教说，"天啊，我要是有些更好的东西招待您就好了。"他随即赶紧派遣他的仆人去张罗草莓宴。护国公让贵族们认真地商议，随即请他们恕他告退一会儿，说罢就走了。

很快，一个小时之后，九点至十点之间，他回到会议室他们之间，神情大变，一副愠怒不屑的面孔，眉头紧锁，烦躁不安，咬着嘴唇，就这样坐在他的席位上，所有的贵族都对这种方式的突然变化感到非常沮丧和惊奇。他这是怎么啦？他又坐了一会儿后，开口讲话了："他们凭什么策划着要灭掉我这个国王的骨肉近亲、国王本人及其王国的护国公?"

在座的所有贵族对这个问题大吃一惊,使劲琢磨这个问题指的是谁,每个人都知道自己与此事无涉。宫务大臣出于他与他们之间的友爱,觉得自己应当最勇于回答这个问题,于是说道,无论这些人是谁,都应作为十恶不赦的叛徒加以惩罚。所有其他人都肯定这个说法。

"那是,"他说,"那边的女巫师,我弟弟的妻子,以及和她一起的其他人。"——指的是王后。

听到这些话,许多与王后相好的其他贵族极为局促不安。但是,黑斯廷斯勋爵心想,由他来说说王后,比由他更喜欢的其他人来说更称心如意。尽管他心存妒忌,没让他事前与闻这件机密之事,而王后亲属是由他关押并被处死的,是得到他的同意后于同一天在庞弗雷特城堡被斩首的——说同一天,是因为他还不知道另有人策划要在这一天在伦敦将他本人斩首。

接下来护国公说:"你们都看看,那个巫婆,还有与她串通一气的另一个巫婆——肖尔的老婆,与她们的同党一起,用何种妖术来糟蹋我的身体。"随即他把左臂紧身衣的袖子挽到肘部,露出一只干瘪、枯萎、细小(其他人从未有过)的胳膊。每个人立即对她们产生了怀疑,足以认识到这件事只不过是个借口而已:因为他们都很清楚,王后那么聪明的人,是不会干这样的蠢事的。况且,即使她这么干,她和所有人也不会和肖尔的老婆串通一气,在所有女人中王后最恨的就是她,因为她的国王丈夫最宠爱这个小妾。更何况在座的无人不知护国公的胳膊从一生下来就是这个样子。

尽管如此,宫务大臣——他从爱德华国王去世时起就将肖尔的老婆据为己有，在国王还健在的时候他就对她垂涎三尺，据说那时候他放她一马，或许是出于对国王的尊重，抑或是出于对国王这位朋友的某种忠诚——，回答说："是的，大人，假如她们干了这样令人发指的事情，就应该加倍惩罚她们。"

"什么！"护国公说，"你为我效劳，是么？还'假如''假如'的，我告诉你，她们就是这么干的，我要拿你的身体进行补偿，叛徒！"

随即，他无比震怒，用拳头猛击桌子。随着这个信号发出，一个人在室外高喊："叛逆！"随即一扇门被"砰"的一声撞开了，冲进来一大群盔甲武士，把屋子都塞满了。未几，护国公对黑斯廷斯勋爵说："我逮捕你，叛徒！"

"什么，我，大人？"黑斯廷斯勋爵说。

"是的，你，叛徒。"护国公说。

另一个猛烈打击的对象是斯坦利勋爵，他吓得直往后躲，倒在了桌子下面，不然他的头就裂到牙齿了：就在他退缩的瞬间，血在他耳边流淌。很快他们全都被关在几间屋子里，只留下宫务大臣，护国公命令他立即向牧师忏悔。"就为圣保罗，"他说，"我不见你的人头就不吃饭。"时间紧迫，宫务大臣不再问为什么，只是忧伤地随意找一个牧师作短暂的告解，因为长时间的告解不能容许——护国公急着要吃饭，但这件事没办完他就不能吃饭，他要履行他的誓言。因此，黑斯廷斯被带到伦敦塔内一个教堂旁的草地上，他的头搁在一根长木头上，被砍了下来，随即他的躯体和头颅一起埋葬在温莎爱德华国王的躯体旁边；两人的灵魂都被我们的主赦免。

这听起来是一个奇特的事件，既可以看作可使他避免死亡的警告，也可以看作难以避免的命运的征兆。在他死前的第二个晚上，斯坦利勋爵半夜里急急忙忙派一值得信赖的密使到他那里，请他起床，骑马和他一起出走，斯坦利勋爵完全不想再坐以待毙了；他做了一个非常可怕的梦，梦见一头野猪用它的獠牙猛袭他俩的头部，顿时鲜血直流淌到两人的肩膀上。鉴于护国公将野猪用作他的纹章、徽章，这个梦在他的脑子里留下了非常可怕的印象，他痛下决心，一刻也不能延误，立即备马，如果黑斯廷斯和他一起走，当天夜里骑马走得远远的，他们在天亮之前就可脱离危险。

"啊，天啊，"黑斯廷斯勋爵对这位使者说，"你家主子大人竟然如此相信这样的小事，如此相信夜梦，是他自己的恐惧在作怪，还是他白天的思绪在夜寝时翻涌了上来？告诉他，相信这样的梦简直就是巫术——如果这些梦是未来之事的征兆，那么他为何不想想，如果我们逃跑被抓住，被带回（就像朋友逃跑失败那样），那么我们不就有可能弄假成真了么？因为那时这头野猪就可能有理由用它的獠牙来砍杀我们，把我们当作因叛逆而逃跑的人。因此，要么是没有危险（确实没有什么危险），如果有什么危险，那也是因为逃跑而不是因为待着造成的。如果我们必定会陷入某种危险之中，那么我宁愿让人们认为是由于其他人的背叛而不是由于我们自己的过错或懦弱的心肠造成的。所以，请你回禀你的主人，替我问候他，祝福他快快活活的，不要担惊受怕。我向他保证：我完全了解他所知道的那个人，就如同我完全了解我自己的手一样。"

"蒙主恩典，先生。"使者说着就走了。

还有一件确定无疑的事，黑斯廷斯被斩首的那天上午，他骑马前往伦敦塔时，他的马跌跌撞撞了两三次，差点儿把他摔下来：这种事情，虽然每个人都很清楚是一些并未面临黑斯廷斯那样厄运的人每天都会碰到的事情,但它却是一种古老的仪式和习俗,被认为总是明显地发生在某种重大不幸之前的一个信号。

接下来的不是警告,而是一种敌意的轻蔑。同一天上午,黑斯廷斯起床前,一位骑士来到他跟前,好像是要客客气气地陪他去开会,实际上是被护国公派来催他尽快到那里去,骑士是护国公为达到那个目标的密友——当时的一位平庸(即普通)之辈,而现在却极具权势。宫务大臣在路上将马停下来,与他在伦敦塔街认识的一位牧师交谈了一会儿,骑士看到此情景,打断了他的谈话,和颜悦色地对他说:"哦,大人,我求你快走吧。你为什么跟那位牧师谈这么长时间?你现在还不需要牧师呢。"他随即嘲笑宫务大臣,好像在说:"你很快就需要(牧师)了。"但对方根本不知道他什么意思,也毫不怀疑他,而是从未有过地快活,从未有过地对生活充满希望:这种本性的东西常常被认为是变化的迹象。但是,我宁愿让任何事情都无人注意,而不愿让一个有着虚幻安全感的灵魂如此接近死亡。

到了伦敦塔码头,离不久之后他被斩首的地方很近时,黑斯廷斯遇见了另一个也叫黑斯廷斯的王家或国家使者。由于这次会面,他回忆起先前在同一地方的另一次类似聚会。在那次聚会上,王后的弟弟里弗斯伯爵指控宫务大臣对爱德华国王不忠,以致他在一段时期(但没持续多久)引起国王的极大愤怒,他自己也诚惶诚恐。鉴于他现在在同一地方又见到这位使者,那种危险已经过去,因此他极其愉快地与他交谈,而以前他与他在同一地方交谈时还处于危险之中。

因此他说:"啊,黑斯廷斯,你还记得我曾经在这儿心情沉重地见过你吗?"

"是的，大人，"另一个黑斯廷斯说，"我记得很清楚；上帝保佑，他们没有因此捞到好处，你也没受到伤害。"

"你会这么说的，"他说，"假如你知道的和我一样多，到现在还没有几个人知道，但很快就有更多的人知道。"他说这话指的是王后已经被抓的亲贵们将在那天在庞弗雷特被斩首；他对此了然于胸，但他丝毫不知一把利斧已经悬在他自己的头上。"实话告诉你，伙计，"他说，"我这一辈子从没有像你我上次在这里聚会时那样沮丧过，也没有那样害怕过。瞧！这个世界是如何变化的：现在我的敌人处于危险之中（以后你或许会听到更多的消息），而我一辈子从没像现在这么快活过，从没像现在这么安稳过。"

哦，天啊！我们凡人是多么懵然无知！当他最担心时，其实他很安全；当他觉得自己最安全时，两个小时后他却丢了性命。这位体面的人物就这样了却一生，一位优秀的骑士，一位出身高贵的人，御前威风八面，生活放荡不羁，对敌人开诚布公，对朋友保守秘密，但易受欺骗，因为他那坦荡的胸怀和性情预料不到危险；一位热爱他人而又颇受他人爱戴的人物；非常忠诚，特别轻信他人，太轻信他人了。

现在这位勋爵的死讯迅速传遍整个伦敦城，并且向更远的地方传播，像旋风一样地吹进每一个人的耳朵里。但是，护国公为了给这件事一个说法，饭后立即将城内许多要员紧急召集到伦敦塔。他们到达的时候，他和白金汉公爵身披破旧不堪的护身铠甲站在那里，除了某种紧急需要迫使他们如此，否则没人相信他们会屈尊背负这样的东西。护国公向他们解释说，宫务大臣和他的另一个同谋密谋在当天的会议上突袭灭掉他和旁边的公爵。他们还想干什么目前不得而知。他在上午十点之前对他们这种叛逆行径丝毫不知：突然而来的恐惧驱使他们穿上紧挨手边的铠甲以保护身体。好在上帝护佑了他们，那恶作剧使本来可以干这事的人受到了惩罚。就这事他要求他们谈谈看法。

每个人的回答都很客气，似乎没有哪个人怀疑这件事——其实没有哪个人相信这件事。然而，为了进一步平息人们的猜疑，护国公饭后立即派遣一名王家传令官火速到全城发布国王的公告，公告说，黑斯廷斯勋爵和其他几个叛逆同谋当天早些时候密谋杀害与会的护国公大人和白金汉公爵，然后随心所欲地驾驭国王和整个王国，随意劫掠剥夺他们想劫掠剥夺的人而不受任何人管制。公告中有很大一部分是诋毁宫务大臣的，说他是国王父亲的一个邪恶顾问，诱惑老国王做了许多严重损害其声誉并对王国造成普遍伤害的事情；他心怀鬼胎地陪伴老国王，玩弄下作的圈套和计谋，十足一个邪恶的儆戒；他劣迹斑斑，生活腐化堕落，纵情肉欲，与许多其他女性尤其是肖尔的老婆鬼混，肖尔的老婆还是他这起令人发指的叛逆罪行最密切的同谋，他每晚都同肖尔的老婆鬼混，尤其是昨晚，他死前的一晚；因此，他堕落的生活导致他的不光彩的结局就毫不奇怪了：现在他受到了国王陛下和他忠实可敬的咨议会最严厉法令的惩罚，既是因为他胡作非为，如此明目张胆地策划叛逆，也是因为如若推迟对他的处决，就有可能促使参与此次阴谋活动的其他不法分子和同谋为营救他而聚众闹事；他们的希望由于他罪有应得而自行破灭，承蒙上帝恩典，整个王国将会一片祥和安宁。

这个公告是黑斯廷斯被斩首后两个小时内完成的，行文精雕细琢，如此专业的写手在羊皮纸上写得那么漂亮，这份公告文件是如此之长，以至于连小孩子都觉得是事前准备的。这是因为，从黑斯廷斯被处死到公告宣读之间的全部时间，仅仅撰写这篇公告都是不够用的，即便是匆匆忙忙马马虎虎潦潦草草地写到纸上时间也是不够的。因此，在王家传令官宣读这份公告时，刚好站在旁边的圣保罗大教堂学校校长，将这么长的文件和这么短的时间作了比较后，对站在他旁边的人们说："这是场奇妙的把戏，因匆忙而露馅了。"一位商人在回应他时说，这是靠预言写出来的。

然后，护国公出于愤怒，而不是出于贪婪，立即派人到肖尔的老婆的家里（她丈夫没有和她住在一起），把她所有的东西都洗劫掠夺一空，价值大约两三千马克，并将她本人投入监狱。片刻之后，他为了体面，指控她对他施行巫术，还指控她和宫务大臣沆瀣一气要灭掉他，总之，当没有什么貌似有理的借口可以坐实这些事情的时候，他便以她本人都无法否认的事情来指控她十恶不赦，所有世人都知道那件事情是事实，然而每个人听后都付之一笑，没觉得太突然，也没太当回事儿：她出卖色相，不太道德。

因为这个原因（作为一位正派的君主，本人纯洁无瑕，受上苍派遣来到这个罪恶的人间纠正人们的行为），护国公指派伦敦主教让她公开忏悔，在周日礼拜时列队经过圣保罗大教堂庭院讲坛十字架，手里拿着一支小蜡烛——她面容端庄泰然自若地走着，女性气息十足，她只穿一件简易长袍，没穿其他衣服，然而她步履优雅，讨人爱恋，尤其是人们惊异的神色令她双颊浮现一抹羞赧的潮红（她以前最缺乏这样的脸色），她一脸蒙羞反倒赢得许多人的赞叹，这些人与其说关注她的灵魂，不如说迷恋她的肉体。同样，许多好心肠的人虽然恼恨她的生活方式，乐于看到罪孽得以匡正，然而，当他们考虑到护国公做此事是出于邪恶的意图而不是道德的倾向时，他们对她的忏悔与其说是幸灾乐祸，不如说是怜悯惋惜。

这个女人生于伦敦，有良朋好友，在纯洁的环境中长大，嫁得很好（可惜好景不长），她丈夫是一位诚实的公民，年轻、英俊、富有。但是，由于他们在喜结连理之前，她已经满身丰韵，并不特别钟情于他，对他从未有过渴望。这或许就是国王向她求爱时她就一口满足国王的胃口的原因。对国王的敬重，对华丽的服饰、悠闲、快乐和无穷无尽财富的渴求，很快就侵彻了一颗柔软温情的心灵。没想到，国王对她滥情之后，她的丈夫立即把她一股脑儿地抛给了国王（因为他是一个实诚人，懂得怎么做才对自己有好处），不想再碰一下（国王的小妾）。国王去世后，宫务大臣霸占了她——还在国王健在的时候，他就对她垂涎三尺，但他放她一马，或许出于尊重，或许出于对朋友的某种忠诚。

她秀色可餐，风度翩翩，她身上没有你会改变看法的东西，但如果你对她有更高的企望，那就不同了，那些在她年轻时一睹她的芳容的人就是这么说的，现在见到她（因为她还活着）的一些人认为她的面容从未姣好过。在我看来，这些人的评价好像是应当从藏骸处挖出来的头颅来揣度一位女性去世之前很久时的美丽：因为她现在老态龙钟，瘦瘠干枯，昔日丰韵荡然无存，只剩下满是皱纹的皮肤和一把硬骨头。然而，即便如此，想仔细揣度她曾有过的面容的人，应当猜测想象得到哪些部位曾成就过她姣好的面容。

然而，人们与其说喜欢她的漂亮，不如说喜欢她的行为举止。她有一副好脑子，既会阅读，又会写作；与人做伴，快快活活，应答爽快麻利，既不沉默寡言，又不胡言乱语，有时开个玩笑，并无不悦，但并不缺少兴味情趣。国王常说,他有三个小妾,每人都有胜过其余两人的性格特征:一个最阳光快活,另一个最会耍心眼儿,第三个是王国里最圣洁的妓女,除了上他的床,没有人能轻易地把她从教堂里弄到任何别的地方。另外两人的个性更强,尽管如此,她们却安于默默无闻,安于缺失对那些性格特征的赞扬。但最阳光快活的是这位肖尔的老婆,国王特别喜欢她。他尤物良多,但最爱的还是她;说实在的(竟说魔鬼的谎话),她受宠爱,但她从未滥用来伤害任何人,而是让许多人舒服熨帖。每当国王不悦时,她总是平息安抚他的恼怒;有人失宠,她总能让他们在国王那里重新得宠。对许多有严重冒犯的人,她总是为他们求得宽恕。有人因犯罪而受到惩罚,她就为他们求得赦免。她屡屡向国王求情,为许多人帮了大忙,她或者分毫不取,或者只取非常少的报酬,她图的就是个愉快,而不是财富:要么是她满足于事情本身办得很好,要么是有人求她办事她很高兴,且能证明她能跟国王办好这件事,抑或是让淫妇和富有的妇人不要总是那么贪婪。

我毫不怀疑,有人会认为这个女人轻如鸿毛不值一书,不值得与大事件一并回忆——他们尤其认为或许应当以他们现在对她的看法来评价她。但据我看来,这件事尤其值得回忆,她现在处于乞讨的境地,举目无亲,熟识远离,可她原来,有富有的丈夫,有专宠她的君王,有所有求她帮大忙以成就其事业的那些人,还有许多其他人,别看他们现在显赫一时,都是当年干一些见不得人的勾当才混成这般模样。她的所作所为没少引起回忆,而他们很少引人回忆,因为他们不那么邪恶。因为人们习惯于将坏的变化奉为不朽,而谁为我们带来好的变化,我们却视之为粪土:她并非是个最差的证据,她如若现在不沦落到乞讨的地步，就会令许多人现在靠乞讨过日子。

依照护国公及其咨议会的计划，在宫务大臣于伦敦塔被斩首的当天（并非未经他的同意），从北安普敦和斯托尼斯特拉特福国王那里抓来的贵族和骑士于庞弗雷特被斩首。此事是理查·拉特克利夫爵士到现场下令实施的，他是位骑士，护国公在咨议会和实施此类非法活动时特别倚重他，长期以来一直是护国公的心腹，老于世故，奸狡机诈，讲话粗野短促，举止粗鲁，胆大妄为，毫无怜悯，天不怕地不怕。这位骑士，将他们从监狱带到断头台前，向四周民众宣布他们是叛徒，不允许他们讲话以自证清白，以免他们的讲话引起人们对他们的同情和对护国公及其一党的仇恨，不经审判和法律程序，匆匆忙忙将他们斩首。他们没有其他可以坐实的罪责，只是一些好人，对国王过于忠诚，同王后过于亲近。

现在宫务大臣和其他一些贵族骑士都被斩首，路上的障碍被清除，护国公于是在想，趁人们正在沉思这件事的意味，王国的贵族们正从他们各自的据点向他周围靠拢，人们都不知怎么想，不知该相信谁，在他们还来不及质疑思考这件事并结成联盟之前，应当尽快追求他的目标，使自己登上国王的宝座，拖延下去人们就会想出各种办法进行抵抗。现在最需要考虑的是，采用什么方法使这件本身就是十恶不赦的事情在向人们交代时会被人们认为是件该办的好事情。

为实现这个意图，他们物色了各种各样的人，都是些他们觉得值得信赖、可经劝说后进入那个集团，并凭借权力或政治精明能取代他们的人，这些人中他们信赖埃德蒙·沙阿，骑士，时任伦敦市长，他正希望能获得晋升——一个心高气傲的人，十分期望使伦敦城满足他们的胃口。在神职人员中,他们物色既有智慧又因学问见解而在人民中享有威望、又无良心上的顾忌的人。这些人中他们挑选了约翰·沙阿,牧师,市长的兄弟,以及修士托马斯·彭克(Thomas Penker),奥古斯丁修会地方管事,两人都是神学博士,都是大牧师,都是学问胜过美德、名气胜过学问的人。曾几何时,人们对他们顶礼膜拜,这件事之后,就再也没人崇拜他们了。

这两人中,一人在护国公加冕前有过一次布道,对护国公赞誉有加,另一人也随之仿效;两人都极尽肉麻吹捧之能事,听众中没有哪一个人的耳朵忍受得了。彭克布道时嗓子都讲哑了,他很想离开,半中腰儿走了下来。沙阿博士因这次布道而丧失了好名声,他羞见世人,从此之后不敢外出,不久之后丧失了性命。但修士彭克毫不在乎羞耻,因此对他造成的伤害较少。然而,有一些人怀疑,更有许多人认为,彭克在护国公加冕前并未参与这件事,但随后依照常情开始进行肉麻吹捧;尤其是他的布道并不是紧接着加冕之后,而是在复活节后的圣玛丽医院进行的。但可以肯定的是,沙阿博士从一开始就参与此事,以致他们决定应当由他在圣保罗十字架下布道时就这件事先透透风,他应当在布道时凭借他的权威宣讲使人们倾向于护国公的虔诚意愿。

但现在应尽心尽力地想出一个合适的借口,使人民同意废黜王子而接受护国公为国王。为此他们方方面面都想到了。但首要之事和各种设想的最重要之点在于:他们应一口咬定爱德华国王本人,或者他的孩子,或者他们父子都是私生子,因此他不能以约克公爵的身份继承王位而成为国王。指责爱德华国王为私生子是在明显地打护国公自己母亲的脸,她既是爱德华国王也是护国公自己的母亲：从这点来说，没有其他办法，只有声称他自己的母亲是奸妇。为促使自己达到目的，他不管不顾，没有克制住自己。尽管如此，他认为这一点应该谈得少一些，会更有利一些，甚至不能完全明白直接地说出，只能拐弯抹角地巧妙地点到为止，好像人们在这一点上不能说出全部真相，以免引起护国公的不悦。但另一点——他们设计的推测爱德华国王的孩子是私生子——将要也应当要公开提出，并最大限度地加以利用。我们首先讲讲爱德华国王婚姻中早就发生过的一些事情，否则你们不能很好地理解这另一点之所以提出来的貌似有理的借口。

爱德华四世国王推翻了亨利六世国王之后和平地掌控着王国，他决心要结婚（这对他本人和王国都有必要），他派遣使者沃里克伯爵和其他贵族相随前往西班牙，商谈爱德华国王和西班牙国王之女缔结姻缘事宜。沃里克伯爵发现各方甚为热心愿意，因此按照他的指示毫无困难地迅速将此事办妥。

刚好就在此时，伊丽莎白·格雷夫人插了进来，她揣着一份请愿书来向国王提起诉讼。她后来成为国王的王后，但那时还是个寡妇。她出身高贵，尤其是母系，母亲在嫁给她父亲伍德维尔勋爵前曾是贝德福德公爵夫人。尽管如此，伊丽莎白夫人本人曾为亨利六世的王后玛格丽特效劳，后来嫁与乡绅约翰·格雷（John Grey）爵士，亨利国王在战场上封他为骑士，那是在大斋首日忏悔星期二那一天亨利国王与爱德华国王在圣奥尔本斯（Saint Albans）决战。不久之后约翰·格雷便获得骑士勋位，因为他在那场战役中为国捐躯。在此之后，就在沃里克伯爵作为使者为爱德华国王上述姻缘奔走时，这位妇人可怜兮兮地向爱德华国王提起诉讼，要求恢复她一小块安身之地，因为她的已故丈夫曾给予她寡妇产。

国王目不转睛地盯着她，听她讲话——她皮肤白皙，金色头发，面容姣好，中等身材，体形完美，而且非常聪明——他不仅对她怜悯同情，而且越来越迷上了她。他后来悄悄地把她拉到一边，开始更亲昵地交谈。当她感觉到了他的欲望时，她堂堂正正地拒绝了他。但她做得是如此聪明，态度如此友善，言辞如此得体，以至于她非但没有熄灭他的欲望之火，反而使它燃烧了起来。最后，经过多次约会，锲而不舍的追求，又抛下种种重磅许诺，她完全窥探到了国王对她的爱恋是如此与日俱增，以至于她稍有胆量向他敞开心扉，她感觉到他的心扉比较坚定，不会因为拌句嘴而彼此疏远。最后，她实实在在地告诉他，她知道自己身份过于低微，不配当他的夫人，所以她觉得自己很适合当他的小妾。国王对她的忠贞感到很惊讶，因为他在别的地方从未听到过有人如此生硬地对他说不，所以他非常敬佩她的自制和贞操，他把她的美德当作资产和财富。于是，为了满足他的欲望，他决心尽快娶她。

他下了这番决心之后，他们两人订了婚，然后他征求其他朋友的意见，这样他们就能很容易感觉到最好不要招致反对。尽管如此，爱德华的母亲约克公爵夫人很伤心，随即尽力劝阻爱德华不要缔结这门婚事，她说，从他那个圈子的显贵家庭里娶一个，他注重名誉，善于经营，诚实有信，依靠联姻可使他的实力大增，他的财产也极有可能大幅增加；她还说，考虑到沃里克伯爵已经把事情办到这一地步，爱德华不可能再有其他选择——如果沃里克伯爵的安排都成了笑柄，他一路劳碌奔波而徒劳无功，他是不会同意这门婚事的。

约克公爵夫人还说，君王不能娶他自己的臣民，这并无重大的由头，也非情感的支配或其他好处之所系，只像是一位富翁娶他的女仆，只不过有点放荡地溺爱她这个人罢了。这样的婚姻，许多人称赞的是女仆的命运，而不是她主人的智慧。公爵夫人说，鉴于富翁和他的女仆之间的差别，远远没有这位国王和这位寡妇之间的差别大，富翁的婚姻虽说声誉不太好，也还算是体面的。然而，这位寡妇虽然没有什么令人讨嫌的，但公爵夫人说也"没有什么非常优秀的品质，但在其他一些人那里可能找到这样的品质，她们更适合你的社会地位，也适合少女的社会地位；伊丽莎白·格雷乃寡妇之身，虽然她在其他各方面都适合于你，但依我看来，仅仅寡妇身份就足以促使你了却这门婚事，因为这是一件门不当户不对的事情，对一位神圣的国王陛下来说是莫大的污点和贬损——作为国王，他在维护尊严方面，就应当像祭司那样追求道德的纯洁性——而不能在头婚中因犯重婚罪而蒙污受垢"。

国王的母亲说完后，国王把她的答话一半当真，一半当儿戏，因为他知道自己已不受她的控制。尽管她能接受他的婚事会令他高兴，然而无论她接受与否，他自己已经做了决定。尽管如此，为了使她满意，他还是说道，婚姻原本就是有灵性的东西，缔结姻缘应当尊重上帝，而不应注重暂时的利益，上帝是愿双方百年好合的，而他相信自己能做到这一点；尽管如此，这门婚事在他看来即便按世俗的眼光也并非无益。因为他认为，对他来说，与地球上任何一国的和睦，都不如他自己的友谊那样不可缺少，他觉得自己的友谊会令他如此开心，以至于如若不娶一个他本土的女性，他是不屑一顾的。然而，如果觉得与外邦联姻十分必要，最好还是挑选他家族另外一人，他会想办法成就此事，那样各方都会满意，而不是像现在这样,让他去娶一个他或许永远不会相爱的人,为可能拥有更多的财产而失去他已经拥有的这枚果实和这份愉悦。如果让他娶一个倒他胃口的老婆,那就是为了小小的乐趣而剥夺他身边已有的全部东西。"我毫不怀疑,"他说,"就像您所说的,有的是在各方面都可与她媲美的人,我不阻碍喜欢这些人的人去娶她们。任何人再也没有理由不赞成我去娶我所喜欢的人。爱卿沃里克待我不薄,不会嫌弃我所喜欢的人,也不至于蛮不讲理到期望我挑选一个由他看中的而不是由我自己看中的人做老婆——就好像我是个被监护人,只能娶监护人指定的人。我不会当那样的窝囊废国王,在挑选我自己的婚姻对象时丧失我自己的自由。至于通过与外邦缔结新的姻缘可以继承更多遗产,那往往得不到好处,反而造成更多的麻烦。我们做单身汉时就已有资格通过那种方式获得并保持足够多的财产。她是个寡妇,已经有了孩子,我是个光棍,上帝赐给我一位女士,我也有孩子:因此我们两人都可作证,我们都不喜欢孤身一人。因此,夫人,我求您同意这门婚事。我向上帝保证,她会诞下一位小王子,令您欢喜不已。至于重婚罪,当我领受教牧指令时,请主教务必给我罗织这一罪名。因为我知道禁止教士重婚,但我从未听说过禁止君王重婚。"

公爵夫人听到这些话后,一点也不高兴,她看到国王决心如此坚定,以至于她不可能把他拉回来,她对此极端鄙视,要以她信奉上帝为借口,设法破坏这门婚姻,而让他娶一位名叫伊丽莎白·露西的女士(Dame Elizabeth Lucy),国王在不久前也同露西有了孩子。因此,国王的母亲公开反对他这门亲事。为使她的良心得以解脱,国王曾在上帝面前向伊丽莎白·露西女士盟誓约婚,凭借约婚誓言，这事就会有一道障碍，以至于主教不敢、国王也不会着手为这场婚礼举行宗教仪式，直至上述这些得以澄清，真相大白于天下。为此伊丽莎白·露西女士被召来。虽然国王的母亲和许多其他人鼓励她，让她证实她与国王订了婚，然而当她庄严宣誓作证时，她承认两人从未订过婚。尽管如此，她说陛下给她讲了一大堆甜言蜜语，以致她真心期望他将娶她。如若不是他说了那么多的甜言蜜语，她永远也不会如此倾心于他，以至于让他和她如此自然而然地有了孩子。这个验证庄严举行之后，国王已明显意识到没有什么障碍，以一场盛宴隆重体面地迎娶伊丽莎白·格雷女士，并封她为王后，而她曾是他的敌人的妻子，很多时候为丈夫的阵亡而诚心诚意地祷告。上帝爱她胜过给予她恩惠。

但是，当沃里克伯爵得知这门婚事时，他对自己的使命被哄骗感到如此愤怒，以至于他出于无比的义愤和鄙视，在他回国时集结一支庞大的力量反对国王，而且十分迅速地向他扑来，以至于他来不及抵抗，不得不离开王国，逃往荷兰寻求援助。他在那儿待了两年，将他的新婚妻子留在威斯敏斯特大教堂的避难圣所里，她在那儿生下了爱德华小王子，我们在前面谈到过这位小王子。在此期间，沃里克伯爵将先前被爱德华推翻的亨利六世从监狱里解救出来，并再次扶他为国王。沃里克伯爵是个聪明人，英勇的武士，实力雄厚，多半凭借这份实力，为了他的国土，为了他的联盟，为了赢得人民的欢心，他几乎随心所欲地扶持国王和废黜国王；假如他不觉得造王比自立为王更重要，他本人获取王位也不是不可能的。但没有什么是永恒的；爱德华国王后来返回国内，以少于他的兵力，于复活节那一天，在伯内特战役中杀死了沃里克伯爵和他那一派系的许多大贵族，如此稳稳妥妥地重新夺得王位，以致他一直平安无事地坐在国王宝座上直至他去世的那一天，而且他留下的宝座是如此安稳，除非他的忠实朋友之间发生内讧，或者他的假朋友发动叛逆，否则这个宝座是不会丢掉的。

我之所以用较长篇幅讲述这门婚事，因为这也许能更好地看出护国公声称爱德华国王的孩子是私生子的貌似有理的借口是如何站不住脚的。但是，这个捏造的借口虽然站不住脚，却使他们感到满足，对他们来说，这就足以有个说头，而他们肯定被迫不去寻求比他们愿意提供的还要可靠的证据。现在，我要开始向你们讲述，护国公及其咨议会作出决定，这位沙阿博士应当在圣保罗大教堂讲坛十字架布道，向人们表明国王爱德华本人和克拉伦斯公爵都不是婚生子，约克公爵的孩子也不是婚生子，是公爵夫人与其他人通奸的私生子；而伊丽莎白·露西女士也确实是爱德华国王的妻子，因此国王和他所有其他孩子都是私生子，都是王后通奸的产物。

根据这个计划，神学博士沙阿在之后的那个周日，在圣保罗大教堂庭院讲坛十字架下，向广大听众（总有众多听众聚集在此听他布道）宣读他的拉丁文《圣经》文本：Spuria vitulamina non agent radices altas，即是说："私生子永远不会根深蒂固。"他就此表示，上帝向合法婚姻的合法后裔施以盛大恩典，然后他宣布，常常有一些孩子缺乏这种恩典，由于他们父母的滥交，尤其是通奸，而更加不幸，沦为私生子。这些私生子中，虽然有一些由于世人的无知和真相被隐蔽而一时继承了本应属于别人的王土，但上帝的规定是永恒的，他们的血缘不可能持久，真相会大白于天下，合法继承人将会复位，而私生子在还未深深扎根之前就被根除。

为了证实这个见解，沙阿博士从《圣经·旧约全书》和其他古代历史中引用了某些事例，然后他开始赞颂理查勋爵，即已故的约克公爵，称其为护国公大人的父亲，并宣布其后嗣拥有国王资格，在亨利六世死后由议会授权加冕。然后他表示，理查勋爵的合法婚生子后嗣仅有护国公大人。他进而宣布爱德华国王从未合法娶过王后，而是向上帝宣誓做了伊丽莎白·露西女士的丈夫，因此爱德华国王的孩子都是私生子。此外，无论是爱德华国王，还是克拉伦斯公爵，在与闻家庭秘密的那些人看来，非常肯定都不是高贵的约克公爵的孩子，因为他们的相貌和那些人一样更像另外一些已知的人物，而不像约克公爵——沙阿博士说，同样，约克公爵的高尚道德，爱德华国王是望尘莫及的。但护国公大人，那位非常高贵的王子，特型勇武骑士，无论是王子应有的各种行为举止，还是他的面容相貌，与其父亲高贵的公爵何其相似。沙阿博士说："他和乃父宛如一人，和父亲一个面相：就像是一个模子里倒出来似的，模样丝毫不令人怀疑，与那位高贵的公爵像极了。"

按照事先的设计，当神学博士说这番话的时候，护国公正好走到听取布道的人群中间，以使这番话说出的时候刚好碰上他露面，让听众觉得好像是圣灵把这番话送到布道者的嘴里似的，听众甚至会感动得高喊"国王理查！国王理查！"——然后就可以说他是上帝特意挑选的，就像是奇迹一样。但是这个事先安排的计划没有奏效，要么是由于护国公的疏忽，要么是由于布道者讲话太快。因为护国公故意在路上磨磨蹭蹭，以免在神学博士说这番话之前就到达会场；而神学博士呢，由于害怕护国公在他布道讲这番话之前就到了会场，因此他就紧赶慢赶，他已经讲过了这番话，进入了其他主题，护国公方才赶到。当他望见护国公来到的时候，他突然放下正在宣讲的话题，不作介绍，毫无次序地又开始重复他说过的那番话："这就是那位非常高贵的王子，特型勇武骑士，无论是王子应有的各种行为举止，还是他的面容相貌，与其父亲高贵的约克公爵何其相似。他和乃父宛如一人，和父亲一个面相：就像是一个模子里倒出来似的，模样丝毫不令人怀疑，与那位高贵的公爵像极了。只要护国公活着，人们就会念叨那位公爵。"

神学博士在说这番话的时候，护国公在白金汉公爵的陪同下，穿过人群来到神学博士通常站立的上层楼座上，站在那里听取布道。人群非但没有高喊"国王理查！"，反而一个个木呆呆地站在那里，好像变成了石头，他们对这场可耻的布道感到太惊讶了。布道一结束，宣讲者回到家里，羞愧得从此再也不敢外出，像猫头鹰一样地躲藏起来，不再露面。有一次他问过去的老朋友人们如何谈论他，尽管他的良心足以告诉他人们不会讲他的好话，然而当被问者回答他说，人人嘴里都说他非常可耻，他的内心还是受到了如此沉重的打击，以至于几天之后，他就枯萎凋谢，撒手尘寰。

布道之后的星期二，白金汉公爵在若干贵族和骑士的陪同下来到伦敦市政厅，他们或许很清楚他们带来的消息。在市政厅的东厢，市长布置了一个市法庭讲坛——市长和所有聚集在他身边的市政官员，以及前来的所有普通市民聚集在他们前面——白金汉公爵站了起来（他既不是不学无术，又天生一副好口才），用一副清晰而响亮的嗓音对台下的听众说：

"朋友们，为了我们对你们的热情和厚爱，我们要向你们通报一件非常重要的东西，重要到不亚于取悦于上帝；这样东西对整个王国都有利,对王国的每一个地方都比对你们高贵的伦敦城市民更有利。什么原因呢?我们很清楚,这样东西是你们长期以来所缺少的,因而是一直热切地盼望的,你们会倾其所有不远万里去获得这样东西——我们到这儿来把这样东西交给你们,你们不用花费力气,不费辛苦和成本,而且没有危险。

"这是件什么东西呢?可以肯定,在过去的岁月里,你们自身的安稳,你们妻子女儿的平安,你们财产的稳妥,所有这些东西,都越来越成问题。你们所有人中有谁能把自己当作自己财产的主人呢?为图你们的财产设置了那么多的陷阱,又遭那么多的剥削和掠夺,还要缴纳那么多的赋税,这些赋税缴个没完没了,而且通常是没有必要缴纳的——即使需要缴纳,那也是由于动乱和毫无理由的挥霍浪费,而不是由于任何必需的正当的花费。因此,每天都从善良正直的百姓那里巧取豪夺,大量物品都被那些肆意挥霍者挥霍一空,以至于到了十五分之一都嫌不够的程度。通常的税种已不敷使用,征税专员便以恩税和善意捐赠名义向每个人无穷无尽地搜刮,而没有哪个人领受到了国王的恩惠——就好像'恩税'的名义仅仅表示每个人应当缴纳的并不是他本人善意清单中所应奉献的,而是国王的善意清单中所应接受的东西。

"这些东西从未少要过,但每样东西都要得超出普通标准:随意处罚变成了罚金,罚金变成了赎金,冒犯变成了隐匿罪,隐匿罪变成了叛逆罪。对此,我想没人期望我们提醒你们注意那些可以指名道姓的例子——就好像伯德特已被人遗忘似的,他因为一句直言而被残酷地斩首,这个王国的法律为取悦于国王而被滥用;同样令人汗颜的例子是马卡姆,当时的首席法官,宁愿丢掉职务,也不同意那样的判决，不愿屈从或因惧怕或因讨好国王而作出那样判决的那些人的不正直行为。什么！库克，你们敬仰的邻人，这座高贵城市的高级市政官、市长！你们之中有谁如此粗心大意而不知道，或者如此健忘而不记得，抑或如此铁石心肠而不怜悯那位值得景仰的人士所遭受的损失吗？为什么我们要谈他的损失？他之所以被洗劫一空，遭到不应有的毁灭，只是因为刚好那些人喜欢他，而国王不喜欢他。我想我们无须再指名道姓地详细叙述这样的例子，我毫不怀疑，这里在座的许多人，你们自己或者你们亲密的朋友都很清楚，你们的财产或者你们的人身，要么由于错误的指控，要么由于小事一桩被夸大为十恶不赦的罪行而处于极度的危险之中。

"而且，没有哪桩非常严重的指控是缺乏借口的。这是因为，鉴于国王在继位之前，是在战场上取得王位的，一个有钱人一旦被说成是国王无论哪个时期的敌人当中任何一个人的亲属，或姻亲，或熟友，或点头之交，就足以成为他被指控犯有叛国罪的理由——而国王在各个不同时期的敌人占王国人口的一半以上。因此，不仅你们的财产不安全，你们的身家性命还处于危险之中——此外还有公开战争的共同危险。虽然公开战争从来就是许多祸害的源泉和起因，但绝对比不上人们彼此之间陷入内讧的祸害程度，世界上也没有哪个国家像我们这样如此持久地陷入你死我活的纷争之中，也没有像已经一命归天的国王统治时期那样，在纷争期间发生那么多的战争，而且拼得那么残酷和你死我活，愿上帝宽恕他的灵魂。在他那个时代，由于他的原因，伴随着夺取王冠，保住王冠，丢了再夺回，英国人流的鲜血比两次战胜法国流的鲜血还要多。我们自己之间的内战致使这个王国如此众多年高德劭的贵族血洒疆场，以致不到一半的人才活了下来，致使这个宝贵的国土极度衰微破败；此外，许多城镇由于他们前往战场或从战场回来而惨遭洗劫和蹂躏。很久以后，和平时期也不比战时安稳多少。所以，没有哪个时候富人由于钱财和显贵由于土地或者某些其他人由于某种恐惧和不悦不处于危险之中。他连自己的兄弟都不信任，他还能信任谁？他把自己的兄弟都杀掉了，他还能饶恕谁？他自己的兄弟都不能爱他，谁还能真正爱他？

"他最喜欢什么样的人呢？为了他的面子，我们就不说了；尽管如此，你们都很清楚，至善者往往无为而治，他在的时候，给肖尔的老婆那个卑鄙可恶的妓女提供的方便，比给英国所有的贵族提供的方便都要多——给那些求她在国王面前美言几句的人提供的方便除外——在英国，朴素的女人名声好，很诚实，直至这位国王为了自己放荡的欲望和邪恶的情感而使她脱离她的丈夫，而这位丈夫是你们之中一个正直富有的年轻人。关于这一点——我真诚地很抱歉这说，将所有人都知道的那件事保守秘密其实是徒劳的——国王欲壑难填，整个王国所有地方都难以容忍。无论什么地方的女性、年轻的、年老的、富裕的、贫穷的，凡是他看了一眼就看中了什么的，身材呀，面庞呀，声音呀，步态呀，或者行为举止呀，他就会不惧怕上帝，不顾及自己的名誉和世人的说三道四，执意满足他的胃口，把她弄到手，逼良家妇女为娼，令她们的丈夫和其他朋友悲痛欲绝——他们都是一些正直的人，如此看重他们家庭的纯洁和妻女的贞操，以至于他们宁愿舍弃身边的一切，也不让这样的恶棍作贱了他们。

"尽管诸如此类的令人不能容忍的勾当使王国的每一个部分都

受到伤害，然而，尤其是你们这些在座的，这座高贵城市的公民，你们中间这类的事情最多，致使你们受到这样的伤害，这是因为你们离得最近，而离这里最近的通常就是他最持久的依靠。然而你们这些人，是他如同好好对待王国任何一部分那样的唯一原因，不仅是因为国王凭借这座高贵的城市（作为他的特殊宫室和王国特殊的声名卓著的城市），在所有其他国家中赢得了体面的声誉，而且因为你们不顾在他发动的各场战争中遭受的巨大损失和面临的种种危险，一直以来特别善待他那一方；你们善心对待约克家族，而他却绝对没有作出应有的报答，承蒙上帝恩典，现在那个家族的另一个后裔将作出较好的报答——将要向你们介绍的这件事就是我们目前这趟使命的全部宗旨。

"我很清楚，我无须再次详细讲述你们已经从沙阿博士那里听到的东西，他讲得更好，我相信他讲的更令你们信服。这么说是有理由的。我并不十分自豪地由此预料到，你们会认为我的话和布道者的上帝语言一样极具权威，尤其是布道者如此博学，如此睿智，以至于没有哪个人比他更懂得哪些是他应该讲的，而且，他又是如此得体和公正，不去说他知道他不当说的事情，尤其是在这样的讲坛上，没有哪个诚实的人敢到上面撒谎的。你们记得很清楚，这位令人崇敬的布道者上个周日在圣保罗大教堂十字架讲坛上，非常认真地向你们宣布：最优秀的格洛斯特公爵理查亲王，即现在这个王国的护国公，拥有担任这个王国国王的权利和资格。

"那位令人崇敬的博士已经非常认真地向你们表明，国王爱德华四世的孩子绝对不是合法出生的，国王（在他真正的妻子伊丽莎白·露西女士仍然健在的时候）非法娶了王后即这些孩子的母亲——她的血统与国王的血统是根本不相配匹的,不用说国王宁要骄奢淫逸而不顾他的声誉,而且这两个不相配匹的血统联姻曾导致这个王国很大一部分高贵血统的人士喋血疆场。由于这个缘故,那门婚事似乎很不地道,由此生出许多荒唐事来。由于这不是合法联姻,也由于其他一些事情——这些事情上述那位令人崇敬的博士只是点到为止而没有详细解释,而我本人也不便说这些事,就像是每个人都知道但不能说出口的事一样,以免引起高贵的护国公大人的不快,本性决定着他要对他的公爵夫人母亲奉行孝道——由于这些原因,我要说,如前所述——即是说,由于已故的高贵的约克公爵理查没有其他的合法子嗣,而王室血统公爵的英国、法国王冠是由议会的最高权力授予的——那么根据继承的正当程序,根据这片国土的不成文法,同样的国王权利和资格应由最杰出的护国公大人亲王继承,因为他是上述高贵的约克公爵真正合法的亲生子。

"这件事经过了仔细斟酌,他的高超的骑士才能得到了估量,他高尚的人格有着独具的极其丰富的美德,这个王国尤其是北部的贵族和平民,不愿让任何私生子统治这片国土,不愿让先前在这片国土上肆无忌惮的暴行再持续下去,故此他们完全同意并一致决定恭请亲王护国公大人,本着他的正当权利和资格,如我们所愿躬身引导并治理这个王国,增进王国的福祉和进步。我很清楚,这件事他是不愿承担的,因为他这个人凭其智慧完全意识到一个全力以赴承担这一职责的人是如何费心尽力。但我敢说如果他承担这一职责,他是会全力以赴的。我要严肃地告诫你们,这一职责非同儿戏。那位伟大的智叟说过:'邦国啊,你的王若是孩童,你就有祸了!'他这样说是充分意识到了的。

"因此，我们有许许多多的理由感谢上帝，这位贵人，有着非常合法的任职资格，正值盛年，又有着惊人的智慧，外加极其丰富的阅历；虽然他如我所说的那样，不太愿意躬身承担这一职责，然而，如果你们，这座王国首都令人崇敬的公民们，加入到我们这些贵族的队伍中来，和我们一起如前所说的那样更加虔诚地请愿，他还是会愿意的。为了你们自己的福祉，我毫不怀疑你们会加入的；尽管如此，我还是要诚心诚意地乞求你们这么做，这样你们就为整个王国做了件大好事，为她挑选了一位如此优秀的国王，也给你们带来了特殊的利益，陛下今后对你们将更加怀有好感，他会充分体会到你们为挑选他所付出的一片热心。对这一点，亲爱的朋友们，你们有什么看法，我们请求你们向我们坦率地表达出来。"

公爵说完后——原本期望市长在事先做了工作的这些人在他详细陈述后会高喊"国王理查！国王理查！"——所有听众都寂静无声，不发一言。公爵因此备感窘迫，把市长拉到他身边，身边还有另外一个与闻这件事的人，他悄悄地对他们说："这是什么意思，这些人都这么安静？"

"先生，"市长说，"或许他们对你不太适应。"

"那我们可以做些补救，"他说，"如果那样有所帮助的话。"

随即，他又以另外的方式和语言把同样的事情详细讲述了一遍，声音更宏亮，文采飞扬，而又明白晓畅，声音、姿势和表情是那么得体和妥帖，使得他的每一个听众都惊讶不已，觉得他们在一生中从未听到过把一件十分邪恶的故事讲述得如此冠冕堂皇。但是，不知是由于惊讶或害怕，或者是每个人都在指望其他人先发言，所有站在前面的人都没一声回应，所有人都像午夜一样寂静，不像他们的窃窃私语，似乎是在议论着怎么做才最好。

市长见此情景，和其他委员会同伴一起把公爵拉到身边，说道，这儿的人不太习惯和人对话，但刑事法庭法官可以，此人是伦敦城的喉舌，让他去讲他们或许愿意回答。这位刑事法庭法官名叫菲茨威廉（Fitzwilliam），稳成持重，诚实正派。他才刚刚担任此职，此前从未在众人面前讲过话，他不愿意就这件事开始讲话，尽管这样，奉市长之命，他还是要向市民们复述白金汉公爵本人两次对他们讲过的话。但是，这位刑事法庭法官回应公爵的讲话只是照本宣科，重复公爵的原话，没有他自己的话语。然而，所有这些都未能使这些人有丝毫转变，他们依然故我，站在那里目瞪口呆，吃惊发愣。

公爵随即转向市长说："这是一种奇妙的固执的沉默。"然后他又再次转向人群，说了这样一席话："亲爱的朋友们，我们到这里来是要促使你们认可那件事。（我们对那件事无须太怀疑，本来这个王国的贵族们和其他地方的平民们或许就足够了，只是我们如此地热爱你们，尊敬你们，没有你们，我们不乐意做那件事。）那件事是伴随着你们的福祉和声誉的——看来你们既没看到，也没掂量。因此我们要求你们给我们一个认可还是不认可的答复：你们是像王国所有贵族那样想让这位高贵的亲王即现在的护国公当你们的国王，还是不想？"

听了这一席话，人们开始窃窃私语，声音不大，也听不清楚，就像是一群蜜蜂在嗡嗡作响；直到最后，从市政厅下面的尽头处，埋伏在那里的白金汉公爵的仆人们，还有内斯菲尔德的仆人们，护国公的其他从属，连同一些徒弟和小男孩，猛然冲到大厅的人群中间，在人们的背后扯着嗓子高喊"国王理查！国王理查！"——并把他们的帽子抛向空中,以示欢庆。站在前面的人回头一看,甚为惊奇,但没说什么。公爵和市长见此情形,正合其心意,明智地加以利用,说道喊得好,听了很高兴,众口一词,没人说不。

"好的,朋友们,"公爵说,"我们的感觉是你们完全拥护这位贵人当你们的国王,我们将如实向殿下汇报,我们毫不怀疑,而是相信这将大大促进你们的福祉和利益,我们请求你们明天和我们一起,我们和你们一起,到尊贵的殿下那里,以前述的方式向他提出我们谦恭的请求。"

贵族们随即走了下来,分散开来离去,许多人都很悲戚,一些人表面上高兴,其实一点儿也不高兴;那些跟随公爵一起来的人,无法掩饰他们的忧伤,在他背后转脸面向墙壁,可他们内心的忧伤却从眼里喷射了出来。

白金汉发表讲演的翌日,伦敦市长和所有高级市政官以及平民头领身着最好的服装,聚集在一起,向护国公居住的贝纳德城堡进发。根据事前的约定,同时向城堡进发的还有白金汉公爵和几位贵族,此外还有许多骑士和其他绅士。公爵因此传话给护国公大人,说是有一大批体面人士要向殿下提议一件重要事情。

护国公于是表示难以出来接见他们,除非他先知道他们这趟使命的部分内容;他似乎对这么多人突然来见他有些怀疑,一半是不信任,事前不打招呼,不知道他们来是吉是凶。白金汉公爵向市长和其他人说明了这个情况,他们由此可知护国公对这件事毫无预料,他们于是再次派人向他表达充满深情的愿望,恭请他恩准他们向他当面提出他们的愿望,他们不会向任何其他人透露这一愿望的任何内容。最后护国公走出他的内室,但没有下到他们中间,而是站在他们上面的一个廊台上，他们可以望见他，可以同他说话，好像在他还不了解他们的意图之前不会过于接近他们。

白金汉公爵随即代表他们全体首先向他提出谦恭的请求，希望殿下原谅他们，并准予他们向殿下提出他们前来的目的，没有他的欣然接受，没有已经获得的原谅，他们是不敢向他提出这件事的。虽然在这件事情上，他们是为了殿下的隆誉以及整个王国的福祉，但他们没有把握殿下是否会接受——而他们是绝不会冒犯殿下的。

护国公原本就非常谦恭有礼，也急于想知道他们是何意图，于是准许他提出他乐于提出的请求，护国公对他们怀有一片善心，真诚相信他们之中没有任何人会对他抱有可使他受到伤害的不良企图。白金汉公爵被宽宥地准予讲话后，更有勇气向他说明他们的意图和目的，以及促使他们来到这里的全部原因，正如他以前听说过的那样。最后公爵恳求殿下，本着他对王国的一贯良善和热忱，而今乐于以他怜悯的眼光审视这个王国旷日持久的困苦和衰败，并以他仁慈的双手予以纠正匡扶，接受这个王国的王位和统治权，这是合法传承于他的王权权利和资格之所系，也是上帝的赞美和王国的利益之所系，也是因为从来没有哪位君王统治下的人民，会像在他统治下的这个王国的人民那样乐于生活在他的统治之下。

护国公听了这个提议后，表情显得特别怪，回答说，虽然他知道他们所说的至少有一部分是真实的，然而，他对爱德华国王及其孩子充满了挚爱，以至于他把他在其他王国享有的声誉看得比任何王位还要重，而他对王位从未有过奢望，在这一点上，他内心是不能接受他们的愿望的。这是因为，在所有其他国家，对此的真相并不甚明了，或许被认为是他自己野心勃勃的欲望和计划，要推翻国王,自己取而代之。因为这个耻辱,他不会为任何王冠而玷污他的荣誉;他从来就觉得,当国王更多的是费心劳力,而不是快乐,如果一个人不为王权费心劳力,他就不配拥有这个王权。尽管如此,他不仅原谅他们向他提出这个建议,而且还要感谢他们对他怀有的热爱和诚挚的感情,他恳求他们为他将同样的感情奉献给现在的国王,他过去和将来都乐于在现在国王治下生活;只要国王愿意使用他,他将不辞劳心费力,克尽厥职,使王国处于良好状态。在他担任护国公的短暂期间,已开始形成这样良好的状态(功劳归于上帝),表现在像过去相反场合出现的恶意,以及妄图出现的新的恶意,部分由于良好的政策,多半由于天道而不是人治,这些恶意都已被消除殆尽。

护国公作了答复后,白金汉公爵在护国公的应允下,与他身边的其他贵族以及伦敦市长和刑事法庭法官低声耳语了一会儿。然后,他如愿得到了原谅,大声地向护国公陈述最后的理由,即这个王国的国人已经断定爱德华国王的世系再也不能统治他们了,既因为他们已经走得这么远,现在走回头路就不安全稳妥了,也因为他们觉得走这条路是在谋普遍的福祉,即便他们还未开始也是如此。因此,如果殿下愿意戴上这顶王冠,他们将恭请他登临王位。如果他给他们一个坚决的否定的回答,他们是不愿意听取的,那么他们必须寻找另外一个愿意成就此事的贵人,而且他们不会找不到这样的人的。

这些话深深打动了护国公,否则的话,每个人都会意识到,他是绝对不可能答应他们的。当他看到没有别的路可走,他要么必须接受王位,要么他和他的同伴都将被抛弃,于是他便对这些贵族和下院议员们说：

"我们很明白，王国所有人都决心坚定，我们非常遗憾的是，他们再也不能忍受英明的爱德华世系统治他们，世间没有哪个人能违背他们的意志来统治他们；我们也很明白，没有任何人像我们那样拥有合法的资格继承王位，我们是我们最亲爱的父亲已故的约克公爵理查完全合法的亲生子嗣——我们的资格现在又增添了你们的选择，你们这些王国的贵族和平民，在所有可行的称号中我们接受最具有法律效力的称号——我们同意，赞成倾向于你们的愿望和要求，根据相同的理由，我们在此接受这王家的杰出基业，接受英国法国这两个高贵王国的王室：一个从这一天起由我们和我们的子嗣统治、治理、保卫；另一个承蒙上帝的恩典和你们的帮助，再次得到并被制伏，从此完全服从英国这个王国，让我在有生之年实现提高英国地位的愿望。"

话音一落，人群中爆发出一片喊声："国王理查！国王理查！"然后贵族们走上去面见国王（从那时起他便以国王称呼）。人群随后离开，对这件事议论纷纷，每个人都不禁浮想联翩。

他们纷纷议论并颇感惊奇的是这件事的处理方式，这件事双方的处置都那么突然，好像每一方事前都未与对方磋商似的；他们都很清楚，听到他们议论的人没那么笨，都会充分意识到整个这件事都是在他们之间事先安排好了的。尽管如此，有些人还是要欲加谴责，说所有事情应该井然有序地办理。人们有时候必须依照惯例不理会他们已经心知肚明的事情。在主教的授圣职礼上，每个人都很清楚，他为任命自己的教皇诏书付了钱，他当主教是已经定好了的，即便他没为其他人花钱也不成问题。然而他必须两次被问是当主教还是不当,他还必须两次都说不当,而第三次被问及时方才接受,好像是按照他的意愿被迫接受似的。在一个舞台剧中,所有人都很清楚扮演苏丹的人或许是一个鞋匠。然而,假如有人不知好歹,不合时宜地指认在舞台上扮演苏丹的人是他的熟人,并直呼其名,那么苏丹的一名凶狠的保镖就会理所当然地因为他毁了这场戏而打破他的脑袋。因此他们说,这些事情都是国王的游戏,就像是舞台剧一样,多半是在断头台上表演的。可怜人只能充当旁观者。他们最好不要多管闲事。一旦他们插足与那些人一起游戏,而他们又不能胜任角色,把戏弄得乱七八糟,他们是没有好果子吃的。

在第二天,护国公带领一大帮人来到威斯敏斯特大厅,他坐在王座法庭的座位上,向听众宣布他将在这里登临王位,这是国王亲自坐镇法庭执法的地方,因为他认为国王的首要职责是执法。然后,他极尽所能发表了一篇愉悦的演说,开始拉拢贵族、商贾、技工,总之是拉拢各色各样的人,尤其是王国的律师。最后,为使每个人都不因惧怕而仇恨他,他的假仁慈或许能使人们对他抱有善意,他强调了内讧的害处和内部和谐团结的好处,公开宣布他已抛弃所有的敌意,他在这里公开宽免了对他的所有冒犯。为此他要显示一个样子,他命令将一个他早就恨之入骨的名叫福吉的人带到他面前。福吉被人从附近的避难处(他因惧怕护国公而逃亡到此处)带到现场,当着众人的面,他拉起了他的手。常人看到此情景很高兴,赞不绝口,而智者认为这不过是虚荣作秀而已。福吉在回家途中,见了谁都打招呼。他心怀愧疚,逢人只能卑躬屈节,巴结逢迎。

经过这一番令人耻笑的劝进,他于6月26日开始实施他的统治,然后于7月6日加冕为国王。肃穆庄严的典礼,多半是原来为其侄子的加冕典礼的一应准备提供的。

现在胡作非为密集而来。邪恶的东西总是难于长久,在他统治的整个时期,从未停止过残酷的杀戮,直到他本人彻底完蛋为止。但是,他一命呜呼,人们认为他是死有余辜,他开始统治时即犯下了最令人悲伤最邪恶的罪行:我指的是令人发指地屠杀了他无辜的侄子,即年轻的国王和他幼小的弟弟。然而,他们的死亡和悲惨结局迄今已引起人们的质疑,一些人仍然怀疑他们是不是在他统治的时代被杀害的。不仅仅是这一件事,那个珀金·沃贝克*,由于许多人的恶意和更多人长期蒙骗世人的蠢举,也和这两位小王子一样被称作更可怜的人,并被当作两兄弟中的年幼者。但这件事也一样,所有的事情都在最近的时代经过非常隐秘的处置,一件是假的,一件是真的,以致没有一件事情是明明白白得到公开证实的。然而,由于秘密交易的共同习惯,人们内心对其从来是抱有怀疑的——亦如许多巧妙假冒的珠宝致使真的珠宝不被相信一样。至于上述观点,鉴于驱使双方行动的起因,如果我们刚好要撰写已故高贵的国王亨利七世令人怀念的时代,抑或是珀金·沃贝克的简要传记,我们或许会有更多的处置的余地。但是,对当前这件事,我要告诉你们那两个小儿的悲惨结局,我不是依据我听到的各种说法,而是依据我从这样的人物,以这样的方式听到的说法,虽然令人难以置信,却是真实的。

理查国王加冕后,踏上了去格洛斯特的道路,以国王的新的荣

---

* 珀金·沃贝克(1474?—1499年),佛兰德人,出身低微,在英国和欧洲一些人物的支持下,试图冒充爱德华王世的小弟弟,推翻亨利七世,登上英国王位,但兵败被俘,后被处决。——中译者

誉称号巡行他先前以公爵名号冠名的那个城镇,他一边乘辇,一边思忖着如何完成他早就留意的那件事情。他的脑子在提醒他,只要他的两个侄子还活着,人们就会认为他没有权利执掌王国,因此他觉得应毫不拖延地将他们灭掉——就好像杀掉他的亲人就能促进他的事业,并使他成为一位合法的国王似的。

他随即派遣他特别信赖的约翰·格林,前去面见伦敦塔总管罗伯特·布拉肯伯里爵士(Sir Robert Brackenbury),随身携带着一份信函还有证件,要这个罗伯特爵士无论如何把这两个孩子杀掉。这个约翰·格林到布拉肯伯里面前履行使命,后者正跪在伦敦塔里圣母玛利亚圣像面前,他明白无误地回答说,他永远也不会处死他们,他如果这么做,他本人也必死无疑;得到这样的回复后,约翰·格林返回,向巡行途经沃里克的理查国王如实禀报。

理查因此很不高兴,思绪翩翩,当晚对他一个亲密的贴身侍卫说:"唉,还能相信谁呢?那些我亲自提拔的人,那些我认为会最稳妥地为我效劳的人——甚至连这些人都不听我的话,我下了命令也不为我办事。"

"大人,"他的侍卫说,"您外面的草床上躺着一个人,我敢说陛下高兴办的事情他是不会拒绝的。"——所指的是詹姆斯·蒂雷尔爵士(Sir James Tyrell),蒂雷尔是个正直善良的人,是上天赐予的礼物,值得服侍一个比他好得多的君王,他若好好侍奉神,凭恩典就会获得与他的能力和智慧相配匹的信任和善意。这个人志存高远,渴望上进,然而擢升得还没有他希望的那么快,一直受到理查·拉特克利夫爵士和威廉·凯茨比爵士的挤对和按压,他们不希望有更多的同僚获得国王的恩宠,尤其是他,他们知道他的那份骄傲是容不下任何贵族的，因此密谋使他不受任何宠信。这个侍卫对此心知肚明，因此，这次提供了机会，出于非常特殊的友谊，要抓住这个机会促使他上进，使他得到好处，所使用的方法会令除了魔鬼以外他所有的敌人都无法对他构成太大的伤害。

听了这个侍卫的这番话，理查国王站了起来（这番交谈是在国王如厕时进行的——那是个商量此事的合适的"会议桌"），来到外面的草床前厅，看到詹姆斯·蒂雷尔爵士和托马斯·蒂雷尔爵士躺在床上，两人是同名同胞兄弟，但个性品质毫无相同之处。国王面带笑容地对他们说："哎呀，先生们，你们这么快就上了床？"然后把詹姆斯爵士叫过来，把他脑子里这件见不得人的事情私下透露给他。他发现詹姆斯对干这件事并无丝毫不愿意。于是，翌日他派詹姆斯携带一封信件去面见布拉肯伯里，信中命令这位伦敦塔总管在一个晚上将伦敦塔所有的钥匙交给詹姆斯爵士，以使詹姆斯完成国王下令他执行的快意之事。詹姆斯爵士递交了信件并拿到了钥匙之后，确定接下来的第二天晚上去干掉他们，事先做好计划，准备好工具。

王子在护国公摈弃那个称号而自立为王后，立即向他表示他不统治国家，他的叔父应当拥有王位。王子在说这话时羞愧难当，开始叹息并说："唉！我请叔父留我这条命吧，虽然我丢掉了我的王国。"接着国王向他讲述了整个故事，用好言好语尽量安慰他。但随即王子和他的弟弟一并被关了起来，所有人都离开了他们，只剩下一个名叫布莱克·威尔（黑威尔）或威廉·斯劳特（William Slaughter）（屠夫威廉）的人，留下来侍候他们并保证他们的安全。从这以后，王子从不系紧身上衣和紧身裤的带子，从不关照他自己，一心忧心忡忡地系在那个幼小的弟弟身上,直到这起叛逆的谋杀把他们从痛苦中解脱出来。

按照詹姆斯·蒂雷尔的计划,应当将两王子杀死在他们的床上,他指定迈尔斯·福里斯特(Miles Forest)执行,他是曾看管两王子的四人之一,事先就熟悉了杀人技巧。和他一起执行谋杀的还有约翰·戴顿(John Dighton),是他自己的马夫,一个膀大腰圆的强壮的恶棍。然后,所有其他人都离开两兄弟,这个迈尔斯·福里斯特和约翰·戴顿大约午夜时分(两个无辜的孩子正躺在床上睡觉)进入他们的卧室,突然用布把他们包缠起来——紧紧包住套住他们,强行用羽毛坐垫和枕头硬塞进他们的嘴里,不消一会儿,他们因窒息而停止了呼吸。他们把无辜的灵魂献给上帝,享受天堂的欢乐,留给刽子手的是他们横陈在床的尸体。这两个可怜人先是因死亡的痛苦而挣扎,然后是慢慢窒息而死。等到两兄弟被查实完全死亡后,刽子手将两具尸体赤裸裸地放在床上,然后叫詹姆斯爵士前来察看。詹姆斯看到尸体后,让两个刽子手把他们埋在地下室,把地面刨开刚好掩埋住尸体,上面盖上一大堆石块。

詹姆斯爵士然后急驰赶往理查国王那里,将谋杀的一应情况向他汇报;国王对他深表感谢,据一些人说还当场册封他为骑士。但我听说,他不允许将他们埋在那样肮脏的地方,说他将把他们埋在好一点的地方,因为他们是国王的儿子。瞧!这就是国王崇高的本性!于是,他们说罗伯特·布拉肯伯里爵士的一个牧师又将他们的尸体挖出来,秘密地埋葬在一个地方,由于只有知道此事的人才有性命之虞,因此这地方此后永远不会让世人知道。确实如此,众所周知,詹姆斯·蒂雷尔爵士因犯下反对最有名望的国王亨利七世的叛逆罪而被关在伦敦塔时，戴顿和他都受到审查，并承认以上述方式杀害了两王子；但是，他们的尸体是否被移走，他们完全不知道。

因此，我得悉他们知道很多情况，没有必要撒谎，这两个高贵的王子——这两个无辜、幼小的孩子，皇室贵胄，幸福优渥，有可能久享天年，一统江山——被叛逆的暴君抓获，被剥夺名位，旋即被关进监狱，然后被秘密杀害，他们的尸体被抛在只有上帝才知道的地方，这一切都是他们野心勃勃、丧尽天良的叔父及其残酷无情的打手们干的。这些暴行的每一步都经过周密策划，皇天之下，没有比这更罪恶昭彰的了，世上也没有哪个国家遭受如此的不测，一位心灵高尚的君王的事业遭受如此的践踏，最终，如此冷酷无情的残暴行为又造成了多么悲惨的结局。

首先谈谈执行人：迈尔斯·福里斯特在圣马丁的遗骸已经腐烂；戴顿确实还活蹦乱跳的，但很有可能被绞死。詹姆斯·蒂雷尔爵士死于塔山，因叛国罪被斩首。理查国王本人呢，不久之后就会知道，在战场上被杀死，被敌手剁砍，被马拖死，头发被极其蔑视地拖扯得像只杂种狗。他自作孽不到三年之后遭到报应；在这段时间里，他外表困苦不堪，内心恐惧悲伤。我从他贴身内侍的可靠信息得知，他自从作孽之后，内心就再也平静不下来，总是觉得自己不安全。每逢外出，他的眼睛滴溜到处转，他内穿铠甲护身，手里总是握有匕首，表情和举止就像是一个时刻准备再次发起攻击的人。他晚上总是寝不安席，躺在那里长时间不能入睡，胡思乱想，因惊恐和警惕而疲惫不堪，与其说入睡不如说迷迷瞪瞪，噩梦不断，苦不堪言，有时突然惊起，跳下床，在卧室内乱跑：他那颗不得安宁的内心，总是这样不停地颠簸翻腾，他作孽的痛苦印象和暴躁的记忆总是挥之不去。

现在他已明摆着再也得不到安宁。因为紧接着白金汉公爵和许多其他绅士之间开始了反对他的阴谋活动——或者不如说是结成了反对他的友好同盟。理查国王和白金汉公爵分道扬镳的原因是公说公有理，婆说婆有理。我获得过肯定的信息，格洛斯特公爵在爱德华国王去世，立即赶到约克并在那里主持了爱德华国王隆重的葬礼之后，白金汉公爵立即极其秘密地派遣他最信赖的内侍佩萨尔（Persal）前往约克，面见格洛斯特公爵最信赖的内侍约翰·沃德（John Ward），使者表示希望能获得批准以极其秘密的方式与他的主人会面并晤谈。格洛斯特公爵的内侍将他的愿望向公爵通报后，公爵让他在深夜所有其他人都撤离后，被带至他的密室见他；在密室里，佩萨尔根据其主子的推荐，对护国公说受主人秘密派遣来告诉他，他可以担当起他愿意担当的角色，如果需要，主人可以为他准备一千名精兵。这位使者带着护国公的感谢和一些秘密指示打道回府，然而几天后又带着他的主人白金汉公爵的另一封信在诺丁汉再次会晤护国公，护国公从约克来到了诺丁汉，随同的有北部地区的许多绅士和六百名骑兵，途经此地前往伦敦。护国公与使者秘密会见并晤谈后，立即离开了诺丁汉。

白金汉公爵带着三百名骑兵，在北安普敦会见了护国公本人，从那儿一路继续跟随着护国公，作为护国公所有计划的合伙人，直至护国公加冕为国王后他们才分手，似乎在格洛斯特时还是非常亲密的朋友。白金汉公爵从格洛斯特回家后，立马迅速地同国王翻脸，满怀愤怒地密谋策划反对他，人们不禁惊奇是什么引起了这个变化。

然而，白金汉公爵和理查国王产生分歧的原因显然是众说纷纭。我听到一些人说，公爵在护国公加冕前不久向他提出的要求中，有一条是得到赫里福德伯爵的领地，他声称自己是领地的合法继承人。由于公爵申索的继承资格与亨利国王一系被剥夺权利前王室的继承资格有所交织，护国公满腔愤怒，以连番不屑和威胁性的语言拒绝了公爵的要求，从而大大伤害了公爵的自尊心。公爵心怀仇恨和不信任，从此以后对理查国王连正眼都不瞧一下，但他总是担心自己的生命安全，甚至到了这样的程度：在护国公乘骑穿过伦敦前去加冕时，他竟然装病，这样就可以不骑马陪他了。而护国公认为公爵居心不良，捎话给他要他起来骑马陪行，否则抬也要把他抬来。公爵因此怀着一肚子怨气骑马陪行，他不顾理查的威胁，在翌日的宴席上起身告辞，声称自己有病；理查国王说他这么做是心怀怨恨，是对他的蔑视。人们说自此以后，两人始终彼此互相仇恨，互不信任，公爵还真心预料自己在格洛斯特会被暗杀。然而他还是从那里安全脱身。

但是，一些对当时秘密特别知情的人显然否定这种说法；许多智者认为，鉴于他们两人深藏不露的本性，在那个充满欺骗的世道上护国公是多么需要公爵，而公爵一旦陷入被暴君猜疑的境地将面临何等危险，因此护国公不可能给公爵以不快的借口，公爵也不可能给护国公对他产生不信任的借口。确实，人们认为，如果理查国王怀有任何这样的看法，他绝对不会容忍公爵逃脱他的手心。事实是公爵是个心高气傲的人，容不得别人显赫荣光；因此我听说一些人（曾说他们看见）公爵在护国公第一次头戴王冠的时候，他的眼睛不能容忍看到这个场面，因而将头转向其他方向。但人们说他当时确实身体不舒服，对此理查国王是知情的，并不在意，也没有毫不客气地拒绝公爵的请求，公爵反倒是带着国王丰厚的礼物和重重的许诺，感恩戴德地离开了格洛斯特。

但是，公爵一回到布雷克诺克（Brecknock）的家里后，受理查国王之令被拘押在那里的伊利主教莫顿博士（如前面所述，他在伦敦塔的会议上被拘留过），要与公爵混得更加熟稔。莫顿的智慧欺骗了他的尊严，使他得以自救并导致公爵的毁灭。

主教天资聪颖，博闻强识，行为高尚，不缺邀宠的好门道。他曾紧紧投靠亨利国王一方，因为这一方兴盛繁荣，尽管如此，当爱德华国王将亨利国王投入监狱时，莫顿既没有离开这一方，也没有在不幸中抛弃这一方，而是带着王后和王子逃离英国——并没有回家，而是到了战场。那场战役失败后，亨利国王一方被彻底征服，另一方鉴于他矢志不渝的忠诚和过人的智慧，不仅同意接受他，而且求他改换门庭，从此以后他特受宠信；什么都瞒不过他。你们已经听说过，爱德华国王去世后，他由于忠于这位国王而被暴君关押起来，他设法使他遭到彻底失败，和诸位绅士一起帮助亨利国王，先是安排他和爱德华的女儿结婚，此举可同时体现他对两位主人的忠心和效劳（将这两大家族结为一体，这对王国有莫大的好处，两大家族各树一帜曾使这片国土长期不得安宁）。他逃离王国，前往罗马，绝不打算再参与世务，直到高尚的君王亨利七世再次迎他回国，并任命他为坎特伯雷大主教和英国大法官，教皇又给他添加红衣主教的荣耀。因此，在他有生之年的诸多时日，享受到了一个人可以奢望的诸多荣耀，有生之年一命归天，凭借主的恩典，他的谢世使他得享天堂之乐。

因此，莫顿这个人，正如我将要向你们讲述的那样，在漫长的常常是荣辱浮沉的交替考验中，通过人生丰富的阅历（阅历是智慧之母，智慧的女教师）获得了对世间诸多密谋的深邃洞悉；凭此洞悉，他现在感觉到白金汉公爵乐于与他为伍，屡屡甜言蜜语地夸奖他。在交谈过程中，他还感受到公爵的自尊心由于妒忌国王的荣耀而时而发泄不平之气，并因此感觉到，如果事情处理得好，可以轻易地让公爵与国王分道扬镳，他处心积虑地想方设法鞭策公爵继续前行，总是充分利用公爵到访的机会，以此保持与公爵的密切关系，他似乎宁可让公爵跟着他走，而不是领着他走。

当公爵首先开始称赞国王，说他的统治将如何使王国大受裨益时，莫顿大人回答说："确实，大人，我要是说谎就愚蠢透顶：假若我保证的刚好相反，我知道你不会相信别的，只相信如果世事就像我所希望的那样，亨利国王的儿子得到王位，而不是爱德华国王。但上帝命令他丢掉王位，由爱德华国王统治王国，我从未愚蠢到跟着一个死人去与一个活人搏斗。所以我成了爱德华国王的虔诚的牧师，并乐于看到他的孩子继承他的王位。尽管如此，如果上帝作出了另外的秘密裁决，我不会抗拒一个不可抗拒的权威，也不会费力去搭建上帝要摧毁的东西。至于先前的护国公和现在的国王……"

莫顿到这里不再说了，说他干预世务太多了，从这一天起他只祷告和数念珠，不再做更多的事情。公爵非常渴望听到他还要说什么——因为他在谈到国王时戛然而止——恳求他念在两人之间如此熟稔而大胆地说出他的所思所想；公爵诚恳保证绝不会因此给他带来任何伤害，或许会带来比他设想的还要多的好处。公爵本人有意利用他诚恳的劝告和意见，说这是公爵之所以说服国王把主教交其看管的唯一原因——他可以把这里当成自己的家——他若是落在别人手里，可就得不到这样的优待了。

主教谦恭地对公爵表示感谢，说道："说实在的，大人，我不喜欢过多地谈论君王，因为现在还未脱离危险，尽管这些话没有错处——不应把这些话当作派系言论，而由君王随意作出解释。我想起了伊索寓言，狮子声称为避免死亡的痛苦，不允许森林里有长角的野兽，一只前额有一凸出肉角的野兽听后仓皇逃窜。一只狐狸见它跑得这么快，问它为何仓皇逃窜。它回答说：'说实在的，我也不知道，管不了那么多，我要赶紧离开这里，这不，说的就是长角野兽。''什么，傻瓜！'狐狸说，'你尽管放心；狮子说的不是你，因为没有哪个角是长在你头上的。''不，是真的，'它说，'我可知道，万一狮子说这是角，我往哪儿逃？'"

公爵听完这个寓言后开怀大笑，说道："大人，我向您担保，无论狮子还是野猪都没法从这儿说的话里找碴儿，因为这些话永远也到不了它们的耳朵里。"

"真的，先生，"主教说，"如果是这样，那么我正要说的事情，就当作我在上帝面前要说的意思，只能值得感谢。若是当作我认为将会发生的那样，我会变得不那么好，你会变得更差。"

然后公爵希望了解更多的情况。主教于是说："说真的，大人，至于前护国公，由于他现在是当朝国王，我对他的资格不持异议。但是，为了陛下正在统治的王国的福祉，而我又是王国的区区一员，陛下已经拥有许多好的能力，对此无需我加以赞誉，但我希望除了这些能力外，上帝乐于赋予他统治这个王国所必需的其他一些优秀美德，而我们的主已将这些美德根植在您的陛下身上。"

译名对照表

Ackroyd, Peter 彼得·阿克罗伊德
Act for the Settlement of the Crown 《王位解决法案》
Aesop 伊索
Anderson, Judith H. 朱迪斯·H. 安德森
Andre, Bernard 伯纳德·安德烈
Armstrong, W.A. W.A. 阿姆斯特朗
Ascham, Roger 罗杰·阿谢姆

Bacon, Francis 弗朗西斯·培根
Baldwin, David 戴维·鲍德温
Barker, Nicholas 尼古拉斯·贝克尔
Barnet, Battle of 巴内特战役
Baumann, Ewe 尤厄·鲍曼
Baynard's Castle 贝纳德城堡
benevolences 恩税
Bohun estate 博恩领地
Bosworth Field, Battle of 博斯沃思原野战役
Bourchier, Thomas, cardinal 托马斯·鲍彻红衣主教
Brackenbury, Sir John 约翰·布拉肯伯里爵士
Buck, Sir George 乔治·巴克爵士
Buckingham, second duke of 白金汉二世公爵
Buckingham, third duke of 白金汉三世公爵
Burdet, Thomas 托马斯·伯德特
Burke, Peter 彼得·伯克
Butler, Lady Eleanor 埃莉诺·巴特勒夫人

Camden, William 威廉·卡姆登
Carmeliano, Pietro 皮特罗·卡梅利安诺
Catesby, William 威廉·凯茨比
Cecily duchess of York 约克公爵夫人塞西莉
Chambers, R.W. R.W. 钱伯斯
Chrimes, S.B. S.B. 克赖姆斯
Churchill, George B. 乔治·B. 丘吉尔
Churchyard, Thomas 托马斯·丘奇

亚德

Clarence, George duke of　克拉伦斯公爵乔治

Colet, John　约翰·科利特

Colt, Joan (or Jane)　琼·(或简·)科尔特

Commynes, Philippe de　菲利普·德孔米内斯

Cook, Sir Thomas　托马斯·库克爵士

Cornwallis, Sir William the Younger　小威廉·康沃利斯

Crosby's Place　克罗斯比之家

Crowland Chronicle　克劳兰编年史

Dean, Leonard F.　伦纳德·F. 迪安

Delcourt, Joseph　约瑟夫·德尔古

Dighton, John　约翰·戴顿

Dockray, Keith　基恩·多克雷

Donno, Elizabeth Story　伊丽莎白·斯托里·唐诺

Dorset, marquis of (Thomas Grey)　多塞特侯爵托马斯·格雷

Doyle-Davidson　W.A.G.　W.A.G. 多伊尔-戴维森

Drayton, Michael　迈克尔·戴维顿

Edward IV　爱德华四世

Edward V　爱德华五世

Edward of Middleham, pince of Wales (son of Richard III)　威尔士亲王米德勒姆的爱德华(理查三世之子)

Elizabeth of York (m. Henry VII)　约克的伊丽莎白(与亨利七世结婚)

Erasmus, Desiderius　德西德里厄斯·伊拉斯谟

Fabyan, Robert　罗伯特·费边

Fitzwilliam, Sir Thomas　托马斯·菲茨威廉爵士

Fogge, Sir John　约翰·福吉爵士

Forest, Miles　迈尔斯·福里斯特

Fox, Alistair　阿利斯泰尔·福克斯

Freeman, Thomas S.　托马斯·S. 弗里曼

George duke of Clarence　克拉伦斯公爵乔治

Geritz, Abbert J.　艾伯特·J. 格里兹

Gordon, Walter M.　沃尔特·M. 戈登

Grafton, Richard　理查德·格拉夫顿

Gransden, Antonia　安东尼亚·格兰斯登

The Great Chronicle of London　《伦敦大事记》

Green, John　约翰·格林

Greenblatt, Stephen　斯蒂芬·格林布拉特

Grey, Sir Richard　理查·格雷爵士

Grey, Thomas　托马斯·格雷

Grocyn, William 威廉·格洛辛
Guildhall 伦敦市政厅
Guy, John 约翰·盖伊

Hall, Edward 爱德华·霍尔
Hammond, Anthony 安东尼·哈蒙德
Hammond, P.W. P.W. 哈蒙德
Hanham, Alison 艾莉森·哈纳姆
Hardying-Hall versions of the History 哈丁-霍尔版《理查三世史》
Harington, John 约翰·哈林顿
Hastings, Lord William 威廉·黑斯廷斯勋爵
Hay, Denys 德尼斯·海
Heinrich, Hans Peter 汉斯·彼得·海因里斯
Henry VI 亨利六世
Henry VII 亨利七世
Henry VIII 亨利八世
Hereford estate 赫里福德领地
Hicks, Michael 迈克尔·希克斯
historiography 史学
Holinshed, Raphael 拉斐尔·霍林斯赫德
Holt, John 约翰·霍尔特
Horace 贺拉斯
Howard, John 约翰·霍华德
Howard, Thomas I. 托马斯·霍华德一世
Howard, Thomas II. 托马斯·霍华德二世
humanism, Renaissance 人文主义，文艺复兴
Hustings, court of 市法庭

Jacquetta of Luxembourg, duchess of Bedford 卢森堡的雅凯塔贝德福德公爵夫人

Kendall, Paul Murray 保罗·默里·肯德尔
King's Bench, Court of 王座法庭
Kincaid, Arthur Noel 阿瑟·诺埃尔·金凯德
Kinney, Daniel 丹尼尔·金尼
Kristeller, Paul Oskar 保罗·奥斯卡·克里斯特勒

Legge, Thomas 托马斯·莱格
Levy, F.J. F.J. 利维
Lovell, Francis, Viscount Lovell 洛弗尔子爵弗兰西斯·洛弗尔
Lucian 琉善
Lucy, Dame Elizabeth 伊丽莎白·露西女士
Lynom, Thomas 托马斯·利诺姆

Machiavelli, Niccolo 尼可罗·马基雅维利
Mancini, Dominic 多米尼克·曼奇尼

Marc'hadour, Fr. Germain 热尔曼·马卡杜尔神父

Margaret of Anjou 安茹的玛格丽特

Marius, Richard 理查德·马里厄斯

Markham, Sir John 约翰·马卡姆爵士

Martin, Randall 兰德尔·马丁

Middleton, Dame Alice 艾利斯·米德尔顿夫人

Miller, Clarence H. 克拉伦斯·H. 米勒

A Mirror for Magistrates 执法官之镜

Mistlebrook, William 威廉·米斯特布鲁克

Momigliano, Arnaldo 阿纳尔多·莫米利亚诺

More, Cresacre 克雷萨克雷·莫尔

More, John 约翰·莫尔

Morton, John 约翰·莫顿

Myers, A.R. A.R. 迈尔斯

Nesfield, John 约翰·内斯菲尔德

Neville, Richard 理查·内维尔

The New Chronicles of England and of France 《英国和法国新编年史》

Norfolk, first duke of (John Howard) 诺福克一世公爵（约翰·霍华德）

Norfolk, second duke of (Thomas Howard I) 诺福克二世公爵托马斯·霍华德一世

Norfolk, third duke of (Thomas Howard II) 诺福克三世公爵托马斯·霍华德二世

Northampton 北安普敦

Ovid 奥维德

Petrarch 彼特拉克

Penker, Dr. Thomas 托马斯·彭克博士

Persal (Percival, Sir Humphrey?) 佩萨尔（汉弗莱·珀西瓦尔爵士？）

Pico della Mirandola 皮科·德拉·米兰多拉

Plautus 普劳图斯

Pollard, A.F. A,F. 波拉德

Pollard, A.J. A.J. 波拉德

Pomfret (Pontefract) 庞弗雷特（庞蒂弗拉克特）

Potyer (Pottier?), Richard 理查德·波特

Ratcliffe, Sir Richard 理查·拉特克利夫爵士

Rastell, William 威廉·拉斯特尔

Reese, M.M. M.M. 里斯

Renaissaince humanism 文艺复兴时期人文主义

Richard duke of York (father of Rechard III) 约克公爵理查（理查

三世之父) 比亚

Richard duke of York (younger son of Edward IV) 约克公爵理查(爱德华四世幼子)

Rivers, Earl (Anthony Woodville, second Earl Rivers) 里弗斯伯爵(里弗斯二世伯爵)

Roper, William 威廉·罗珀

Ross, Charles 查尔斯·罗斯

Rotherham, Thomas, archbishop of York 约克大主教托马斯·罗瑟拉姆

Rous, John 约翰·劳斯

Rowe, Nicholas 尼古拉斯·罗

Russell, John, bishop of Lincoln 林肯主教约翰·拉塞尔

Sackvill, Thomas 托马斯·萨克维尔

St. Albans, Second Battle of 第二次圣奥尔本战役

St. Martin's le Grande 圣马丁大修道院

St. Mary Hospital 圣玛丽医院

St. Paul's Cathedral 圣保罗大教堂

Sallust 萨卢斯特

Seneca 塞内加

Shaa, Sir Edmund, mayor of London 伦敦市长埃德蒙·沙阿爵士

Shaa, Dr. Ralph 拉尔夫·沙阿博士

Shakespeare, William 威廉·莎士比亚

Sheriff's Court 郡法庭

Shore, Elizabeth ("Jane") 伊丽莎白("简")·肖尔

simony 买卖圣职罪

Skinner, Quentin 昆廷·斯金纳

Slaughter, William 威廉·斯劳特

Stafford, Edward 爱德华·斯塔福德

Stafford, Henry 亨利·斯塔福德

Stanley, Sir Thomas (later earl of Derby) 托马斯·斯坦利爵士(后来的德比伯爵)

Stapleton, Thomas 托马斯·斯特普尔顿

Star Chamber 星室

Stony, Stratford 斯托尼斯特拉特福

Stow, John 约翰·斯托

Suetonius 苏埃托尼乌斯

Sutton, Anne F. 安妮·F. 萨顿

Sylvester, Richard S. 理查德·S. 西尔维斯特

Tacitus 塔西佗

Terence 泰伦斯

Tewkesbury, Battle of 蒂克斯伯里战役

Tiberius 提比略

Tellyard, E.M.W. E.M.W. 蒂利亚德

"Todor myth" "都铎神话"

Tyrell, Sir James 詹姆斯·蒂雷尔爵士

Tyrell, Sir Thomas 托马斯·蒂雷尔爵士

Vaughan, Sir Thomas 托马斯·沃恩爵士

Vergil（Publius Vergilius Maro）维吉尔（普布留斯·维吉留斯·马罗）

Vergil, Polydore 波利多尔·维吉尔

Visser, F. Th. F.Th.维瑟

Wakefield, Battle of 韦克菲尔德战役

Wales 威尔士

Walpole, Sir Horace 霍勒斯·沃尔浦尔爵士

Warbeck, Perkin 珀金·沃贝克

Ward, John 约翰·沃德

Wars of the Roses 玫瑰战争

Wakefield 韦克菲尔德战役

Warwick, eal of（Richard Neville）沃里克伯爵（理查·内维尔）

Wentworth, Michael D. 迈克尔·D.温特沃思

Westminster Abbey 威斯敏斯特大教堂

Westminster Hall 威斯敏斯特大厅

Westminster Palace 威斯敏斯特宫

Wilson, John Dover 约翰·多弗·威尔逊

Woodville, Anthony 安东尼·伍德维尔

Woodville, Elizabeth 伊丽莎白·伍德维尔

Womersley, David 戴维·沃默斯利

York, archbishop of 约克大主教

附录：莎士比亚借鉴莫尔

莎士比亚借鉴莫尔《理查三世史》，或许最明显的例子是莎剧《理查三世》第三幕第四场，场景依据的是莫尔对黑斯廷斯勋爵突然垮台的记述。

（《理查三世》第三幕第二场——黑斯廷斯在他垮台之前不久的虚幻的安全感以及预示他垮台的征兆——也是依据莫尔的记述，莎士比亚将这一场景放在伦敦塔场景的前面。）

白金汉、斯坦利、黑斯廷斯、伊利主教、诺福克、拉特克利夫、洛弗尔上。和众人围坐桌旁。

> 黑斯廷斯：现在，各位尊贵的大人，我们为何聚集在这里，是要决定加冕之事。
> 以上帝的名义，请讲：哪一天是黄道吉日？
> 白金汉：加冕的一应事务都准备好了吗？
> 斯坦利：是的，只等选择吉日了。
> 伊利主教：既然如此，我认为明天就是吉日。
> 白金汉：谁知道护国公大人对此有何打算？

谁跟这位高贵的公爵最亲近？

伊利主教：大人，我觉得您最懂他的心思。

白金汉：我们只是面熟而已；至于我们的心思，

他对我的心思，并不比我对你的心思懂得多，

我对他的心思，大人，也不比您对我的心思懂得多。——

黑斯廷斯大人，您和他很要好吧。

黑斯廷斯：我知道他待我不薄，我深表感谢。

但是，他对加冕的意向，

我从未向他试探过，他也从未透过口风。

但是，各位尊贵的大人，不妨选定吉日，

我可代表公爵表态，

料想他会乐于采纳。

（理查上）

伊利主教：真凑巧，公爵自己来了。

理查：各位亲贵，众卿，早上好。

我睡过头了，但我相信，

我的缺席不会妨碍重要决断，

就像我在场时所能作出的那样。

白金汉：倘若你没有赶来，大人，

威廉·黑斯廷斯大人会代行您的角色——

我指的是代您为国王加冕之事表态。

理查：没有人比黑斯廷斯大人更能自作主张的了：

这位大人对我知根知底，也厚爱于我——

附录：莎士比亚借鉴莫尔

　　　　我的伊利大人，我上次在霍尔本的时候，
　　　　看到您家花园里的草莓长得真好。
　　　　我恳求您送我一些吧。
伊利主教：啊！大人，我不胜荣幸。
理查：白金汉卿，跟您说句话。
　　　（把他拉到一边）对我们的事，凯茨比已经试探过黑斯廷斯，
　　　　发现这位脾气暴躁的先生怒火填膺，
　　　　说是宁可掉脑袋，也不同意
　　　　他"主子的孩子"——他就是这么谦恭地措辞的——
　　　　失去英国的王位。
白金汉：您先告退；我会跟上您。

　　　　　　（理查与白金汉下）
斯坦利：我们尚未确定黄道吉日。
　　　　明天，依我之见，太仓促，
　　　　我自己都没有做好准备
　　　　如若推迟就更好。

　　　　　　（伊利主教上）
伊利主教：格洛斯特公爵在哪里？
　　　　　我已派人把这些草莓送来了。
黑斯廷斯：公爵今天看起来很快活，没啥烦心事：
　　　　　他兴致勃勃地跟我们道早安，
　　　　　他定有什么念头或其他舒心之事。
　　　　　我认为基督徒里没有哪个比他

更藏不住爱和恨。

看他的脸，立马就知道他的心。

斯坦利：你看他今天的脸色

表露了他什么样的内心？

黑斯廷斯：啊，这儿没人冒犯过他；

要是他受到冒犯，他脸上会显露出来的。

斯坦利：我祈祷上帝他没被冒犯。

（理查与白金汉上）

理查：我恳请各位，告诉我该如何处置他们？

竟然利用邪恶的巫术，恶毒策划置我于死地，

还用可恶的符咒加诸我身。

黑斯廷斯：我对大人您一片厚爱，

请允许我在各位亲贵面前大胆陈词，

灭掉冒犯者，不管他们是谁。

照我说，大人，他们就该被处死。

理查：那么请你们亲眼见证她们的罪恶：

看我如何被巫术摧残！看哪，我的胳膊

就像是一根枯萎的树苗！

这就是爱德华的老婆，那个面目可憎的巫婆，

和那个婊子肖尔沆瀣一气，

用巫术把我害成这个样子。

黑斯廷斯：如果她们干了这些勾当，我尊贵的大人——

理查："如果"？你这个该死的婊子的庇护者，

还敢对我说"如果"？你这个叛徒：

砍下他的头！现在我以圣保罗起誓。
除非看到他人头落地，否则我就不会进餐；
洛弗尔，拉特克利夫，去办这件事；
其他爱戴我的，起来，跟我走。

（除洛弗尔、拉特克利夫和黑斯廷斯外，其他人都退场）

黑斯廷斯：悲戚吧，为英格兰而悲戚，丝毫不用为我悲伤，
我太蠢了，本来可以阻止这一切。
斯坦利确实梦见过野猪撕咬我们的头盔，
我却耻笑他，鄙视他逃走的建议。
今天我的披挂到蹄的坐骑三次踉跄失蹄，
看到伦敦塔时就惊嘶惊叫，
好像不愿载我到屠场。
啊，现在我需要那个跟我聊过天的神父，
听我现在忏悔，我不该对那个从吏，
得意洋洋地说我的敌人
今天将在庞弗雷特被血腥屠杀，
而我自己平安无虞，荣耀受宠。
啊，玛格丽特，玛格丽特！
现在你沉重的诅咒
落到了可怜的黑斯廷斯悲惨的头颅上了。

拉特克利夫：快点，快点，快点了结：公爵等着用餐呢。
作个简短的临终忏悔：他急着要看你的人头呢。

黑斯廷斯：啊！我们更多地追求的，是凡人短暂的荣华，

　　　　　　而不是上帝的恩典!
　　　　　　如果把希望寄托在别人逢迎的目光里,
　　　　　　那他活得就像桅杆上醉醺醺的水手,
　　　　　　只要一打盹儿,就会一头跌入
　　　　　　致命的万丈深渊。
洛弗尔:快点,快点,快点了结:少废话。
黑斯廷斯:啊,该死的理查! 可怜的英国,
　　　　　　我向你们预告,最恐怖的时代
　　　　　　最可怜的时代已经来临。
　　　　　　来,领我上断头台:把我的人头交给他。
　　　　　　他们现在嘲笑我,很快也会人头落地。
　　　　　　　　(下)
　　　　《理查三世》第三幕第四场

图书在版编目（CIP）数据

理查三世史 / （英）托马斯·莫尔著；夏海涛译. 北京：商务印书馆，2024. --（汉译世界学术名著丛书）. --ISBN 978-7-100-24573-9

I. K835.617=324

中国国家版本馆CIP数据核字第2024073F73号

权利保留，侵权必究。

汉译世界学术名著丛书
理查三世史
〔英〕托马斯·莫尔　著
夏海涛　译

商　务　印　书　馆　出　版
（北京王府井大街36号　邮政编码100710）
商　务　印　书　馆　发　行
北京市白帆印务有限公司印刷
ISBN 978 - 7 - 100 - 24573 - 9

2024年11月第1版　　开本 850×1168　1/32
2024年11月北京第1次印刷　印张 5
定价：35.00元

(二)休宁话声调

休宁话的声调系统也由六个声调构成,但是与绩溪话的分合不同。

表 3—13

调类	阴平	阴上	阳上	阴去	阴入	阳入
调值	33	31	13	55	212	35
例字	三洞	古美	是有视	送田来	铁隶弄	热五

这个声调系统的特点有:平上去入各分阴阳,但古浊去合并入阴平,古清去合并入阳平。古次浊上分属阴阳调。部分古浊去声字读同阳上。如"视示忌"。

休宁话的连读变调,前字变的多,后字变的少:

阴平:$33 \rightarrow 22/33 + $ ___

阴上:$31 \rightarrow 13/$ ___ $+ \begin{Bmatrix} 33 \\ 31 \end{Bmatrix}$

阴去:① $55 \rightarrow 33/ \begin{Bmatrix} 33 \\ 55 \end{Bmatrix} + $ ___

② $55 \rightarrow 53/$ ___ $+ \begin{Bmatrix} 33 \\ 31 \\ 13 \\ 212 \\ 35 \end{Bmatrix}$

阴入:$212 \rightarrow 35/$ ___ $+ \begin{Bmatrix} 33 \\ 31 \\ 55 \\ 212 \end{Bmatrix}$

$$阳入:35 \rightarrow 33/\underline{\quad} + \begin{Bmatrix} 13 \\ 35 \\ 55 \end{Bmatrix}$$

（三）徽语声调的特点

徽语以六个声调较为常见,其特点有:第一,一般平声分阴阳,上声不分阴阳,去声、入声有些地方分阴阳。第二,一般有入声。第三,浊上声一般不归去声,而是跟阴上合流作上声。

徽语区人学习普通话时,应该注意以下问题:第一,抓主要规律:徽语的平声、去声对应于普通话,阴平、阳平对应于普通话的阴平、阳平,去声分阴阳的徽语方言,应该注意这两个调只对应普通话的一个调。第二,徽语的上声与普通话的上声只有部分对应,就是古清声母上声字。徽语还有部分上声字是古浊声母上声字,他们在普通话里属于去声。徽语区人学习普通话要注意这部分字。第三,徽语的入声字,在普通话中分别对应于普通话的阴、阳、上、去四个声调。在入声分阴阳的方言里,阳入在普通话里读阳平,次浊声母入声字在普通话里读去声,其余的入声字在普通话里的声调还是要记忆。

3.3.3 赣语声调

赣语声调通常也为六个。古四声各分阴阳。由于篇幅限制,以下各方言只介绍本调系统,除非必要,不再介绍连读变调。

（一）南昌话的声调（参见袁家骅1989,132）

表 3－14

调类	阴平	阳平	上声	阴去	阳去	入声
调值	42	24	213	55	21	5
例字	巴妈	爬霞	把马	霸麻	夏骂	八麦

南昌话市区和郊区有别,老年人还可以分别阴阳入声,其他人大部分阴阳入声趋于混同。

从来源上看,古全浊辅音声母的上声字,与阳去合流;清上声,与部分清去声合流。这种情况有点儿像上海话。不同的是,南昌话的古清上声字,还有一部分保留阴上的调类。

阳平和阴去两个声调的字,在声母搭配上形成互补关系。其来源如下:

表 3－15

古调类	浊平声		清去声	清上声	清平声	浊上声	浊去声
声母条件	送气的塞音塞擦音、h	古浊音 m/ŋ/Φ/l/0	送气的塞音塞擦音、h				
今调类	阳平	阴去		阴上	阳平	阳去	

南昌话声调与声母之间的这种特殊关系,在其他地区并不多见。

(二)临川话的声调

临川话的声调系统⑱如下:

表 3－16

阴平	阳平	上声	阴去	阳去	阴入	阳入
32	25	45	51	23	<u>32</u>	5

临川话的上声只有一类,古浊上声归入了去声。

93

(三)赣语声调的特点

赣语的声调有如下的特点:第一,有入声,有的地方入声分阴阳。第二,平声、去声一般分阴阳,上声一般只有一类,古浊上声今归阳去。第三,一些地区声调调类的分化条件比较特殊,如南昌话。

赣语区人学习普通话时应注意的问题有:第一,赣语与普通话相同的地方是,平声都分阴阳,上声都只有一类,古浊上声都归去声。因此,赣语区人学习普通话时应该利用这些有利因素。第二,普通话的去声对应于赣语的阴去、阳去两类,赣语区学习者只需要把自己方言的阴阳两类去声合为一类,然后对应于普通话去声调即可。第三,赣语有入声,对应于普通话的四声,阳入对应于阳平。第四,赣语与普通话的声调对应并不整齐,例外字需要记忆。

3.3.4 客家话声调

客家话的主要语音特点是,古全浊声母清化,清化后今读塞音、塞擦音不论平仄都送气。客家话声调没有吴语那么多,一般六到七个。我们拿梅县话和连城话为例,简介如下。

(一)梅县话[19]

梅县话的基本调系由六个声调构成:

表 3—17

调类	阴平	阳平	上声	去声	阴入	阳入
调值	44	21	31	52	21	4
例字	天	田	老	共	急	食

阳平调值,也写作 11。但是"阳平的调值各家记录不同,有些人标作微升的低调,可是根据一般经验,是个低平调,甚至微降,近似广州话的阳平。"(袁家骅 1989,152)广州话的阳平调值,按照该书的记录为 21。"入声的音节比较短促,按照音高或调形,阴入相当于阳平,阳入相当于阴平而略高。"(同上)既然阴入调值是 21,那么阳平标为 21 为宜。

乍一看,这个声调系统跟北方话的江淮官话很接近,但分析其各声调的来源,就会发现相去甚远。

梅县话与官话一致的地方有,平声、入声各分阴阳,这种现象在江淮官话里也不少见。同时,其古全浊声母上声字今读去声,即"浊上变去"。不同之处是,次浊声母上声字,大部分读阴平。例如"马每买母理领语",都是阴平字。

(二)连城话[20]

连城话的基本调系由七个调构成,其特点是,除了上声之外,其余平、去、入各分阴阳。阴入不读短促调,但是独自成类。阴去读短促调,似入声,但不跟入声混淆,独自成类。换句话说,阴去和阴入调的调值,好像颠倒了。

表 3—18

调类	阴平	阳平	上声	阴去	阳去	阴入	阳入
调值	33	55	51	3	11	35	5
例字	天毛㰻伴	田罗	保米震	布喊造妹	罪路旧	北脉寂	忽目白

注:表中的斜体字表示数量很少。

从古音来源上看,是古四声各分阴阳,古全浊声母上声字,部分("罪跪件")今读归阳去;部分("伴淡坐")归阴平。次浊辅音声母一般跟全浊辅音声母走,归阳调,古清辅音声母字归阴调;但是也有例外,如:次浊辅音声母字少量归阴调,而上声中的次浊声母字全部归上声(阴调)。

连城话的连读变调很简单,就只有阴去前字变调:

3 → 11/__ ＋ 33

即阴去在阴平前,变同阳去。这个变调与其说是变调,不如理解为去声未分阴阳之前的声调在语流中的保留。

(三)客家话声调的特点

客家话声调的特点是:第一,平声、入声各分阴阳,去声有的分阴阳。第二,古清声母、次浊声母上声今归上声,古全浊上声今归去声。第三,有入声,且有的地方入声分阴阳。

客家方言区人学习普通话可以注意:第一,抓住主要的声调对应,普通话的阴平、阳平与客家话一致,这部分字在对应于普通话时,只需要改变调值就可以了。客家话的上声也基本上可以跟普通话对应。普通话的去声,对应于客家话的阴去、阳去(去声不分阴阳的,就对应于普通话去声)。第二,客家话有入声。尽管像连城这样的地方,阴入已经舒声化了,但是还是独立的类。客家话的阳入,对应于普通话的阳平,阴入则需要记忆。

3.3.5 湘语声调

湘语与客、赣、徽语的区别在于,湘语有一部分地方全古浊声母还保留浊音。从声调上来看,数量一般是五六个调类,半数方言保留入声,多数方言点平、去分阴阳。(参见侯精一2002,123、124、126 页)

(一)长沙话声调[21]

长沙话古全浊声母全部清化了,清化后,塞音塞擦音声母一般读送气清音。长沙话共有六个声调:

表 3—19

调类	阴平	阳平	上声	阴去	阳去	入声
调值	33	13	41	55	21	24
例字	诗摸	时蛇	使母	试亚	社市	石设

长沙话平分阴阳,古全浊上声字归阳去,上声、入声都不分阴阳。

(二)双峰话

双峰话有一套浊辅音声母,但是发音很软,不带浊气流,跟吴语不同。浊塞擦音的闭塞成分不显著,容易与浊擦音混淆。入声字的浊声母全部清化。

表 3—20

调类	阴平	阳平	上声	阴去	阳去
调值	55	23	21	35	33
例字	跛呢	排尼	摆你	拜逆	败义

这个声调系统看起来跟江淮官话很接近,其特点有:平声、去声分阴阳,全浊上归浊去。次浊声母字归阴调,跟官话部分相同。入声消失,古清声母和部分古全浊声母入声字归入阳平,次浊入和部分古全浊声母字归入阴去。

(三)湘方言声调的特点

湘方言的声调特点有:第一,平声分阴阳。第二,上声不分阴阳,全浊声母上声归阳去。第三,去声分阴阳。第四,入声或独立,或归入其他声调。

湘方言区的人学习普通话可以参考:第一,阴平、阳平、上声字,跟普通话一致,大部分可以对应。学习者应该利用这个便利。第二,去声分阴阳,内有古全浊声母上声字,也跟普通话一致。第三,入声对应于普通话阴阳上去四声,需要寻找规律去记忆。

3.3.6 粤语声调

方言声调一般按照中古四声平、上、去、入,或者各自一分为二,最多一个方言能有八个声调调类。但是,粤方言可以超出这个数字,所以,我们也可以称粤方言为九调方言。

粤方言的主要特点是古浊音清化,保留了完整的入声塞音韵尾[-p][-k][-t],和唇鼻音韵尾[-m])。

(一)广州话声调

广州话有九个声调,所有声调都分阴阳,入声更分为三类。

表 3—21

调类	阴平	阳平	阴上	阳上	阴去	阳去	上阴入	下阴入	阳入
调值	53	21	35	13	33	22	5	33	2/22
例字	诗夫	时扶	使苦	市妇	试富	事父	识忽	泄法	食乏

面对这么"庞大"的声调数量,方言学家为了简便起见,采取了打折的办法,把这些声调按照阴阳分为两类。(袁家骅 1989,185)他们把广州话的阴调和阳调对应起来,发现了其相似性。这使得这个方言的声调正好可以缩减一半。看下表:

表 3—22

调类	平	上	去	入	
阴调	53	35	33	5	<u>33</u>
阳调	21	13	22	2	<u>22</u>

阴平和阳入分别有 55/53、2/<u>22</u> 的异读,这正好为阴阳配对带来了便利,形成了高低搭配的五组声调。这对理解声调从古四声演变而来,很有好处。

广州话的变调方式有下面几种[②]:

阴平:①$53 \rightarrow 55/\underline{\quad} + \left\{ \begin{matrix} 53 \\ 5 \end{matrix} \right\}$

　　　②$53 \rightarrow 55/53 + \underline{\quad}$

阳平:①$21 \rightarrow 45/\underline{\quad} + \left\{ \begin{matrix} 老 \\ 亚(人名) \end{matrix} \right\}$

　　　②$21 \rightarrow 45/\neq + \underline{\quad}$

阳上、阴去、阳去:

$\left. \begin{matrix} 35 \\ 33 \\ 22 \end{matrix} \right\} \rightarrow 45/\neq + \underline{\quad}$

下阴入、阳入:

$\left. \begin{matrix} \underline{33} \\ \underline{22} \end{matrix} \right\} \rightarrow \underline{45}/\neq + \underline{\quad}$

由上述可见,广州话的多数声调有变调现象,变调一般都是后字变调。只有阴平有仅见的前字变调。除了上述语音变调之外,还有一些变调可以表示微小或者轻视等语义改变,还可以用变调表示形容词的程度。

(二)阳江话声调

阳江话的声调系统也由九个调类组成,可以跟广州话做一比较:

表 3—23

阴平	阳平	上声	阴去	阳去	上阴入	下阴入	上阳入	下阳入
33	43	21	24	54	<u>24</u>	<u>21</u>	<u>54</u>	<u>43</u>
高天	平神	假险	带寸	善右	尺叔	拍发	薄六	□

下阳入调的所属字很少,而且多是没有书写形式的口语词。

这个声调系统跟广州话声调只有数量的相同,但是,古全浊上声字基本归阳去、入声有四个,都跟广州不同。最主要的,广州话可以用阴阳两个层面,把九个声调归为五类,但是阳江话的阴阳各自调型不同,无法配对。倒是舒促声调的调型,甚至调值,都可以搭配。

表 3—24

	阴平	阳平	上声	阴去	阳去
舒声	33	43	21	24	54
入声		下阳入	下阴入	上阴入	上阳入
		<u>43</u>	<u>21</u>	<u>24</u>	<u>54</u>

如果这样两两搭配的话,也可以简化为五类。

(三)粤方言声调的特点

粤方言是声调数目最多的汉语方言,其特点如下:第一,古四声各分阴阳,声调数目多。第二,入声在分阴阳之后,还继续分上下。第三,上声只有一类,来自古清声母、次浊声母上声字;古全浊上声基本上归阳去。第四,声调多可以配成对。尽管广州话和阳江话的配对标准不同,但是整齐的配对还是可以算作奇观。

粤语区人学习普通话可以参考:第一,由于粤语四声都分阴阳,浊上归阳去,所以,粤语跟普通话对应起来就很方便:

表 3—25

粤语	阴平	阳平	上声	阴去	阳去	上阴入	下阴入	上阳入	下阳入
普通话	阴平	阳平	上声	去声		阴阳上去		阳平	

从上表看,虽然粤语和普通话声调数目差别很大,但是对应起来却很整齐。学习普通话时,粤语区的人只需把阴平、阳平、上声的调值改变一下,即可学会大部分普通话声调。至于去声,则需要合并,然后对应于普通话的去声。第二,粤语有入声,其中,阳入对应普通话的阳平,次浊声母入声字对应于北京话的去声,清声母入声字则对应于普通话的阴阳上去四声。

3.3.7 闽语声调

闽语的声调以六到八个为主,其中最常见的是七个声调的,所以,我们可以称闽语为七声调方言。

(一)厦门话声调

厦门话有七个声调,除了上声之外,各分阴阳。阴平、阴去、阳去都是平调。

表 3—26

调类	阴平	阳平	上声	阴去	阳去	阴入	阳入
调值	55	24	51	11	33	<u>32</u>	5
例字	心	时	眼	见	岸	迄	兀

101

厦门话的连读变调以两字组为基础,前字变调,后字不变调。变调方式有:

阴平、阳平:

$$\left.\begin{matrix}55\\24\end{matrix}\right\} \rightarrow 33/\underline{\quad} + \sharp$$

上声:51 → 55/＿ ＋ ♯

阴去:11 → 51/＿ ＋ ♯

阳去:33 → 11/＿ ＋ ♯

阴入:$\underline{32}$ → 5/＿ ＋ ♯

阳入:5 → 1/＿ ＋ ♯

每个声调都有变调,而且每个变调都跟一个基本调接近,这也算是一种奇特的现象了。更奇特的是,如果把这些基本调跟变调组合起来,会发现一个环状结构:

阴入 32→阳入 5→*阴去*11→上声 51→阴平 55→阳去 33→*阴去*11

这个链条在阴去 11 处形成回路,组成一个环状。

(二)福州话声调

厦门话属于闽南话,在闽语中分量很大。福州话在闽东,但与厦门话还是有不少一致处,如都是七个声调,都是上声不分阴阳而其他声调都分阴阳。

表 3－27

调类	阴平	阳平	上声	阴去	阳去	阴入	阳入
调值	44	52	31	213	242	$\underline{23}$	4
例字	丹	谈	胆	$\underline{旦}$	淡	答	达

与厦门话没有曲折声调不同的是,福州话有两个曲折调,

有降升调，也有升降调。这算是比较少见的了。

福州话声调的另一个特色是，曲折调的调值会影响元音的性质。①升调、降升调、升降调，会使单元音复化。如[i]/[u]/[y]复化为[ei]/[ou]/[ɵy]。②使半高半低的元音变得低一些、开一些。③使低元音变得后一些。福州话的连读变调主要是两字组变调。方式如下：

$$\text{阴平：} 44 \rightarrow 52/\underline{\quad} + \begin{Bmatrix} 31 \\ 213 \\ 242 \\ \underline{23} \end{Bmatrix}$$

$$\text{阴去：} ① 213 \rightarrow 44/\underline{\quad} + \begin{Bmatrix} 44 \\ 52 \end{Bmatrix}$$

$$② 213 \rightarrow 52/\underline{\quad} + \begin{Bmatrix} 31 \\ 213 \\ 242 \\ \underline{23} \\ 4 \end{Bmatrix}$$

$$\text{阳去：} ① 242 \rightarrow 44/\underline{\quad} + \begin{Bmatrix} 44 \\ 52 \end{Bmatrix}$$

$$② 242 \rightarrow 52/\underline{\quad} + \begin{Bmatrix} 31 \\ 213 \\ 242 \\ \underline{23} \end{Bmatrix}$$

$$③ 242 \rightarrow 44/\underline{\quad} + 4$$

103

$$上声:31 \rightarrow 21/\underline{\quad} + \begin{Bmatrix} 44 \\ 52 \\ 4 \end{Bmatrix}$$

$$31 \rightarrow 24/\underline{\quad} + 31$$

$$31 \rightarrow 44/\underline{\quad} + \begin{Bmatrix} 213 \\ 242 \\ \underline{23} \end{Bmatrix}$$

福州话连读变调还有阴入、阳平、阳入的变调。参见袁家骅(1989,292—294页),此处不详述。

(三)闽方言声调的特点

闽方言声调的特点有:第一,古全浊上声,今归去声。第二,除了上声只有一类之外,其余声调都各分阴阳。第三,有入声,入声分阴阳。

闽语区的人学习普通话时可以参考:第一,先注意学会闽语和普通话对应简单的声调,比如阴平、阳平、上声。第二,闽语去声分阴阳,但是这两类声调都对应于普通话去声。第三,闽语入声分阴阳,对应于普通话:闽语的阳入对应于普通话阳平;次浊声母入声字,普通话归去声;闽语阴入分别对应于普通话阴阳上去,需要记忆。

考察汉语方言的声调,总的来看,南方方言声调数量多,一般都分阴阳调,即便是声调数量少的方言,其古阴阳调的组合也不像北方话那么简单。所以,北方方言可以称为是四声调方言;五声调的方言以晋语、湘语最近似;徽语

104

和客家话、赣语都可以称为六声调的方言;闽语则是七声调方言;吴语四声各分阴阳,就是八声调方言;粤语则属于九声调方言。

从如上的资料看,多数汉语方言平声分阴阳,上声一般为一类,古全浊上声今读归去声。这使得各地方言中平声、上声是最好对应的。非官话方言一般都有入声,有的地方即便入声的特征已经消失了,还能够独立为一类。方言区人学习普通话时,建议先对本地方言有所了解,把本地方言跟普通话的对应关系弄清楚,这样可以帮助更快速地学习普通话。

附 注

① 本表及下文未注明者,方言资料均来自侯精一主编《现代汉语方言概论》,上海教育出版社,2002 年。

② 本表中,山东方言的资料引自或转引自钱曾怡主编《山东方言研究》,齐鲁书社,2001 年。

③ 雒鹏《一种只有两个声调的汉语方言》,《西北师范大学学报》1999 年第 6 期。

④ 参见张文轩、邓文靖《二声调方言红古话的语音特点》,《语言研究》2010 年第 4 期。该方言被称为"红古话",其两个调值分别为 13、53。13 调包括古平、去、入声和古浊上声;53 调则只包括古清上和次浊上。但是变调规律却显示该方言原来有四个调:"去声"可以使其前面的"平声"字由 13 变成了 21,"阴平"后的语法轻声为 13,"阳平"后的语法轻声为 53。该方言的变调调值也多在本调范围内,只是多了一个 21 的调值。其轻声的调值也只有 13、53、21 三个。红古话的今调和原调系

105

统推测如下：

今调							53
古声类	阴平	阴入	阳平	阳入	阳上	去声	阴上
变调	其后的语法轻声为13		其后的语法轻声为53		前平声由13变21		
原调	阴平		阳平		去声		上声

⑤　资料来自侯精一（2002,39）。昆明的去声是212。

⑥　见刘勋宁《现代汉语研究》，北京语言文化大学出版社，1998年，第59页。转引自侯精一（2002,17）。本书之所以要转引，是因为在侯精一（2002）中，执笔者钱曾怡对此表做了调整。

⑦　资料来自卢甲文《郑州方言志》，语文出版社，1992年。

⑧　资料来自钱曾怡《山东方言研究》，齐鲁书社，2001年。

⑨　资料来自高永安《驻马店方言的变调和古入声的分派》，《燕赵学术》2010年春之卷。

⑩　资料来自蔡华祥《盐城方言研究》，中华书局，2011年。

⑪　资料来自侯精一《长治方言志》，语文出版社，1985年。

⑫　高玉娟《大连方言声调研究》，辽宁师范大学出版社，2007年，第54页。

⑬　高玉娟《大连方言声调研究》，辽宁师范大学出版社，2007年，第100—101页。有调整。

⑭　吴方言的苏州和永康话资料主要来自袁家骅《汉语方言概要》，文字改革出版社，1989年。

⑮　参见朱晓农《上海声调实验录》，上海教育出版社，2005年。

⑯　李小凡《汉语方言连读变调的层级和类型》，《方言》2004年第1期。

⑰　参见平田昌司《徽州方言研究》，[日本]好文出版社，1998年。

⑱ 见罗常培《临川音系》,《罗常培文集》第一集,山东教育出版社,1999 年。

⑲ 参见袁家骅《汉语方言概要》,文字改革出版社,1989 年,第149、152、164 页。

⑳ 参见项梦冰《连城客家话语法研究》,语文出版社,1997 年,第5—14 页。

㉑ 参见袁家骅《汉语方言概要》,文字改革出版社,1989 年。以下粤语、闽语资料均采自该书。

㉒ 由于粤语、闽语的连读变调有突出的特点,所以这里简单作了介绍。

第四章　汉语声调的起源和发展

4.1　汉语声调的起源

4.1.1　语言的一源论和多源论

说到汉语声调的起源，应该先说汉语的起源；而汉语的起源，又在语言的起源这个问题之后。关于语言的起源，历来有很多研究，但是由于这个问题无法验证，所以尽管很多学者乐此不疲；而另有一些学者则视之为伪科学，甚至一度禁止讨论。所以，语言起源问题至今没有权威结论是有情可原的。但是，近几年来，随着阿特金森（Q. D. Atkinson）在《科学》（Science）发表文章①，认为人类语言起源自非洲，从而又引起了新一轮的争论。除此之外，关于语言的起源，我们大致可以相信：

第一，语言是人类发展到一定水平时获得的能力；

第二，语言不是像世界语一样，被某位个人设计好之后供人们使用的，而是人类发展到一定文明阶段的产物；

第三，人类语言从无到有，要经历很长时间；

第四，人类语言的产生是人类认识活动的一次飞跃。

我们知道，世界上的语言种类很多，它们大致可分成不同的语系。各语系之间，一般认为关系非常疏远，甚至于看不到联系。那么，这些关系很疏远的语系，它们是(同时，或相继，在各处)各自独立产生的呢？还是有一个共同的祖先，然后逐渐分化为今天的语系的呢？正如人类文明有多源论和一源论之争，语言的产生也有多源论和一源论。不论多源论还是一源论，人类语言的祖先，或某语系的祖先，是否是声调语言呢？理论上是可能的，但是目前的研究者都普遍认为，声调是后起的。

至于汉语，其起源和系属有多种说法，但是我们一般认为，汉语属于汉藏语系，汉语的亲属语言包括四个部分：汉语、藏缅语、苗瑶语、侗台语。这四个语族的共同祖先——原始汉藏语——产生的年代，和汉语最早从中分离出来，形成原始汉语的年代，目前都是未知数。不过，从声调的角度看，汉语、苗瑶语、侗台语，都有声调，而且三个语族的声调有可以探索的联系。假设苗瑶语、侗台语的声调和汉语声调有发生学关系，那么这三个语族在分立之前，其祖语有可能是有声调的。但是，汉藏语系的藏缅语族不是都有声调，而且已知的一些有声调的语言，比如藏语，现有的研究认为其声调的产生最远不超过公元 7 世纪藏文产生时期。如此，则汉语与藏缅语分立之前，其祖语很有可能是没有声调的。至于原始汉语，在其独立发展之初，可能已经具备了声调，或者具备了声调产生的相关条件。

4.1.2　亲属语言的声调

在讨论原始汉语声调之前，我们不妨看一看汉语亲属语言的声调情况。主要目的是展示出汉语的生存环境，以便能够在看汉语声调时,有个他者的眼光。这一点非常重要,因为汉语决不是孤立的存在,从亲属语言的状况可以反观汉语的发展历史。了解亲属语言的声调,无疑有益于认识汉语自身声调的发展历史。

（一）藏语拉萨话

由于亲属语言数量众多,我们只能举些例子作为代表。藏语是藏缅语族的代表。现代藏语有三个方言:卫藏方言、康方言、安多方言。前两个方言有声调,安多方言没有声调。那么,藏语最早是否有声调呢? 答案是否定的。因为被认为反映 7 世纪藏语语音的藏文,是没有声调的。因此,可以说,卫藏方言、康方言的声调是后起的,安多方言保留了早期没有声调的情形。

现代拉萨话有四个声调:53、55、12、14。[②]例字如下:

表 4-1

调值	53	55	12	14
读音	tsa^{53}	tsa^{55}	kam^{12}	kam^{14}
意义	草	根	干咽	箱

拉萨话的四个声调出现的环境有不同:53、12 调,只出现在短元音韵母的音节;55、14 调,只出现在长元音、复元音、带-r 韵尾的音节。

拉萨话有两种连读变调:

a. 双音节词的第一音节,高调 53、55 都读 55;低调 12、14 都读 22。

b. 在双音节的第二音节,在第一音节是低调 12、14 时,55 变 24。在前一音节是低调时 14 变 24、14 调变 55。（金鹏

110

1983,16)

藏语的声调除了像汉语一样区别词汇意义之外,还有语法意义。例如,睡:ɲɛ⁵⁵是使动态,ɲɛ¹⁴是自动态。写:tʂi³¹是现在、未来时,tʂi¹³是过去时。mi¹²是人,mi¹⁴是人的所有格。但是在藏语里,用声调来表达语法意义的现象不多,而且声调也不是一个活跃的语法手段。(参见瞿霭堂、劲松2000,366;金鹏1983,15—16)

藏语的声调来源于浊音清化。"辅音声母的清浊性质是决定藏语声调产生的根本性因素"③现代藏语的高调的音节,一般读清辅音声母,低调的音节则清浊声母都有。而低调的清声母音节,在古藏文里一般都是浊声母的。这说明,藏语在之前曾经历过一次浊音清化的过程。而今天还保持着浊辅音声母的音节,之前一般都带有前置辅音。

	藏文	木雅语	拉萨话	
土、地:	sa	sa⁵³	sa⁵³	古清声母音节,今读高调
茶:	dza	tɕa¹²	tɕʰa¹⁴	古浊声母清化,今读低调
九:	dgu	gə¹²	ku¹²	古前置辅音脱落,读低调

(二)苗语声调

苗瑶语声调很丰富,最多的可以达到11个。现在以苗语养蒿话④作为代表,为了便于比较,我们将介绍苗语吉卫方言⑤和布努话⑥。苗语养蒿话的声调系统如下:

表 4—2

调类	1	2	3	4	5	6	7	8
调值	23	55	35	11	44	13	53	31
例字	ti²³打	ti⁵⁵毒疮	ti³⁵竹帘	ti¹¹阻拦	ti⁴⁴霜	ti¹³死	ti⁵³翅膀	ti³¹搭

111

现代汉语的借词在进入苗语之后,分别对应于苗语的1、2、3、8调。具体对应是:阴平进入1调,阳平进入8调,上声进入2调,去声进入3调。

吉卫方言只有六个调:

表 4—3

调类	1	2	3/7	4/8	5	6
调值	35	31	44	33	53	42
例字	jiu^{35}针	jiu^{31}笼	jiu^{44}抱	jiu^{33}完	jiu^{53}年	jiu^{42}(狗)叫

通过比较我们可以发现,养蒿话有八个声调,这是从古苗语的四声发展而来的。像汉语一样,苗语也是根据声母的清浊把四声各分为阴阳调。这样就形成了养蒿话阴阳八调的格局。其中,1、3、5、7调为阴调,2、4、6、8调为阳调。吉卫话则只有六个声调,这是由于吉卫话的第七调并入了第三调,第八调并入了第四调。

瑶族人使用布努语,属于苗语族苗语支。广西梅珠布努语有11个声调。

表 4—4

1	1'	2	2'	3	3'	4	5	6	7	8
33	44	12	24	43	54	231	42	22	31	21
cu 一起	kʏu 镰刀	cu 桥	tʏu 兔子	cu 酒	voŋ 虫	cu 旱	cu 嘱咐	cu 末尾	cu 扣	cu 刚刚

上述11个调中,1'、2'、3'三个调⑦,只出现在现代汉语借词中。所以,他们是1、2、3三个调的变体。从调值到调形上看,都很接近。这样,准确地说,1'、2'、3'可以完全并入1、

2、3调。而原本 11 个声调的系统,就缩减为 8 个。而这 8 个声调就又回到古平、上、去、入的轨道上来了。

以上三处都有连读变调现象,此处从略。

根据陈其光的研究[8],苗语是先产生平、上声调的对立,然后形成平、上、去的对立,最后产生入声。四种声调分别是脱落了不同的韵尾辅音而产生的。通音韵尾脱落后产生了平调,流音韵尾脱落后产生了升调,擦音韵尾脱落后产生了降调,促音韵尾脱落后产生了入声调。四声产生后,又发生了第一次分化,分化的条件是声母的清浊,然后又根据清声母的送气与否发生了第二次分化。

(三)侗台语族语言的声调

侗台语的声调跟汉语、苗瑶语一样非常发达。傣语最多的有 10 个声调,壮语多的有 11—12 个声调,布衣语有 10 个声调,海南琼山的临高话有 13 个声调,而侗语最多的有 15 个声调。[9]但是,无论声调数量如何歧异,各地声调都是从古平、上、去、入发展而来的。下面我们选择侗语、毛难语作一介绍。

侗语有 15 个声调,9 个舒声:

表 4—5

	调类	1	1'	2	3	3'	4	5	5'	6
舒声	调名	全阴平	次阴平	阳平	全阴上	次阴上	阳上	全阴去	次阴去	阳去
	调值	55	35	212	323	13	31	53	453	33
	例字	pa^{55} 鱼	p^ha^{35} 灰色	pa^{212} 耙	pa^{323} 姑妈	p^hja^{13} 翻	pa^{31} 蝗虫	pa^{53} 树叶	p^ha^{453} 破	pa^{33} 糠

6 个促声:

113

表 4－6

促声调	调类	7	7'	8	9	9'	10
	调名	全阴短入	次阴短入	阳短入	全阴长入	次阴长入	阳长入
	调值	55	35	21	323	13	31
	例字	pak^{55} 鞘	$p^hət^{35}$ 匹	pak^{21} 萝卜	$paːk^{323}$ 把	$p^haːk^{13}$ 杉木	$paːk^{31}$ 白

石林(1997,169—170)认为,侗语从原始侗台语中分离出来的时候,就已经具备了四声八调的格局。四声分化为八个调的依据也是声母的清浊。然后,7、8 两个调各有元音长短的对立,后转化为声调的区别,形成 10 个声调。声母的送气与否,使侗语声调发生了第三次分化,最终形成 15 个声调。

毛难语[⑩]有 10 个声调,其中舒声调 6 个,促声调 4 个。总的说是,平、上、去、入各分阴阳,共 8 类;然后入声的阴、阳再分长、短,由 2 类变成了 4 类。

表 4－7

调类	1	2	3	4	5	6	7	7'	8	8'
调值	42	231	51	24	44	213	55	44	23	24
例字	na^{42} 厚	pa^{231} 祖母	pa^{51} 脸	na^{24} 吃	na^{44} 箭	pa^{213} 糠	tap^{55} 肝	$taːp^{44}$ 挑	dak^{23} 聋	$daːk^{24}$ 骨头

不难发现,虽然毛难语的声调是 10 个,侗语的声调是 15 个,但是这两个声调系统都是从早期的四声八调发展而来的。各地的四声八调之间,有着规律性的对应。

通过上面的展示,我们发现汉语、侗台语、苗瑶语为一类,都是四声 8 调的格局。藏缅语是另一类,声调系统正从无到有地发展着,声调数量较少,一般有高低两个大类。

4.2 原始汉语

4.2.1 汉语声调起源的讨论

理论上讲,不管声调是后起的还是原生的,原始汉语在从原始汉藏语中分化出来的时候已经有了声调,都是可能的。关键问题是,目前我们掌握的资料,能够把汉语有声调的历史上推多远。19世纪末,德国莱比锡大学的孔好古教授,从藏语声调产生于声母简化的事实中得到启示,认为汉藏语声调起源于声母结构的简化。[11]

随着对语言事实发掘的增多,人们对声调起源的认识在逐步加深。1958年,戴庆厦在介绍松紧元音概念时,调查了孟高棉语族的卡瓦语,发现它从无声调语言到声调语言的过渡是以失去松紧对立为条件的。[12]袁家骅据此认为,汉藏语系声调起源于松紧元音。"根据汉藏语的历史和现代方言现象,我们不妨提出一个假设:共同汉藏语元音分松紧,松元音构成的音节声调较低,紧元音构成的音节声调较高,声调是伴随着元音的松紧而自然产生的。换言之,声调是附隶于元音的。最初声调还没有独立的辨义作用,随后松紧元音的对立发生了变化,有些方言或语言紧元音减少了,甚至消失了,因而声调带有辨义作用,逐渐形成了调位系统。"[13]袁家骅此文发表于1980年,但是写作于1960年前后。他在文章中总结了一个声调和元音之间的互动规律:"声调的性质是音高的变化,取决于声带颤动的快慢(频率)。换言之,就是取决于声带紧张程度的差别:声带愈紧张,颤动得就愈快(频率大),声调也就愈高;所以在元音分松紧的语言(如彝语),声调的高低和元音的松紧有直接的联系,因而决定了二者间不同的配合方式。"(袁家骅 1980,5)

接下来他还为汉语拟定了起源和发展的路线:"假使我们把上述原理应用于共同汉藏语和上古汉语,那末汉藏语声调从无到有,从少到多的最初形成过程可能是:首先舒声和促声(后者音节以塞音收尾)二类对立;随后,舒声因元音的松紧分化为二或三,其中之一调值可能与促声(入声)相近或相同;舒声分化为二的体现在藏缅语,分化为三的体现在汉语、壮侗语、苗瑶语和越南语;上古汉语也可能体现了一个过渡阶段,由平上二声的对立过渡到平上去三声的对立。唐以后上去二声的分混(浊上归去),也可能反映了上古汉语上去二声的分混关系。"(袁家骅 1980,5)

"浊上归去"跟声调发生学没有关系,但是袁家骅从汉藏语中总结的声调发生学的规律,还是有根据的。

4.2.2　声调起源于韵尾说

法国学者奥德里古尔(Haudricourt,1954)认为,汉语的声调在公元 3—6 世纪时还是由韵尾表示的,其中上声具有[-s]韵尾、去声具有[-ʔ]韵尾。奥德里古尔的论证过程是这样的:首先,马伯乐(Henri Maspero,BEFEO,XII,1)的研究发现,越南语原先是没有声调的语言,受到汉语的影响而产生了声调。越南语的声调在公元 6 世纪有三个大类:平声(弦声)、问声(跌声)、锐声(重声)。括号里面是浊声母,之前是清

116

声母。到了公元 12 世纪清浊分调,变成了六个声调。其次,越南语的三声调,跟侗台语完全一致,跟中古汉语借词的声调有对应关系:

越南语	中古汉语
平声(弦声)	平声
问声(跌声)	去声
锐声(重声)	上声

越南语的平声(弦声)跟汉语的平声一样,都是具有鼻音韵尾或元音韵尾,或无韵尾的。而通过跟越南语同源的孟高棉语的比较,越南语的问声(跌声)早期应该是有清擦音(比如[-s])收尾的,越南语的锐声(重声)早期应该是以喉塞音(比如[-ʔ])收尾的。奥德里古尔认为,越南语的[-s]、[-ʔ]韵尾应该跟汉语的去声、上声接近,才可以有这么整齐的对应。他进一步认为,汉语、侗台语、苗瑶语、早期越南语,大约在公元初期(汉朝中叶),先后由于韵尾和声母的变化而产生了声调。[14]

奥德里古尔的这一主张,对许多研究汉语声调起源的学者来说,可谓适逢其时,它在以下几方面给人们以鼓励:

其一,符合汉语声调发明于六朝的历史记载(即六朝齐梁年间周颙、沈约发明四声)。

其二,符合人们对汉语声调的一般认识。上声是高调,去声是降调,即"平声平道莫低昂,上声高呼猛烈强,去声分明哀远道,入声短促急收藏。"

其三,不仅解决了汉语声调起源问题,甚至可谓一揽子方案,把汉藏语系声调起源问题一并解决了。以往学者研究声调的起源，一般只顾及某一语言，或者某一方言。而奥德里古尔解决的包括了汉语、侗台语族、苗瑶语族，甚至汉藏语系之外的孟高棉语族所有的声调起源。对于汉藏语系来说，除了藏缅语族的声调晚起，不必构拟那么早之外，奥德里古尔似乎解决了整个语系的声调起源问题。

其四，声调起源于韵尾脱落，这个规律一旦被设定，可以在原始语言研究中被无限上推。张琨《苗瑶语声调问题》推断古苗瑶语有四声，并按照声母清浊分为8调（戴庆厦1998，111）；李方桂推定原始侗台语也有四声，跟汉语一样，A、B、C三个调子是舒声，以元音或鼻音收尾；D调是入声，以塞音收尾。（戴庆厦1998，176）但是更早的时期，声调是怎么产生的呢？张琨、李方桂都没有解决，奥德里古尔解决了，岂不是惊人大发现？

但是，可惜的是，奥德里古尔的这个发现只不过是海市蜃楼，只可以供人以谈资，未可作为科学的结论。他使用的汉越语资料不完备，对应的汉语声调起源时间与汉语学界长期研究的结论不符，他的理论只不过是空中楼阁，禁不起检验。

4.2.3　声调起源于韵尾说的反响

尽管其理论禁不起检验，但是既然是"惊天大发现"，当然会引起广泛重视。推波助澜者有之，奉为圭臬者有之。最先响应奥德里古尔的是唐纳（Downer）。奥德里古尔论文发表后不久（1959年），唐纳发现汉语的去声字很多是从其他声调变化过来的，而这个现象可以支持奥德里古尔汉语去声曾经带有［-s］韵尾的说法。（Downer：Derivation by tone-change in Classical Chinese，BSOAS，1959，pp. 258—290）又过了一年（1960 年），与唐纳相呼应，Forrest 发现，跟汉语有亲缘关系的藏语[-s]韵尾具有派生的功能，跟上古汉语的情形可以相互佐证。接下来一年（1961 年），加拿大的蒲立本（Pulleyblank）宣布，以上三位的研究"可以强有力地证明 Haudricourt 的理论是正确的"（蒲立本 1999，130）。蒲氏更强调，早在 1946 年蒲立本在他的著作《犍陀罗语》（Gandhāri）中就发现，汉语的去声字常常被用来对译外语具有擦音收尾的音节。如"三昧"=＊samaāδi."δi"对应的是"昧"的韵尾；早期佛经翻译也支持他，例如支谦译音"首陀卫"=śuddhavasa."sa"对应的是"卫"的韵尾。还有一些汉代的地名，也反映了这种对应。例如"贵霜"=Kushan. 当然，"贵霜（Kushan）"里的 s 可以属前，也可以属后，作为例证并不坚挺。⑮

郑张尚芳（1994）⑯认为，朝鲜语、日语、藏语带[-s]尾的音节，很多对应汉语的去声字；藏文[-g]尾的音节对应汉语上声字。例如，去声对应的：朝鲜语 mas=昧，kas=芥；日语 nasi=奈，kalasi=芥；藏文 ŋos=外，gtugs=告。上声对应的：藏文 ŋag=语，grog=友。他还认为上声有昵称的作用，广东韶关、南雄、福建邵武等方言，以喉塞音韵尾作为小称形式，可以跟上声的起源建立起联系。

支持奥德里古尔的还有梅祖麟、马提索夫（J.A. Matisoff）和沙加尔（L. Sagart）等。张均如（1992）构拟原始侗台语时，先假设原始侗台语有[-h]、[-ʔ]两个韵尾。⑰吴安琪更进一步认为，缅语、黎语、侗水、壮傣语声调的起源都可以用奥德里古尔的理论来解释。⑱

4.2.4　对声调起源于韵尾说的质疑

以上学者的研究似乎为汉藏语声调起源问题提供了美丽的愿景，但是，这个理论并不是如它享有的崇高地位一样无懈可击。1977 年，奥德里古尔的理论被由法文翻译成中文，[19]引起丁邦新的关注。丁邦新检查了奥德里古尔的所有论据，认为其结论站不住脚。[20]丁邦新首先发现，马伯乐和奥德里古尔认为汉越语问声和跌声跟汉语去声的对应并不那么理想。他检查了王力《汉越语研究》，发现汉语去声对应的汉越语有平声 6 个、弦声 4 个、问声 4 个、跌声 4 个、锐声 1 个、重声 3 个。马伯乐和奥德里古尔是怎么得出汉语去声对应汉越语问声、跌声的结论的呢？况且，汉越语的读音跟古汉语构拟读音相去甚远，应该是从某一汉语方言借来的，而借来的时间和地点现在无法确定，由于汉语各地声调差异很大，在时间地点无法确定的情况下，是无法讨论汉越语跟汉语对应问题的。（丁邦新 1998，87—90）对于汉语去声对译外语带 [-s] 尾音节的问题，丁邦新也一一核对了，认为大部分有问题。比如，"三昧""偈"对译的是梵文 Samādhi 和 gatha 的一部分 mādh 和 gāth，结尾都是塞音。蒲立本认为是 ð，然后变成 z，这只是一种可能的解释。同时，上古音里的异调押韵现象也无法用韵尾说解释，何况还有人把上声有喉塞 [-ʔ] 尾、去声有 [-s] 尾下推到唐代，这与我们对汉语声调历史的传统认识和学界早已认同的汉语事实差距太大了。

张雁《上、去二声源于韵尾说不可信》[21]赞成丁邦新的主张。李香《关于"去声源于 -s 尾"的若干证据的商榷》[22]举出蒲立本、郑张尚芳在运用梵语、日语资料时的失误。梵语对音方面，俞敏《后汉三国梵汉对音谱》指出梵语-s尾音节除了对译汉语去声之外，还对译入声和平声。李香还研究了支谦译《道行般若经》的对音，检出去声字17字涉及34词，其中属于止、蟹摄的有9字16词中，只有6词见于蒲立本举例，而且这6词又都有问题。日语"柰"不训读为 nasi，nasi 是一种梨；"柰"指一种唐梨，读 karanasi。"假"kasu、"盖"kabusu 都是以"su"结尾的动词；"芥"kalasi 是形容词"辛辣"的终止形。薛才德通过对藏语-s尾音节的讨论，发现藏语-s尾的音节可以对应于汉语去声，也可以对应非去声；汉语去声可以对应藏语-s音节，也可以对应其他音节。结论是，汉语去声跟藏语-s尾音节没关系。㉓

对奥德里古尔提出批评的还有不少人。徐通锵认为，音节的收尾辅音只会影响主要元音，属于音段的改变，并不能直接作用于声调。㉔瞿霭堂不同意徐通锵有关声调产生一般理论的阐述，但是也不同意奥德里古尔的声调源于韵尾说。他认为："汉藏语言声调的发生和发展是一种多元化格局，恐怕不存在什么'普遍的规律'"（瞿霭堂 2000，289）。也就是说，以往学者提出的声调源于元音长短、元音松紧、声母简化、声母清浊对立消失，都可能是声调产生的原因。㉕

何九盈从学术传统和构拟原则上思考这个问题，认为在构拟古代语言的时候，内部构拟应该处于优先考虑的地位，比较构拟应该建立在内部构拟之上。也就是说，外部研究应该建立在内部研究的基础上。而奥德里古尔的假说与汉语内部构拟的原则大相径庭。㉖他从语言事实和语言系统性两个方面来检视奥德里古尔的理论。从事实上讲,奥德里古尔所据的汉越语的输入时代在近代汉语时期,古汉越语输入的时代也不过在中唐以前,所以,"古汉越语可以和中古汉语(《切韵》时代)的音韵系统相比,汉越语只有和近代汉语相比了。"(何九盈 2004,37)[27] 其次,汉越语输出地域的基础方言"应该是当时通行于中国南部的一种口语"(何九盈 2004,38)。据此来谈汉语上古音,谈上古汉语声调的产生,上古汉语上声、去声的韵尾问题,是没有根据的。从语言系统性上讲,上古汉语阴阳入三分、有四个声调、韵母和声调分舒促两类,这是汉语的三大特点。奥德里古尔的理论与这三个特点相冲突,是不可信的。(同上,41—46)

4.2.5　原始汉语是否有声调

原始汉语产生的时代已经无法确考,但汉语的产生应比汉字产生的时间早得多。在中国的远古传说时代,据说黄帝的史官仓颉创造了文字。荀子说:"好书者众矣,而仓颉独传者,壹也。"(《荀子·解蔽篇》)认为当时可能有很多文字,后来统一于仓颉一家。[28] 这个时期大致相当于考古学上的仰韶时期,距今 6500—5000 年。因为有了文字,那么语言一定是非常完备的了。

甲骨文之前,距今六七千年前的仰韶文化早期的半坡类型遗址出土的陶器上有一些符号,距今四千五百年到五千年前的山东莒县陵阳河大汶口文化晚期遗址发现了几个残缺的符号。前种符号还没有足够证据跟后代文字建立起关系,但是后种符号的"作风则跟古汉字很相似,二者之间似乎不会一点没有关系""汉字形成过程的开始时间,大概不会晚于公元前第三个千年中期"[29](裘锡圭 1988,25)。

何九盈(2000,288)说:"根据文献记载,结合考古资料,再加上世界古文字发展的一般规律,我们可以对汉字的产生作这样的学术推断:伏羲时代已由图画记事发展到图画文字,黄帝时代已由图画文字发展到与象形文字并用的阶段(西晋卫恒《四体书势》说'自黄帝至于三代,其文不改'此说不可信),尧舜禹时代的文字当与殷商时代的甲骨文相差不会太远。"[30]

根据裘锡圭的说法,汉字系统的文字应当在 4500 年之前已经开始形成;根据何九盈的观点,汉字体系文字形成之前,伏羲时代已有图画文字,黄帝时代已经有文字与图画文字并用。黄帝时代对应于考古学的仰韶文化时期,据测定距今六七千年,正好跟仓颉造字的传说呼应起来。伏羲被认为是华夏民族的始祖,时代更早。那个时候,华夏语言已经很成熟了,不然就无法形成部落联盟。

关于原始汉语,我们了解的还很少。有两个基本问题还不清楚:一个是原始汉语的性质,"是普系树理论所说的祖语?还是一个'多源性'的混合体?还是一个'假想的对立体'?"第二个是时空定位,有说形成于四五千年前,即黄帝时代;有说形成于两三万年以前;有说这种语言已经使用了一百多万年了。(据何九盈 2004,56)一百万年太久,那时候人类还没有使用系统语言的生理基础。四五千年又太晚,那时候汉字系统文字都应该已经开始形成,汉语应该是非常成熟,而且方言林立了。

那么,不管汉语产生于何时,那时候的汉语有没有声调

123

呢？李方桂说："我们不反对在诗经以前四声的分别可能仍是由于韵尾辅音的不同而发生的，尤其是韵尾有复辅音的可能，如 *-ms，*gs，*-ks 等。但是就汉语本身来看我们已无法推测出来了。"㉛也就是说，汉语声调的可靠历史是从《诗经》时期开始的，原始汉语有没有声调无法断定。一些学者相信，原始汉语就是有声调的。董同龢鉴于汉语可考的历史上一直是有四声的，而且汉藏语系很多亲属语言也有声调，认为："自有汉语以来，我们非但已分声调，而且声调系统已与中古的四声相去不远了。"㉜

金有景对早期汉语做了深入研究，他把上古语音分成三个时期：(1)远古汉语时代(约公元前 15 世纪以远)，(2)谐声时代(约公元前 10—15 世纪)，(3)《诗经》时代(约公元前 5—10 世纪)。他认为："在远古汉语时代还没有声调，因为当时还不具备产生声调的需要和条件。""可能在谐声时代末期产生了声调的萌芽，到《诗经》时代就产生了四声。"㉝结合上述分析，这个推测也是有根据的。

对于远古汉语声调问题，学界还有很大分歧。

4.2.6　声调西来说

关于声调的起源，还有一种说法，认为声调是从梵语借入的。主张声调西来的是陈寅恪。印度人念吠陀，用一种声调重音。带重音的音节用高调 udataa，不带重音的音节用低调 anudataa，有时候高调和低调连接起来时，两个音节压缩成一个音节，声调也因此形成了一个过渡滑音降调 svarita.㉞陈寅恪认为，梵语的这"三声"跟汉语的四声中除去入声之外的平、上、去三声有传承关系。汉语所以在入声之外还要分别三声，"实依据并模拟中国当日转读佛经之三声。而中国当日转读佛经之三声又出于印度古时声明论之三声也。……佛教输入中国，其教徒转读经典时，此三声之分别亦当随之输入。"（陈寅恪《四声三问》，载《清华学报》1934 年第九卷第 2 期。）罗常培对此提出批评，认为："然以声调判别义类，乃汉语之一特质，平上去入之名虽定于周、沈，而声调之实则非肇自齐梁。"（罗常培 2004，462）俞敏认为，梵语中如上的三声，在佛家戒律中属于"外书音声"。按照戒律，诵经的时候是不允许带着这种声调的，如果带了声调，就是犯罪。因此，经师们念经是不可能带有梵语的三声的，也就更谈不上梵语三声影响汉语的可能了。（俞敏 1999，4）

汉语在《诗经》时期已经具有了声调，这个结论是很坚实的。声调西来的说法是突发奇想，殊不可信。但是为什么陈寅恪会提出这个说法，又有很多人信以为真呢？这恐怕跟民国时期崇尚西学的学术风气有关。

4.3 上古汉语声调

4.3.1 远古时期

我们说的上古时期，指周秦时期。理论上说，上古之前应该有很长的时期，那时候，汉语已经经历了很久的酝酿、发育、发展，到它留下一些蛛丝马迹能让我们今天可以考见它时，它的生长时间，可能比那时候到现在还要长的多。但是，我们可以用可见资料来讨论的，最早是从殷商末期、西周，到春秋时期。粗略来讲,我们可以把这个时期跟以后的秦汉时期放在一起,叫做上古时期。

那么西周之前呢?我们知道,我们一般说的历史朝代是从夏商周开始的,那么夏商两个朝代的语言呢?首先夏代没有留下文献资料,今天我们看到的《夏书》是后代的。夏代考古发现的一些符号都很零碎,不能帮助我们还原当时的语言状况。商代的情况有很大好转,主要是由于甲骨文的发现,让我们认识了商代汉语的基本情况。但是由于甲骨文表音功能不强,所以,给后人研究商代语音带来不便。尽管如此,郭锡良、何九盈、赵诚、陈振寰、管燮初、陈代兴、邹晓丽和张玉金等学者还是在商代语音研究上取得了重要贡献。但是其中只有赵诚、郭锡良、陈代兴讨论过声调问题。郭锡良认为,"西周金文的声调系统应该与《诗经》音系相同。"阴声韵、阳声韵应该有三个声调,"至于入声韵,应该有两个声调,否则,重叠非常多"。(郭锡良 1997,211)⑤赵诚、陈代兴都认为,甲骨文的同谐声字涉及不同声调,因此显示甲骨文时期汉语没有声调。

商代汉语的声调问题,至今还没有令人满意的一致意见。

4.3.2 《诗经》时期汉语的声调

《诗经》里的诗篇是从商末开始的,是从商末到春秋时期的诗歌总集,其押韵代表了这个时期的语音规范。比这个时期早一些,是汉字形声字体系大量形成的时期。这个时期具体从何时起,到何时止,还没有定论。但是一般认为比《诗经》稍早一些,而且时间跨度可能也会长一些。

前人研究上古声调有两个材料,首先是《诗经》等先秦文献的韵文押韵字,一是汉字谐声。首先,熟悉唐诗的读者都知道,唐诗押韵一般押平声韵。如果不是押平声韵,也是同调相押。例如,孟浩然《过故人庄》押"家斜麻花",都是平声字;柳宗元的《江雪》不押平声,但是三个韵脚字"绝灭雪"都是入声字,而不押别的声调的字。据考证,汉代、六朝、隋唐诗歌、韵文无不如此。那么《诗经》和先秦其他文献是不是也是这样呢?答案是肯定的。例如,《诗经·周南·关雎》:

关关雎鸠,在河之洲。窈窕淑女,君子好逑。(幽部平声)

参差荇菜,左右流之;窈窕淑女,寤寐求之。(幽部平声)

求之不得,寤寐思服;优哉游哉,辗转反侧。(职部入声)

参差荇菜,左右采之;窈窕淑女,琴瑟友之。(之部上声)

参差荇菜,左右芼之;窈窕淑女,钟鼓乐之。(宵、药去声、入声通韵)

这首诗大部分韵字是同声调相押,其中平声字最多。最后一个韵段是去声和入声相押。这反映了《诗经》押韵的特点:同调押韵的情况占 90% 以上,异调押韵的也有,但是只占很少数。这样看来,如果根据《诗经》押韵研究上古声调,是可行的。

其次,谐声字也可以作为研究上古声调的材料。研究表明,平、上、去声调的字可以互相谐声,绝大多数不跟入声谐声。这虽然无法有效的区别上古的各个声调,但起码可以告诉我们一个大的界限。所以,谐声字在上古声调研究中是可以起到一定作用的。

(一)明清学者对上古声调的研究

明末的徽州人程元初在他的《律古词曲赋叶韵统》中说:"去入声相近,尤多通用。"㊱这算是他对古四声的一个补充认识。除了这个发现之外，他对诗经的声调格局没有发表特别的看法，也就是说，他同意古有四声。与之同时的陈第对古声调的看法是"四声不拘"，就是说《诗经》时期也有四声，但是《诗经》的作者们不是按照后世唐诗的要求，一定押同声调的韵，而是可以打破四声的界限，不同声调互相押韵。（参见陈第《毛诗古音考》）

此后，有清一代学者对声调的研究一直很关注。首先是顾炎武，他对上古声调的看法可以概括为"四声一贯"。一方面，他认为古已有四声。"四声之论，虽起于江左，然古人之诗，已自有迟疾轻重之分，故平多韵平，仄多韵仄。"这是《诗经》押韵的主体，也是四声成立的基础。然后他又说："亦有不尽然者，而上或转为平，去或转为上，入或转为平上去，则在歌者之抑扬高下而已。故四声可以并用。"（《音学五书·音论》）这一个"转"字，虽然说的不是四声的主体，但也显示出顾炎武对古四声的看法不够清晰。

江永的看法可以概括为"杂用四声"。他跟顾炎武接近，也承认古有四声。但是，他的说法比顾炎武要明确的多："四声虽起于江左，案之实有其声，不容增减。"针对于《诗经》押韵而言，则"平自韵平，上去入自韵上去入"。（《古韵标准》）对于《诗经》里有不同声调押韵的情况，他的解释是："不必皆出一声，如后人诗余歌曲，正以杂用四声为节奏，《诗》韵何独不然？"（《古韵标准》）

以上诸人都是主张上古有四声的。但是他们也发现上古的四声跟中古有所差异。例如顾炎武就曾经说："今考江左之文，自梁天监以前多以去入二声同用，以后则若有界限，绝不

128

相通。是知四声之论起于永明而定于梁陈之间也。"(《音学五书·音论》)顾炎武是把去声和入声相通的事实看成是一种历史的和方言的现象了。之后,段玉裁根据《诗经》去入相通的事实,主张上古音只有平上入声,无去声。他在《六书音均表·古四声说》里说:"考周秦汉初之文,有平上入而无去,洎乎魏晋,上入声多转为去声,平声多转为仄声,于是乎四声大备。"而此前更无上声:"古平上为一类,去入为一类;上与平一也,去与入一也,上声备于三百篇,去声备于魏晋。"按段玉裁的说法,远古时代,汉语有平入两个声调。《诗经》时期,从平声中分离出一个上声,成了平、上、入三个声调。到了魏晋,去声从入声中独立出来,才变成平、上、去、入四声的格局。

段玉裁之所以主张古无去声,是因为去声跟入声押韵比较多的缘故。如果只是去声和入声合并,可不可以认为是古无入声呢?与段玉裁同时代的孔广森就是这个观点。可见,"在科学研究中,由于研究者的主观条件的差异,往往面对同样的材料,而作出的结论可能完全相反。"[⑰]入声既有声调问题,又有韵尾问题,孔氏显然未通此理。从历史的发展来看,古入声韵尾消失,变成阴声韵,从而变成去声,这才符合发展规律。

段玉裁的主张得到清末民初的黄侃的响应,他认为段氏的看法来自三个方面:一是《广韵》祭泰夬废四韵只有去声而无平声,二是谐声显示这四个韵的字跟入声关系密切,三是《诗经》押韵。黄侃认为,段氏主张的古无上声说还是太过保守,要下推到了《诗经》之后,他认为《诗经》时期还没有上声。上声从平声中分离出来的时间"确在毛公之后,郑公之前"。而去声从入声中分离出来,应在六朝时期:"盖平上去入之分,至南齐始有"⑧。

看来,明清以来,学者们对于平声和上声的接触比较在意,对去声和入声的接触反响最大。那么,《诗经》押韵中,四声的关系到底如何呢? 我们根据唐作藩的统计,做了一个图表,可以直观地看到各声调的关系。(唐作藩 2006,1—6)

图 4—1

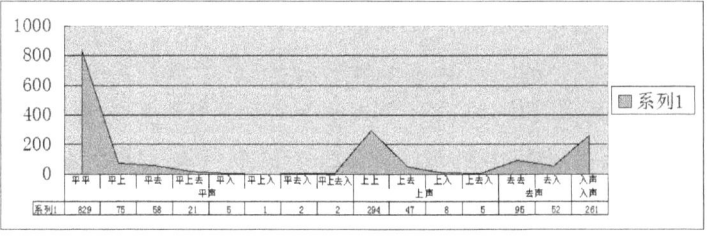

	平平	平上	平去	平入	平上去	平上入	平去入	平上去入	上上	上去	上入	上去入	去去	去入	入入
系列1	829	75	58	21	5	1	2	2	294	47	8	5	95	52	261

平声与平声押韵的韵段有 829 个,上声押上声 294 个,入声押入声 261 个,到了去声押去声,就只有 95 个韵段了。从上图看,平声和上声都是基本独立的,但是去声和入声的面积图却连在了一起,形成了三大块。去声和入声显然混在了一起。

下面我们把四声有交涉的合并统计,作一个柱形图:

图 4—2

130

图中的去声自押 95 次,跟平声押韵 80 次,跟入声押韵 61 次,跟上声押韵 49 次。去声自押数量上没有任何优势,段玉裁说《诗经》时期没有去声一点儿也不错。黄侃进一步说,也没有上声,那恐怕是更早一些时候的事了。

(二)现代学者的研究

现代学者对上古声调的看法没有超出清儒的范围。他们基本上还是依据《诗经》的韵脚,结合汉字谐声资料等其他相关手段,但这些资料要么时代跨度太大,不可轻易理解为某个特定时代的语言反映;要么只是一种概率上的推测,不可用来径直修订《诗经》韵脚的结论,因此都只能作为声调研究的旁证。何九盈说:"关于上古声调问题,尤其是调值的情况如何,现在还很难说得清楚。我们只能肯定两点:1. 上古汉语有声调,但与中古汉语的声调不完全一样。2. 上古汉语有入声,它的韵尾不同于阴声韵。"⑳这代表了现代学者在上古声调研究上的最通行的结论。

总结一下,现代学者关于上古声调的看法可以概括为三类:三调说、四调说、五调说。

第一,三调说

清末段玉裁、孔广森主张三声说,但是段认为上古没有去声,孔认为上古没有入声。

王力接受了段玉裁的观点,认为上古没有去声。声调只有舒声、促声两类,但是这两类的区别不仅仅是韵尾的不同,还有音高的不同。而且,在这两类音高不同的音节里面,还由于音长的不同再各分为两类,这就形成了下面的格局:

表 4—8

舒声	长音（长平）→后来变为→平声	《诗经》时代已变
	短音（短平）→后来变为→上声	《诗经》时代已变
入声	长音（长入）→后来变为→去声	《诗经》时代未变
	短音（短入）→后来变为→入声	《诗经》时代已变

这两大类四小类不是平等的,舒声的两个小类在《诗经》时期已经形成了,促声的两类在《诗经》时期虽然有很强的独立性,但是还没有形成,因此,可以大致地说,那时候有平、上、入三声,但是入声是两类。不过光从类别来看,还是四类,很多学者都从不同角度证明了这一点。

王力本人和一般学者都认为王力的上古声调系统是四声调,其实不然。从上表可知,他虽然把上古声调分为两大类四小类,但是就《诗经》这段时间而言,长入和短入还没有完全独立为两个声调,其实是一个调。王力说:"上古四声不但有音高的分别,而且有音长(音量)的分别。必须是有音高的分别的,否则后代声调以音高为主要特征无从而来;又必须是有音长的分别的,因为长入声的字正是由于读音较长,然后把韵尾塞音丢失,变为第三种舒声(去声)了。"⑩王力这段话主要不是解释其声调系统的面貌,而是解释它往后的发展。换句话说,就是把时间因素也压缩到这个系统里了。从《诗经》的押韵实际来讲,平声、上声之间的押韵情况,远没有去声、入声之间的多,所以,平上之别已然成为事实,而去入之别还正在进行中。

我们也可以按照王力自己的说法,承认他的系统是四个声调,但是说是三个声调,或者讨价还价一下,说是三个半声调,比较符合他的系统的面貌。

周祖谟在 1941 年写了《古音有无上去二声辨》,认为阴声韵、阳声韵都有平上去三声,所谓古无上声、去声之说没有根据。王力考察了周秦两汉韵文,写了《古无去声例证》,举 59字押韵材料,证明古无去声;何九盈在此基础上又写了《古无去声补证》,举 60 字的押韵材料,来证明上古没有去声,直到两汉时代亦然。④

第二,四声说

这种主张的学者很多,王力的主张也可以理解为四声说。周祖谟认为上古有去声,维护上古四声说。他认为上古无四声的说法不可信;他找到不少去声字跟去声字押韵的例子,认为上古没有上声、去声的说法,与《诗经》押韵的情况不符。④周祖谟是坚定的四声说论者。

俞敏也是四声说论者。他率弟子们统计了先秦典籍用字情况,发现上古典籍用字的出现率,跟四声字比率大致相当。他说:"观乎此而后周初汉四声之大略可知也。""世之言汉藏比较者多以藏语声调后兴,悬揣汉语亦尔。此故近情,唯不可与论周初之事耳。"④他对四声的性质的看法也很肯定:"四声一起源就是四种调子。"他没说四声什么时候起源的,但是认为是汉语自身产生的,不是受外来影响所致。"汉人语言里本有四声,受了声明影响,从理性上认识了这个现象,并且给它起了名字,这才是事实。"④

俞敏发表《后汉三国梵汉对音谱》和《古四声平议》,明确提出了周秦的汉语声调是四声。但是近来俞敏《后汉三国梵汉对音谱》多被引用来证明上古去声有[-s]韵尾,更有学者径

133

直据此认为俞敏是上古去声有[-s]韵尾的拥护者。这是对俞敏文章的误读。俞敏发现了梵汉对音有[-s]对译汉语的，例如"奈 nas，突 dus，达 dhas，卫 paś，会 bhas，尼腻 nis"。这些为数不多的字里虽然也有入声和平声，而"收-s、-ś 是去声，这是总趋势"。（俞敏 1999，22）这似乎是对去声[-s]尾说的支持，但是，俞敏强调，梵语的 ś 在两个元音之间时，会浊化成 y；音节之前的 s 也常常被译为 y，如 sarpa 被译为"葉波"。所以，以上带有[-s]尾的字，其韵尾非[-s]，而是[-y]，认为这是"后汉三国以后往隋唐音发展的归宿"。他还发现了部分去声对译梵文的塞音收尾，认为可以佐证王念孙的至部和章太炎的队部。对于去声对应的[-s]尾和塞音收尾，俞敏采取的态度已经表明了他的立场。他一方面支持部分去声古当做入声的主张，一方面对去声来自[-s]尾的说法不予理睬，坚持自己的四声说。可见，俞敏并不支持去声来自[-s]尾，他发现的部分去声字对应[-s]收尾的例子，在音理上不支持古去声来自[-s]尾的说法。

李方桂、丁邦新都主张上古有四声。丁邦新发现上古汉语有一种构词形式，即并列语 80% 以平上去入四声顺序排列，平声字总是在并列语的前边，然后上声，然后去声，然后入声。例如，损益、沟洫、宾客、商贾、选择、琴瑟、饥渴，这些双音词都是由两个有并列关系的词组成的，理论上说，是可以不分先后的。但是古语中不但分先后，而且一般前后次序不违背四声顺序。尤其国名，一般说陈蔡、鲁卫、秦楚、齐楚、韩魏、秦晋，这里没有国家大小的顺序，只是声调上的和谐。丁邦新认为，这是由音高决定的韵律结构造成的。如果上古汉语没有声调,而是由韵尾辅音决定分别,那么并列结构的上述排列规律就无法解释。⑤

杨剑桥也主张古有四声。⑯他把《广韵》的去声字一分为二,一部分跟平上一起,属于 A 类;另一部分跟入声一起,属于 B 类。在比《诗经》早一些的谐声时代,A 类字只跟 A 类字谐声,不跟 B 类字谐声;相反,B 类字也只跟 B 类字谐声,不跟 A 类字谐声。这说明,在谐声时代,汉语按照今天的声调来分类,大概是两个部分。到了《诗经》时期,A 类已经从平、上两个声调分出来了,B 类也已经分出了去声和入声。他认为《诗经》时代去声独立了,因为《诗经》有来自 A 类的去声和来自 B 类的去声互相押韵的例子,例如,《诗经·大雅·文王》押"帝、易","帝"是从平声来的去声,"易"是从入声来的去声;《易·颐卦》押"贵、类、悖","贵"是从平声来的去声(杨剑桥如此认为),"类、悖"是从入声来的去声字。这说明当时去声已经从 A、B 两类先后或同时分立出来,组成了一个新的声调了;虽然数量不多,但是已经独立。

主张四声说的,其四声都是平上去入,只有王力的四声是长平、短平、长入、短入。

第三,五声说

王国维认为,上古时期,阳声韵单独押韵,为一类,加上阴声韵的平上去,再加上入声,共五个声调。他说:"古音有五声,阳声一,与阴声之平、上、去、入四是也。说以世俗之语,则平声有二,上、去、入各一,是为五声。"他认为,阳声韵比较特别,"其性质常悠扬不尽,故其为平声,与阴声之平声绝不同,更不容有上、去。自汉以后,阳声有上去者,乃因事物滋多,故

135

稍促其音以别于本音。"王氏此说并非无稽之谈。既然入声是由塞音韵尾和短促调为特征而独立为一个声调,那么阳声以鼻音韵尾和悠长调为特征而独立为一个声调,有何不可? 而且,从上述诸家的研究看,本来早期只有平入二声,入声以塞音韵尾相伴生,那么平声中的阴阳韵尾或许也会有差别,如果阴声韵先分出上、去声,阳声韵稍迟,形成五声的局面,也是可能的。但是,他的意见把阳声韵尾扯进来,一时还没有响应者。㉗王国维的五声是:阳声韵平、阴声韵平、阴声韵上、阴声韵去、入声。

第二个主张五声说的是陆志韦。对于去声和入声多所交涉的现象,他主张把去声分为两部分。他说:"不严格地说,上古有两个去声,一个是长的,跟平上声通转;又一个是短的,跟入声通转。不论长短,他们的调子都是可升可降,有方言的分别。"这个主张也是把去声按他们的来源分开了,来自平上的去声、来自入声的去声,各为一类。陆志韦的古音体系中,阴声韵具有浊塞音韵尾,它们清化而转变成入声并不难。所以,陆志韦的五声是:平、上、去1、去2、入。

最近唐作藩也主张古有五声说。唐作藩认为,"《诗经》中去声独用、与平上声相押及与入声通押的情况看,上古去声的独立性还是很强的,至少在王力的古韵体系里属于阴声韵部的去声字在《诗经》时代是已经存在的。而那些经常与入声相押的、王先生归属入声韵部的去声字则可看作长入,也就是说,上古声调仍然是以音高为主要机制(包括平、上声的区别),音长只起部分作用。所以我们主张上古音系有五个声调,即平声、上声、去声和长入、短入五个声调。其长入到后代

136

亦演变为去声。"⑱该文虽然发表于 2006 年,但是作者的统计工作是在 20 世纪 90 年代做的。

（三）上古方言的声调

上古有方言,这是没有疑问的。春秋时期,鲁国和越国的方言已经有很大差距。战国时期,楚国人对于齐国方言,学都很难学会,更不用说听懂了。那么各国方言的声调也会有很大差距,这是可以肯定的。

对上古方言声调进行研究的成果还不多,赵彤对战国楚方言声调的研究因此成为仅有的资料。赵彤研究了楚辞和郭店楚简《老子》《语丛四》和《淮南子》用韵,发现战国楚方言的长入已经跟短入关系较远,而与去声合并成了一个新的去声调。他同意《诗经》声调是平、上、去、长入、短入五声,而战国楚方言的声调跟《诗经》已经不同,长入消失了,声调系统变成了平、上、去、入四声。⑲

其他地区方言声调的研究资料较少,还不能给我们上古方言声调的概貌。

（四）小结

研究上古声调的主要材料是《诗经》押韵和汉字谐声。各家对这些材料的事实认定一般差别不大,大致可以归纳为如下几点:第一,上古是个时间跨度很长的时期,这段时间内,声调可能一直在变动之中。由于汉字谐声时代稍早,所以谐声反映的声调现象时间早一些。第二,《诗经》押韵,从后世"四声"角度看,阳声韵跟平声关系密切,入声韵有独立性但跟一部分阴声韵去声字有关系,阴声韵关联平声、上声,以及去声的一部分。

相对而言,王力关于上古汉语声调的构拟最为有力,其入声分长短,解决了入声跟部分去声相通的问题;取消去声,符合后代公认的古声调有四类的事实;去声后起说,和上声与平声同源说,把声调的发展放在一个动态的过程中,既有系统性,又有发展的眼光。其学说上承段孔,有押韵、谐声材料佐证,与中古声调系统同中有异,体现了历史继承性和发展的观点。尤其是从秦汉至魏晋的押韵资料,能够明确地发现去声产生、发展的线索,更说明王力的古声调学说具有划时代的意义。

根据这些资料,我们可以猜测上古声调的发展线路如下:

第一阶段,远古汉语只有元音的长短差别,没有声调差别。韵母系统是阴、阳、入三部分。元音的长短使阴、阳、入三类韵母各分为两类。

第二阶段,元音长短的发展促使音节伴随着音调的高低。短元音为高调,长元音为低调。在这个时期,汉语只有长短两个声调。这符合王力的主张。表解如下(表中的调值是虚拟的,下同):

表 4—9

长	长阳 55	长阴 55	长入 55
短	短阳 44	短阴 44	短入 44

或者写为:

表 4—10

阳声韵	$aan^{55}/aam^{55}/aaŋ^{55}$	$an^{44}/am^{44}/aŋ^{44}$
阴声韵	aa^{55}	a^{44}
入声韵	$aat^{55}/aak^{55}/aap^{55}$	$at^{44}/ak^{44}/ap^{44}$

138

第三阶段,长短两个调开始因阴阳入韵尾的不同而有差别:

表 4－11

长	长阳 55	长阴 44	长入 33
短	短阳 44	短阴 33	短入 22

或写为:

表 4－12

阳声韵	aan^{55}/aam^{55}/$aaŋ^{55}$	an^{44}/am^{44}/$aŋ^{44}$
阴声韵	aa^{44}	a^{33}
入声韵	aat^{33}/aak^{33}/aap^{33}	at^{22}/ak^{22}/ap^{22}

接下来,阴声韵、阳声韵的字开始失去长短对立,单纯依靠声调来区别意义。同时,阴声韵也由于长期跟阳声韵同声调而保留了大量的与长阳声调(55)相同的调值。这个时期阳声韵声调稳定。而阴声韵比较活跃,一方面发生了创新,产生了去声;另一方面部分字依旧保持原有的调类,与阳声韵略同。阳声韵与阴声韵保守的那部分字声调同中有异,这是王国维观察到的,看起来似乎阳声韵单独为一类声调,但阴声韵、入声韵各分为两类,这一点他没有注意到。表现为:

表 4－13

	平	上	去	长入	短入
阳声	an^{55}/am^{55}/$aŋ^{55}$	an^{44}/am^{44}/$aŋ^{44}$			
阴声	a^{55}	a^{44}	a^{33}		
入声				aat^{33}/aak^{33}/aap^{33}	at^{22}/ak^{22}/ap^{22}

平声有两个,可能声调高低略有不同。去声和长入虽然

都写作 33，但是这只是个表示，实际上应该有别，要不就没法分别了。这里把平声都写为 55，去声、长入都写为 33，是为了标明他们以后的发展方向。但是在这两个变化发生之前，阳声韵率先发生了分裂：部分阳声韵字变为上声和去声——这个变化是由于阴声韵和阳声韵之间的平行关系产生的惯性造成的，阴声韵发生了新调的创新之后，打破了之前的平行关系，现在阳声韵要随之变化，寻找新的平行关系。新的声调系统变化为：

表 4—14

	平	上	去	长入	短入
阳声	an^{55}/am^{55} $/a\eta^{55}$	an^{44}/am^{44} $/a\eta^{44}$	an^{33}/am^{33} $/a\eta^{33}$		
阴声	a^{55}	aa^{44}	a^{33}		
入声				aat^{33}/aak^{33} $/aap^{33}$	at^{22}/ak^{22} $/ap^{22}$

这个系统实际上没有维持多久，就发生了一次革命：之前的声调以音高和韵尾各起部分作用，现在音高的作用大于韵尾的作用，因此在音高的主导作用下，各音高相近的部分发生了合并，结果形成了如下格局：

表 4—15

	平	上	去	短入
阳声	$an^{55}/am^{55}/a\eta^{55}$	$an^{44}/am^{44}/a\eta^{44}$	$an^{33}/am^{33}/a\eta^{33}$	
阴声	a^{55}	aa^{44}	a^{33}	
入声			$aat^{33}/aak^{33}/aap^{33}$	$at^{22}/ak^{22}/ap^{22}$

最后一步是长入的塞音韵尾脱落,与阴声韵合流,最终形成四声格局。上表中的去声的分合是各家争论的焦点:如果认为去声中的阴声韵、阳声韵字数还很少,正在从平、上向去声的变化中,因而可以省略不计,那就是王力的系统:平、上、长入、短入。如果认为去声中的阴声韵和阳声韵虽然少,但是已经可以被认为是一个调类了,那就是五声说:平、上、去、长入、短入。如果认为去声中的阴阳入三类声调上是一样的,那就是四声说。

4.3.3 两汉三国时期汉语的声调

(一) 王力的意见

汉代的声调是什么样子呢?王力既然认为《诗经》时代没有去声,到了汉代,他认为去声还是没有产生。他考察了汉代的押韵材料,发现一些《切韵》的去声字,汉代常常押平声,如"冻凤控颂诵义戏去坏信运患化"等;《切韵》一些字,有平、去两读,但在汉代只押平声,如"镇怨漫叹卷令"等;一些《切韵》去声字,汉代押上声,如"事御顾惧附步旧寿妙"等;一些《切韵》有上、去两读的字,汉代押上声,如"右寿后後";一些字汉代总是跟入声押韵,但在《切韵》属于去声,如"至悴肆祟匮位类队退溃气计大会带势害败泰废二醉内世厉介"等。这样,根据汉代的押韵情况,王力认为汉代还没有去声,汉代的声调系统跟《诗经》时期没有大的区别。

(二) 俞敏、谢纪锋的意见

俞敏既认为"四声一起源就是四个调子",他在研究了梵汉对音资料之后认为,汉代的平声是个高调,去声是个中调,

141

上声没有资料,入声的资料不明确,总之声调是四个,调值可以看出个大概。(俞敏 1999,49)

谢纪锋研究了《说文》读若的声调。《说文》作者许慎用"读若"的方式为汉字注音,不管读若字和被注音字之间声韵是否全同,光从声调上看,谢纪锋的统计表明,许慎的《说文》读若四声分明。在《说文》读若 803 例中,只有 55 例本字与读若字声调不同,占 6.9%。有 709 例本字与读若字声调相同,占 89.4%。因此,在可以认为许慎的话里,四声是此疆彼界,划然分明的。谢纪锋通过考察《说文》引《诗经》的异文发现,许慎在《诗经》齐韩鲁毛四家的基础上有所取舍,经过取舍的《诗经》异文,其声调基本没有变化。也就是说,从汉初的三家诗,到后汉的毛诗,汉语的声调四声基本没有变。(谢纪锋 1984,317—320)

(三)罗常培、周祖谟、丁启阵的意见

罗常培、周祖谟研究发现,汉代韵文对声调的分别一般是很细致的。平声和上声、入声押韵的很少;去声字和入声押韵的为数也不很多,而且都是限于少数几个韵部;平声与上声、上声与去声相押的虽然有一些,但也不很多。他们发现,汉代韵文中平、上、去三声的字,跟后世韵书中的分类差不多相同,只有一部分有别。总的来说,他们还是倾向于汉代声调是平上去入四声。[50]

丁启阵认为[51],汉代共同语共有四个声调,它们之间的亲疏远近如下:

以平声为基准,距离最近的依次是入声、上声、去声。

以上声为基准,距离最近的依次是平声、入声、去声。

以去声为基准,距离最近的依次是平声、入声、上声。

以入声为基准,距离最近的依次是平声、上声、去声。

至于方言的声调,虽然也还是不能确切知道调值,但是可以以共同语的四声调值作为参照系,换算成一个近似值。根据他的叙述,可以整理如下表:

表 4-16

共同语	平声	上声	去声	入声	
燕朝方言	上声		入声	平声	上声未知
赵魏方言	入声			平声	上、去未知
海岱方言		入声或同	入声或同		平声去未知
楚方言	去声、入声	平声或同		平声或同	
秦晋方言	上、去、入	平声或同	平声或同	平声或同	

现在的一些方言在汉代已经形成。一般认为,闽语大概形成于汉代或者汉代以前。

4.4 中古汉语声调

4.4.1 魏晋南北朝时期的声调

(一)沈约发明四声

声调虽然产生于上古,但由于声调不易辨识,所以直到六朝时期,才被人们认识。一般认为,最早发明四声辨识声调,并应用于文学创作的,是齐梁年间的南朝人周颙和沈约。《南史·陆厥传》说:"永明末,盛为文学。吴兴沈约、陈郡谢朓、琅琊人王融,以气类相推毂。汝南周颙,善识音韵,约等文皆用宫商,以平上去入为四声。"周颙、沈约、王融,都是文士,以文

143

学为己任,音韵对他们而言是为了文学创作服务的。他们了解了声调现象之后,就命名为"平上去入",或"四声"。所以,后世但知这两个名称,并无"声调"一称。"声调"这个称谓,实始于现代学者赵元任。

在周、沈、王那里,声调是如何为文学服务的呢? 这主要体现在他们利用四声,为韵文制作格律上。《南史·陆厥传》说:"以此制韵,平头、上尾、蜂腰、鹤膝,五字之中音韵悉异,两句之内角徵不同,不可增减,世呼为永明体。"这里说的"平头、上尾、蜂腰、鹤膝"是指诗歌创作中容易犯的四种毛病,另外还有四种:"大韵、小韵、旁纽、正纽",一起共八种,叫做"八病"。㉒"四声八病"被认为是永明体的标志性要求。可见他们发明四声,主要是为了应用,而最早的应用是在诗歌创作。

如果说汉语本来就有声调,那么为什么这么晚才被认识到呢? 这个问题其实并不难理解。我们日常说话,无论说的好坏,都只重内容,不重形式,所以,我们对声音的感受比西方人差。这也可能是汉字一直能保持表意文字的原因之一,因为我们本不需要文字里有那么多提示语音的成分,而反倒对理据性要求较高。不要说声调这种不容易感知的语音要素了,就是声母、韵母,国人的认识也很晚。《诗经》里早就有双声、叠韵的用法,但是有意识地把声母、韵母切分出来,还是在汉末反切产生的时候。而给声母、韵母以代表字,使其如"平上去入"一样可以称谓,应该在隋代陆法言《切韵》(或之前吕静《韵集》)确定了韵目,晚唐五代《守温韵学残卷》的三十字母著成之时,比声调还晚,你能说汉语在《切韵》之前就没有韵母,《守温韵学残卷》之前就没有声母吗?

那么，四声学说产生在六朝齐梁年间，有没有历史的必然呢？有。何九盈认为，"四声学说不产生于先秦，不产生于两汉，也不产生于魏晋，而恰恰产生于刘宋萧齐之间，原因有四。""原因之一，先秦两汉，汉语的四声尚不完备。""原因之二，乐律中的五声促进了声律中的四声学说的产生。""原因之三，文体的演进与四声学说的产生可以说得上是血肉关系。""原因之四，梵文字音知识的启发。"③ 这个说法有历史根据和理论高度，当不容异议。齐梁之前，汉语只有平、上、长入、短入，而非平、上、去、入。所以，对于周顒以平上去入为四声，沈约撰《四声谱》，以为"在昔词人累千载而不悟"，王力说："他们不知道，汉代以前，根本没有平上去入四声之分，在昔词人怎能'悟'得出来呢？"（王力 2008，179）

（二）魏晋南北朝时期的声调

魏晋时期的声调有平上去入四声，这个结论大概是一般学者都能接受的。不同的是，有的学者认为四声的形成正在这个时期，一些学者认为四声的形成在更早的西汉初到东汉末之间，而另一些学者认为还会更早。王力说："魏晋南北朝的声调和《切韵》的声调是一致的，即具有平上去入四声。""魏晋时代产生去声。阴声韵的去声字，多由长入字转来（去声字产生后不再存在长入），少数由平上声转来；阳声韵的去声字由平上声转来。"（王力 2008，178）

李荣《庾信诗文用韵研究》�发现，庾信诗文用韵四声分明，只有一次上去通押的例子。"逝水滔滔，危途冉冉。问药无对，蒸丹不验。狄服空陈，弦机虚掩。郭门路转，哀挽途穷。陇深结雾，松高聚风。春兰秋菊，唯始唯终。"（《文苑英华》九百六十三）后半部分"穷风终"押平声,但前半部分"冉掩"上声,"验"去声。其余的诗文,哪怕声韵相同的相承四声之间,也属于换韵。可见,北朝庾信的诗文是四声分明的。当然,南北朝时期的方言应该很复杂,但是今天无法确知其分类了,幸好有人留下了对当时方音的感性认识,不妨录下,可以帮助体会南北方言的差异:"南方水土柔和,其音轻举而切诣,失在浮浅;北方山川深厚,其音沉浊而鈋钝,得其质直。"(颜之推《颜氏家训·音辞篇》)由六朝入隋的陆德明在《经典释文·叙录》里说:"方言差别固自不同,河北江南最为巨异;或失在浮清,或滞于沉浊。"总之,魏晋南北朝时期,汉语四声已经具备。方言有或浮清或沉浊之异,但细节未知。

4.4.2　隋唐时期的声调

（一）隋唐时期的声调系统是平上去入四声

王力说:"隋唐时代的声调和魏晋南北朝的声调一样,仍旧是平上去入四声,没有变化。我讲的是调类,至于调值有没有变化,就不得而知了。"(王力 2008,253)李荣作《隋韵谱》[⑤],显示隋代诗文声调是平上去入四声。

隋代最重要的音韵资料是陆法言《切韵》。该书成于仁寿元年(公元 601 年),是在批判地继承了当时及其前代韵书比如三国·李登《声类》、晋·吕静《韵集》等的基础上完成的。《切韵》的体例是,先按照四声分卷,各卷包括若干韵,韵内包含若干由同音字组成的小韵(音节)。可见,《切韵》是把人们对声调的感知放在第一位的,在此基础上,再分韵,声母暗藏在不同的音节内,读者在查找一个字时,不必知道其声母,按照声调、韵母查找即可。由于平声字比较多,所以,平声分了两卷:上平声、下平声。加上上声、去声、入声,共五卷。这个声调系统后来一直被后代韵书无更改地继承,到后来甚至掩盖了其实际语言的声调。但是在《切韵》成书时,它应该是准确地反映了当时的共同语语音。

(二)隋唐四声的读法

本来声调调值是很难考证的,但是幸亏前代还留下了一些有关调值的描写,更有学者通过汉外对音了解当时的调值,试略介绍如下:

一个是《大正新修大藏经》内有日本沙门安然的《悉昙藏》,卷五有这样的记录:

"诸翻音中所注平上去入,据捡古今,难可以为轨模。何者?如陆法言《切韵》序云:"古今声调即自有别,诸家取舍亦复不同。吴楚则时伤轻浅,燕赵则多涉重浊,秦陇则去声为入,梁益则平声似去。"若尔风音难定,孰为楷式?

"我日本国元传二音。表则平声直低,有轻有重;上声直昂,有轻无重;去声稍引,无轻无重;入声径止,无内无外;平中怒声,与重无别;上中重音,与去不分。金则声势低昂与表不殊,但以上声之重稍似相合平声轻重,始重终轻呼之为异;唇舌之间,也有差舛。

"承和之末,正法师来。初习洛阳,中听太原,终学长安,声势太奇。四声之中,各有轻重。平有轻重,轻亦轻重,轻之重者金怒声也;上有轻重,轻似相合金声平轻、上轻,始平终上呼之;重似金声上重,不突呼之;去有轻重,重长轻短;入有轻重,重低轻昂。

"元庆之初，聪法师来，久住长安，委搜进士，亦游南北，熟知风音。四声皆有轻重着力。平入轻重，同正和上；上声之轻，似正和上上声之重；上声之重，似正和上平轻之重；平轻之重，金怒声也，但呼著力为今别也。去之轻重，似自上重，但以角引为去声也。音响之终，妙有轻重，直止为轻，稍昂为重。此中著力，亦怒声也。"

安然的《悉昙藏》作于日本的元庆四年（公元880年），相当于我国唐僖宗时，承和相当于我国唐宣宗时。文中提到的表，指表信公；金，指金礼信。其后又有正法师、聪法师，传授了新的声调系统。

根据这段话，不同的学者作了不同的研究。

首先是周祖谟，他认为这段叙述可以帮助我们了解唐代方言四声的读法。1.平上去入四声在唐代已经因其声母的清浊而有不同的读法。2.唐代多数方言中，平声已经分了阴阳。3.浊上声已经普遍变同去声。4.唐代有些方言的四声各有轻重，类似于今吴语。㊱

平山久雄研究认为，四位法师所传授的汉语声调分别是：

表（袁晋卿）：阴平、阳平、上声、去声、入声——共5调

金（金礼信）：阴平、阳平、阴上、阳上、去声、入声 ——共6调

唯正法师：全阴平、次阴平、阳平、阴上、阳上、阴去、阳去、阴入、阳入——共9调

智聪法师：阴平、阳平、阴上、阳上、阴去、阳去、阴入、阳入——共8调㊲

平山久雄还为这个系统构拟了调值（平山久雄2002，19）：

148

表 4—17

	阴平		阳平	阴上	阳上	阴去	阳去	阴入	阳入
表法师	31		11	55		214		?	
金法师	31		11	55	113	214		?	
正法师	全31	次?	11	325	113	24	14	5	2
聪法师	31		11	113	?	?	?	5	2

俞敏(1999,47—48)根据安然《悉昙藏》、淳祐《悉昙集纪》之《林记》、了尊《悉昙轮略图抄》,认为唐代的声调是八个调子。但是他根据梵汉对音和上述记载,只拟了四个声调:平声是个中平调,上声是高调,去声是低调,入声未知。

刘广和通过不空《孔雀明王经》咒语的梵汉对音研究,并与义净译音比较,从调高、时长、调型几个方面探讨了唐代的声调调值,认为从音高上看,"义净音平声最高,入声次之,去声最低;不空上声最高,去声次高,平声最低。平声音高的地位,在这两种方言里恰好倒过来。"(刘广和2002,80)从时长上看,"空、净二公(即不空、义净——引者)的上声、入声短,平声、去声长。不空似乎是去声最长,平声次之,上声较短,入声最短;义净是平声、去声长,入声最短。"(刘广和2002,81)从调型上看,"空公的四声,可能去声是高降调,上声是高平(或高升)调,入声跟去声调型相近,是中降调,平声大概是低平(或低降调)。净公的四声,可能平声是高降调,上声是高平(或高升)调,入声是中降调,去声是低平调。"(刘广和2002,82)他为唐代长安音拟测了声调图,转写成五度标调法入下:

平声11、上声55、去声51、入声31

刘广和认为,不空的音跟唐五代西北方音接近,义净则跟玄奘一致,属于洛阳音。这两个人正好代表了唐代两个很有特点的方言。(刘广和 2002,131)那么,义净的声调系统应该是:平声 51、上声 55、去声 11、入声 31。两地的上声、入声调值相同,平声、去声调了个个儿。

李荣、邵荣芬⑧都不采纳四声八调的说法。李荣甚至认为《切韵》的声调虽然有平上去入四声,但是去声和入声的调值是一样的。既"四声三调"。它们的不同只在韵尾:去声是阴声韵、阳声韵,有元音、鼻音韵尾或无韵尾;入声有塞音韵尾。他认为,既然《切韵》可以解释汉语方言的很多语音现象,他的这个构拟也可以解释很多方言中悬而未决的声调问题,也可以解释去声和入声押韵的问题。邵荣芬认为,去声和入声押韵的现象,只在上古才比较常见。隋唐时期已经降到了最低点,所以,唐代的声调还是平上去入四声。邵荣芬根据南阳释处忠的《元和韵谱》:"平声者哀而安,上声者厉而举,去声者清而远,入声者直而促。"参照遍照金刚《文镜秘府论》、安然《悉昙藏》,拟测《切韵》的声调是:平声中平、上声高升、去声是降调或降升调、入声是个促调。转换成数值应该是:平 33、上 35、去 51、入 31。

4.5 近代汉语声调

4.5.1 晚唐五代时期的声调

晚唐五代时期的声调依旧是四声,但是内部的部分字有流动:浊上声字变成了去声。王力认为,浊上变去在晚唐的诗歌押韵中不能展现出来,因为当时的古体诗有上去通押的惯

150

例。但是李涪《刊误》说:"吴音乖舛,不亦甚乎? 上声为去,去声为上。"他举例说明了这种情况:"恨怨之恨则在去声,很厉之很则在上声。又言辩之辩则在上声,冠弁之弁则在去声。又舅甥之舅则在上声,故旧之旧则在去声。又皓白之皓则在上声,号令之号则在去声。"李涪这段话是批评《切韵》的,王力认为"很辩舅皓"都是浊上声字,"这是晚唐时代浊上变去的确证"。(王力 2008,289)

罗常培《唐五代西北方音》发现,《开蒙要训》里平上去三声有互注的情况,比较突出的是浊上变去的情况。⑨唐五代西北方音跟当时的长安、洛阳方音应该有较明显的差别,既然在方音有明显差别的两地都能发现"浊上变去"的证据,说明当时浊上变去的演变已经具有了较大影响。

4.5.2　宋代的声调

王力认为,宋代的声调格局依然是平上去入四声,平声没有分阴阳,但是入声有变化——原来的三个不同的韵尾[-p][-t][-k]开始合并为[-ʔ]。这个变化当在南宋。王力发现,南宋的朱熹反切反映了[-ik]变成了[-it],但是其他变化还没有发生。到了辛弃疾的词韵里,[-p][-t][-k]已经合并了。(王力 2008,341—343)

北宋邵雍的《皇极经世书·声音唱和图》反映了两种声调变化,一是浊上变去,一是四声各分阴阳或高低。浊上变去发生在晚唐五代,所以,在宋代也有浊上变去的资料就不足为奇了。这里讨论的是邵雍对浊上变去的处理方法。在他的反映声母的音图里,古全浊声母都按平仄分两组,平声配次清,仄声配全清。这跟后代的塞音、塞擦音声母字浊上变去之后平声送气、仄声不送气的规则一致。问题出在次浊声母字,如来、日、喻、疑等声母。虽然我们知道浊音清化的规律里不包括次浊声母,但是在一些图中,这些次浊也跟全浊声母有一样的分组倾向。这很可能反映了宋代四声各分阴阳。或者,即使没有分阴阳,各声调也因声母的清浊而有高低之分。这样,邵雍的方言是四声八调的格局。

另一部书是《中原雅音》,何九盈认为它出于南宋遗民之手。应该是宋代语音的反映。这部书里也有两个声调现象:一是入派三声,一是平声不分阴阳。《中原雅音》的入派三声,是完全的分派,所以,一般认为《中原雅音》已经彻底没有入声了。这一点跟《中原音韵》是一样的,只是有关《中原音韵》的入声性质还有很大争论。《中原雅音》平声不分阴阳却跟《中原音韵》大不相同。它很可能反映一种中原地区方言的声调系统。⑩

4.5.3　元代的声调

（一）"平分阴阳"和"入派三声"

元代周德清的《中原音韵》记载了近代汉语声调的几个大变化:平分阴阳、入派三声、浊上变去。其中,浊上变去早在晚唐五代时期就已经发生了,但是被韵书认定,是在《中原音韵》开始的。其余的两个变化中,平分阴阳大概没有争议,《中原音韵》系统地记录了平声按照声母的清浊分为阴平、阳平的变化。从此以后,除了部分南方方言韵书和一些保守的反映早期韵书规范的韵书之外,一般的韵书都会显示平声分为阴阳

152

两类的现象。《中原音韵》一改《切韵》以来韵书平上去入四声分卷的体例,按韵部分为 19 部。每部下边再按声调分类,而其声调分类中,没有了入声的地位。入声都附在平上去三声之后。分派的方式与声母有关:全浊声母字归阳平、次浊声母字归去声,清声母字归上声。这就是"入派三声"。

在平分阴阳、入派三声两个规律作用下,元代大都话的声母系统发生了很大变化,虽然还是"四声",但内容完全不同了。原来的四声是平上去入,元代的四声是阴平、阳平、上声、去声。这个系统跟今天普通话完全一致。不同的只是一些字的归属。

(二)"入派三声"的性质

对于入派三声,有不同的看法:陆志韦认为,入派三声只是一种分派,但是实际语言里还是有入声的分别。周德清说:"入声派入平上去三声者,广其押韵,为作词而设耳。然呼吸言语之间,还有入声之别。"这似乎是指语言里有入声,只在唱词里没有入声之别。王力认为,入派三声就是指入声消失了。他说:入派三声"并不是说当时还有入声存在,而是说诗词平仄中的入声字到了元曲中不再是入声字,而转变到平声、上声或去声了。"(王力 2008,432)对于周德清所谓"呼吸言语之间还有入声之别",王力说:"有人抓住这句话,就说《中原音韵》时代还有入声的存在。我认为周德清的这句话只是一面挡箭牌。他怕人家攻击他不用诗词平仄押韵的旧法,所以说'呼吸言语之间还有入声之别'来为自己辩护罢了。假使真的'呼吸言语之间还有入声之别',那么当时大都话有三种入声,为什么今北京话里毫无痕迹呢? 再说,入声收音于喉塞音[?],与

153

阴声韵收音于元音差别很大，押韵听起来很不谐和，所以决无促声与舒声押韵的道理。"（王力 2008，432）这个说法很有说服力。根据魏建功的研究，辽代汉语入声就有合流趋势，其演变的方向与后来《中原音韵》的入声分派大致相合。从时间上看，经过南宋到了元代，大都话失去入声韵尾应该是顺其自然的事。[6]

浊上变去、平分阴阳和入派三声三个变化，都是在近代发生的。但是三个变化的效力、适用范围有很大区别。平分阴阳的变化，现在除了太原等一些方言不以为然之外，全国范围内大致都发生了这种变化。浊上变去的变化虽然没有平分阴阳那么普遍，但是也遍布全国的各主要方言。而入派三声的变化，直到今天也还只是在北方的主要地区实现，南方方言一般都有入声。北方方言中，有入声的地区除了江淮官话、晋语、西南官话有大片的地区保存入声之外，中原腹地、山东、河北等，北方话的主体地区也普遍有入声存在。在入声消失的方言里，古入声在今方言的分派也有多种类型，并不限于入派三声这一种。这恐怕也是入声在元代消失的结论不容易被接受的一个原因吧！但是，语言事实与人们的接受与否没有关系。

何九盈认为，元代著名的曲作家，如关、郑、白、马等人，他们的作品中已经没有了入声，"入派三声"了。周德清作《中原音韵》只是从"前辈佳作"中辑录这些字，因此，入派三声为"广其押韵"，是以"前辈佳作"为依据的；而"呼吸言语之间还有入声之别"，却是指现实生活中使用的语言，但是，这里所指，当然不是全称式的，而是作者根据自己的方言实践提出的——

周德清是江西人,他的方言里至今仍然有入声存在。为了避免被同乡师友诬为数典忘宗,他必须强调自己的实际方言里是有入声的。⑫这是对"入派三声"与"还有入声之别"的最合理的解释。我们认为,汉语入声消失有很多途径,《中原音韵》记录的入派三声模式,正好与后来北京话的入声分派模式基本相合,这不会是偶然的。

关于《中原音韵》声调的调值,王力根据元曲对声调的要求,认为"在元代的北方口语里,阴平是一个中平调,阳平是一个中升调,上声是一个高平调,(《中原音韵》常说'上声起音','起音'就是转高音)去声是一个低降调。"⑬杨耐思根据《中原音韵》有关"务头"的声调方面的要求,认为阴平应该是低平调或带微降,阳平是高平调或带微升,上声是个全升调,去声是个全降调。⑭

宁忌浮⑮通过《中原音韵·正语作词起例》的有关要求,分析元曲末句末尾两个字的声调,认为《中原音韵》避免两个仄声相连,说明上声、去声的"起点和终点高低差距都很大,不像平声那样,重叠起来方便自然"。(302页)元曲在末句末二音节回避上平、平上的组合,说明平声和上声调值接近。(305页)尤其是阳平,而阴平与上声略远。上声在音节之间起链接作用,因此,可能是曲折调。这样,他为《中原音韵》拟测的调值系统是:阴平33、阳平45、上声315、去声51。

张玉来也为《中原音韵》拟测了调值⑯。他认为:"《中原音韵》时代的共同语里平声已经分成阴、阳两调、全浊上声已变去声、全浊入声字已变阳平、次浊入声字已变去声。唯清入声字的归调不为多数官话方言证实,说明清入有其独特的性质,当是一个独立的声调。根据周德清及相关材料,《中原音韵》时代共同语的声调有五个调类,相应的调值是阴平 33、阳平 35、上声 214、去声 51、清入 24。"

4.5.4　明代的声调

明代的汉语声调呈现出复杂的局面。一方面,从元代就有的平分阴阳、入派三声、浊上变去的规律已经大范围地实现,但另一方面,南方很多地区还保留着古四声的格局,不少地方又从古四声中分出八调,然后又合并为若干声调。总的来看明代的声调格局呈现出丰富多彩的局面,有四大类:三声、四声、五声、六声。

（一）四声型

四声型有两种,一种是继承《中原音韵》的,四声为阴阳上去;一种是继承中古《切韵》等的,其四声是平上去入。

四声为阴阳上去的代表,是明代的北京大兴人徐孝《重订司马温公等韵图经》。它反映的是明万历时期的北京话。这部书的声调是阴、阳、上、去四声,但与《中原音韵》有所不同。《中原音韵》的入声分派在阳平、上声、去声里,而且上声里的入声比较多。《重订司马温公等韵图经》入声派入去声比较多,派入上声的很少。再者,《中原音韵》的入声不派入阴平,而《重订司马温公等韵图经》的入声可以派入阴平,而且字数还比较多。在如上的两个特点上,《重订司马温公等韵图经》更接近今北京话。从元代到《重订司马温公等韵图经》,再到今天的北京话,比较一致的入声变化是古全浊声母字,派入阳平;古次浊声母字,派入去声。

明代还坚持古四声的韵书很多,但都不一定是实际语音的记录。《洪武正韵》《蒙古字韵》《韵略易通》,都是其中的代表。

(二)五声型

这个类型一般是南方韵书。明末安徽人方以智写了《切韵声原》,除了承认周德清的平分阴阳之外,还保留入声,形成阴平、阳平、上声、去声、入声五音格局。明万历年间法国传教士金尼阁编著的《西儒耳目资》也分声调为五,相当于阴阳上去入五声,只是他把阴平、阳平的名字换成了清、浊。金尼阁还为五个声调制作了标调符号。这可能是最早的汉语标调符号:

清	去	上	入	浊
a	á	à	ǎ	â

上述《切韵声原》《西儒耳目资》大致都反映了江淮官话的声调特点。

明末南京人李登作《书文音义遍考私编》,分声调为平上去入四声。但是其平声中分别清浊,实际上是声调阴阳的差别,所以,其实际语音是阴阳上去入五声。与之类似的还有明末宣城韵书《音韵正讹》,也是以平上去入四声分卷,但是平声按照声母清浊分韵部,致使平声韵部比上去声多出一倍,实际上是一个阴、阳、上、去、入五调格局。⑰

(三)六声、七声型

写成于万历年间的桑绍良《青郊杂著》,提供了第一个六声调系统⑱。他的声调系统是平声和入声各分阴阳、上声和去声不分阴阳。入声分阴阳比较特别,但是这可能正是中原

157

官话入声消失的一个阶段的表现：现代中原官话入声消失之后，清声母入声字归阴平，浊声母入声字归阳平。入声消失后为什么会有不同的归属呢？说明入声在消失之前应该有相当一段时间分阴阳入，可能当时的入声调值跟平声很接近，只是韵尾不同。这样，一旦入声音节失去了塞音韵尾，就很自然地跟调值接近的平声合流了。《青郊杂著》的平声正和入声清浊相应。

《青郊杂著》是河南方言韵书，与之性质相近的是吕坤《交泰韵》。也是平声、入声各分阴阳。"这是河南方言的重要特点。"(耿振生 1992，186)河南方言在明末还保留着入声，而且入声有阴阳两个调。随后，入声消失，分别并入阴平和阳平。所以，今天河南方言的古入声有规律地保留在平声中，阴入并入阴平，阳入并入阳平。

除了《青郊杂著》《交泰韵》之外，万历年间还有一部韵书具有六个声调的声调系统。这就是嘉定(今上海)人范善溱所著《中州全韵》。但是，范氏的六声与桑氏不同，除了平分阴阳之外，入声不分阴阳，而是去声分阴阳。

罗常培认为范善溱所著《中州全韵》有七个声调，除了平、去声分阴阳之外，入声也分阴阳，而何九盈认为是六个声调。该书的体例是模仿周德清《中原音韵》，也分有 19 部，入声分派到平上去三声里。但是其基础方言是吴语，不是如周德清一样以北方话为基础。那么，他的 19 韵部和入派三声都有问题。既然其入声字分别附在阳平、上声、阳去之下，那是不是入声也分三类了呢？有这个可能，但是更可能是对《中原音韵》的模仿所致。如果《中州音韵》保留入声，那就要么分三

158

类,要么算一类。如果按一类算,就有阴平、阳平、上声、阴去、阳去、入声六个声调了。

（四）三声型

明末吴兴人王文璧著有《中州音韵》一书,平声不分阴阳,入声消失;只有平、上、去三个声调。同样的还有《词林要韵》。《中州音韵》《词林要韵》的作者都是吴语区的,从现代吴语的声调情况看,两书不可能只有三个声调。所以,两书的"三个声调不一定是实际语音的反映"。（何九盈 2006,191）

4.5.5　清代的声调

清代保留的资料很多,因此反映的声调类型也更丰富一些。

（一）四声型

清代反映北京话语音的韵书有《音韵逢源》《官话翠珍》。《音韵逢源》作者是满族人裕恩,书成于道光庚子（1840 年）。它的声调系统是四声:上平声、上声、去声、下平声。上平声和下平声就是阴平和阳平,所以,这个系统跟今天的北京话很接近。古入声也跟今北京话一样分派到四声里。

《官话翠珍》作者是美国人富善（Chauncey Goodrich）,书成于 1898 年。其声调系统是阴、阳、上、去四声,与今北京话基本无别。

这两部书的声调系统跟今天的北京话的主要差别,是古入声字,还有个别字的分派跟今天不同。[59]

有些地区实际上没有入声,但是韵书作者出于某种目的,表面上还保留入声。清代东北官话也是四个声调,但清长白

159

人都四德作《黄钟通韵》,其声调系统注明为阴平、阳平、上声、去声、入声五声。但是书中说:"五方土音,唯南方有入声,北方无入声。"所以,书中的入声应该不是实际语音。天津人华长忠作《韵籁》,也标阴阳上去入五声,"但其中入声字均低一格排列,表示虽把入声字独立出来,但不能与另外四声同等看待,因为在实际语言中已不存在入声调了。"(耿振生1992,184)

清代山东方言没有入声,乾隆时期的刘统勋、郑尚信补订的《万韵新书》、张祥晋的《七韵谱》、张象津《等韵简明指掌图》都没有入声,平声分阴阳。揆一辉《切法指掌》虽然所标四声为平上去入,但是其所谓"入",实际是阳平。

(二)五声型

北方地区有入声的资料也很多。

河北尧山人范腾凤有《五方元音》,后来分别被年希尧(刻于康熙时)、赵培梓(刻于嘉庆时)改编过,但是三种《五方元音》的声调系统都是五个声调,即阴平、阳平、上声、去声、入声⑦。河北易水人赵绍箕《拙庵韵悟》(康熙甲寅,即1674年),其声调系统也是阴阳上去入五个声调。

江淮方言一般都是五个声调。安徽全椒人吴烺《五声反切正韵》,声调系统是阴阳上去入。从它反映的声母、韵母系统的真实性来看,这个声调系统是可信的。江苏人胡垣《古今中外音韵通例》、安徽桐城人许惠的《等韵学》,都是五调系统。

(三)六声、八声型

清代的南方方音韵书保留多声调的很多。

徽州韵书《新安乡音字义考正》,作者詹逢光,书叙于同治六年（1867 年）。该书也按四声（平上去入）排列，但平、上声中，古清浊声母依旧对立，这无疑是用清浊代替了声调的阴阳。所以，该书的平声、上声也都各分阴阳。去声也分阴阳，只是在阴去独立的同时，阳去却和入声合并了一起。这样，该地声调也是六个：阴平、阳平、阴上、阳上、阴去、阳去（入声）。这个系统与婺源一样。徽州婺源话韵书《婺城乡音字汇》《下北乡音字汇》《正下北乡音字汇》，都按平上去入分卷，但是都暗含着平声、上声、去声各分阴阳的六声调系统。其入声也都并入阳去。

还有一部徽州韵书也分六个调，但是与此不同，它是平、去声各分阴阳，上、入声不分阴阳。和在一起，依然是六个调。这本书就是宣城宁国人周赟写的《山门新语》。他跟一般六调系统韵书不同的是，一般的韵书都维护传统平上去入四声的系统，把六调系统暗含在韵书中。但周赟相反，他从小学声调时就悟到了他的乡音有六声，很以为骄傲，后来干脆就把自己的书斋取名"六声堂"。⑦

清代还有八声调的记录，是常熟人周昂《增订中州全韵》。此书虽然按照《中原音韵》的框架，把入声分派三声，但是其入声不仅分派到阳调，也分派到阴调。比如阴平、阳平都派有入声字。由此可见，其入声是分阴阳的。这样，《增订中州全韵》，"在阳平、阳去之外，又分立阳上一类，配成整整齐齐平上去入各有阴阳的八声系统。"（罗常培 2004，486）⑫

罗常培联系历史上的声调事件，发现了一个有趣的现象：汉语的声调从始至终跟姓周的人有关系。最初发现四声的是六朝汝南人周颙，发现平分阴阳的是元代周德清（罗常培认为

《中原音韵》有入声,故有五个声调),发现六个声调的是清末宁国人周赟,发现八个声调的是常熟人周昂。"汉语的声调从四声分化到八声,以周姓始,也以周姓终。"(罗常培 2004,486)

附 注

① 参见 Atkinson,Q. D. (2011). Phonemic diversity supports a serial founder effect model of language expansion from Africa. Science,332:346—349. 之前,Atkinson 曾经在 2003 年跟他的导师格雷(Gray)发表论文 Language – tree divergence times support the Anatolian theory of Indo – European origin. Nature,426:435—439. 认为印欧语系的祖语在 8500 年前发源于土耳其的安纳托利亚。2009 年,Atkinson 又与 Gray、Drummond 合作,发表了 Bayesian coalescent inference of major human mtDNA haplogroup expansions in Africa. Proc. Roy. Soc. Lon. B. 276:367—373. 埃特金森的文章发表后,很多学者从方法和材料处理上提出了商榷,其中包括中国学者李辉、陶寰在《科学》上的文章。鲁国尧也发表《一个语言学人的"观战"与"臆说"——关于中国古人类学家基于分子生物学的"出自非洲说"的诘难》(《古汉语研究》2012 年第 4 期)则据该文而批评"西洋学术(汉语言学)的特点是以'出奇'著称,其结果,有的确实能'制胜',有的则未必,这是百试不爽的经验总结。"(第 3 页)徐文堪对这次讨论做了介绍。(参见《东方早报》2012 年 3 月 18 日《徐文堪谈语言起源与古代语文》,作者郑诗亮。)

② 金鹏主编《藏语简志》(民族出版社,1983 年,第 13 页)记录的四个声调是:43、44、12、113。瞿霭堂、劲松(瞿霭堂、劲松《汉

藏语言研究的理论与方法》,中国藏学出版社,2000年,第365页)记录的是:54、55、12、113。前两个声调有出入。瞿霭堂、劲松写作:53、55、12、14,可以突出各声调的差异,故取用。

③ 江荻《藏语语音史研究》,民族出版社,2002年,第263页。

④ 中央民族学院少数民族语言研究所编《中国少数民族语言》,四川民族出版社,1987年,第406—421页。

⑤ 向日征《吉卫苗语研究》,四川民族出版社,1999年。

⑥ 中央民族学院少数民族语言研究所编《中国少数民族语言》,四川民族出版社,1987年,第422—432页。

⑦ 蒙朝吉《瑶族布努语1'至4'的形成和发展》(《民族语文》1983年第2期)记录较此多了一个调。

⑧ 见戴庆厦主编《二十世纪的中国少数民族语言研究》,书海出版社,1998年,第113页。

⑨ 参见石林《侗台语比较研究》,天津古籍出版社,1997年,第155页。

⑩ 见梁敏《毛难语简志》,民族出版社,1980年,第10—11页。

⑪ 孔好古(AugustttsConrady):Eine Indochinesische Causativ-Denominativ Bildung und ihre Zusammensetzung mit den Ton-Accenten.《汉藏语使役名词结构及其和声调的组合》,莱比锡,1896。

⑫ 戴庆厦《谈谈松紧元音》,载《少数民族语文论文集》第2集,中华书局,1958年,第34—48页。参见戴庆厦《藏缅语族语言研究》(四),中央民族大学出版社,2006年。

⑬ 袁家骅《汉藏语声调的起源和演变》,《语文研究》1981年第2辑第5页。

⑭ 奥德里古尔(A.G. Haudricourt)De I' origine des tons en viêtnamien, Journal Asiatique 242,p.68—82. 见冯蒸译《越南

语声调的起源》,《冯蒸音韵论集》,学苑出版社,2006年,第614—624页。

⑮ 蒲立本(Pulleyblank)《上古汉语的辅音系统》,潘悟云、徐文堪译,中华书局,1999年。

⑯ 郑张尚芳《汉语声调平仄之分与上声去声的起源》,《语言研究》1994年增刊。

⑰ 张均如《侗台语族声调的发生和发展》,见《中国民族语言新探》,四川民族出版社,1992年。

⑱ 吴安其《上古汉语的韵尾和声调的起源》,《民族语文》2001年第2期。

⑲ 奥德里古尔《怎样拟测上古汉语》(A.G. Haudricourt Comment Reconstraire Le Chinois Archaique, Word 10, 351—364),马学进(Robert Matthews)译,载《中国语言学论集》,(台北)幼狮文化事业公司,1977年。

⑳ 见丁邦新《汉语声调源于韵尾说之检讨》,原载语言文字组《汉学会议论文集》,1981年。此据《丁邦新语言学论文集》,商务印书馆,1998年。

㉑ 张雁《上、去二声源于韵尾说不可信》,《语言学论丛》第28辑,商务印书馆,2003年,第23—33页。

㉒ 李香《关于"去声源于-s尾"的若干证据的商榷》,《语言学论丛》第28辑,商务印书馆,2003年,第34—42。

㉓ 薛才德《汉藏语同源字研究》,上海大学出版社,2000年。

㉔ 徐通锵《声母语音特征的变化和声调的起源》,《民族语文》1998年第1期。

㉕ 参见瞿霭堂《论汉藏语言的声调》,《民族语文》1993年第6期;《声调起源问题的论证方法》,《民族语文》2002年第3期;《汉藏语言研究的理论和方法》,中国藏学出版社,2000年。

㉖ 何九盈《汉语和亲属语言比较研究的基本原则》,《语言学论丛》第 29 辑,商务印书馆,2004 年,第 30、32 页。

㉗ 何九盈《汉语与亲属语言比较的基本原则》,载《语言学论丛》2004 第 29 期;又见《语言丛稿》,商务印书馆,2006 年。

㉘ 荀子说的"壹",可能指众多人创造了文字,但后来都统一于一家;也可能指仓颉造字用意专一,所以体系完备,最终流传于世。

㉙ 裘锡圭《文字学概要》,商务印书馆,1988 年。

㉚ 何九盈《汉字文化学》,辽宁人民出版社,2000 年。

㉛ 李方桂《上古音研究》,商务印书馆,1998 年,第 34 页。

㉜ 董同龢《汉语音韵学》中华书局,2001 年,第 304 页。

㉝ 金有景《上古韵部新探》,《中国社会科学》1982 年第 5 期,182、183 页;金有景《关于远古语言语音面貌的若干设想——兼怀王力先生对我古音研究的支持和鼓励》,《古汉语研究》2002 年第 2 期。

㉞ 见俞敏《后汉三国梵汉对音谱》,载《俞敏语言学论文集》,商务印书馆,1999 年,第 42 页。

㉟ 郭锡良《西周金文音系初探》,原载《国学研究》,1994 年第 2卷,北京大学出版社。此见《汉语史论集》,商务印书馆,1997年,第 200—250 页。

㊱ 《律古词曲赋叶韵统》,万历甲寅(1614 年)刻本。参见高永安《明末徽州学者程元初的古音分部》,(台北)辅仁大学中国文学系《先秦两汉学术》第 12 期,2009 年。

㊲ 何九盈《上古音》,商务印书馆,2001 年,第 77—78 页。

㊳ 见黄侃述,黄焯编《文字声韵训诂笔记》,上海古籍出版社,1983 年,第 98、99 页。毛公,指汉初的毛亨、毛苌,分别称作大毛公、小毛公,给《诗经》做过传;"郑公"指郑玄(公元 127 年—

200 年），汉末人。

㊴ 何九盈《古汉语音韵学述要》，中华书局，2010 年，第 205 页。

㊵ 王力《汉语语音史》，商务印书馆，2008 年，第 78 页。

㊶ 周祖谟《古音有无上去二声辨》，见《问学集》（上），中华书局，1966，第 31—80 页；王力《古无去声例证》，见《王力语言学论文集》，商务印书馆，2000 年，第 277—306 页；何九盈《古无去声补证》，见《音韵丛稿》，商务印书馆，2002 年，第 177—199 页。

㊷ 周祖谟《古音有无上去二声辨》，载《问学集》（上），中华书局，1966，第 32—80 页。

㊸ 俞敏《古四声平议》，收入《俞敏语言学论文集》，商务印书馆，1999 年，第 282、283 页。

㊹ 俞敏《后汉三国梵汉对音谱》，收入《俞敏语言学论文集》，商务印书馆，1999 年，第 46 页。

㊺ 丁邦新《论语、孟子及诗经中并列语成分之间的声调关系》，《历史语言研究所集刊》第四十七本第一分，第 17—52 页。

㊻ 见杨剑桥《汉语现代音韵学》，复旦大学出版社，1996 年，第 198—213 页。

㊼ 王国维《五声说》，作于 1917 年，收入《观堂集林》。此见于《王国维文集》（四），中国文史出版社，1997 年，第 145—149 页。

㊽ 唐作藩《上古汉语有五声说》，《语言学论丛》第三十三辑，商务印书馆，2006 年，第 4 页。

㊾ 赵彤《战国楚方言音系》，中国戏剧出版社，2006 年。

㊿ 罗常培、周祖谟《汉魏晋南北朝韵部演变研究》（第一分册），科学出版社，1958 年，第 67—69 页。

○51 丁启阵《秦汉方言》，东方出版社，1991 年，第 92—93 页。

○52 关于永明体，"四声八病"的原理和它在文学创作上的意义，请参见何九盈《中国古代语言学史》（新增订本），北京大学出版社，2006年，第89—107页。

㊾ 何九盈《中国古代语言学史》（新增订本），北京大学出版社，2006年，第107—119页。

�554 见李荣《音韵存稿》，商务印书馆，1982年。

�555 同上。

�556 周祖谟《关于唐代方言中四声读法的一些资料》，见《问学集》（上），中华书局，1966年，第494—500页。

�557 见平山久雄《日僧安然〈悉昙藏〉里关于唐代声调的记载》，《平山久雄语言学论文集》，商务印书馆，2005年，第113—141页。《安然〈悉昙藏〉里关于唐代声调的记载——调值问题》，《纪念王力先生百年诞辰学术论文集》，商务印书馆，2002年，第16—22页。前文作于1987年，当时认为正法师、聪法师的声调都是八个调；到了后文里，正法师改为九个调。主要是次阴平，作者认为是指清送气声母音节的单独声调。

�558 见李荣《切韵音系》，科学出版社，1952年，第152页；邵荣芬《切韵研究》（校订本），中华书局，2008年，第158—162页。

�559 罗常培《唐五代西北方音》，商务印书馆，2012年。

㊀ 参见蒋绍愚《近代汉语研究概况》，北京大学出版社，2005年，第87页。

㊁ 魏建功《辽陵石刻哀册文中之入声韵》，原载《读书周刊》1936年10月8日，第69期；此据《魏建功语言学论文集》，商务印书馆，2012年，第109—118页。

㊂ 何九盈《中国古代语言学史》（新增订本），北京大学出版社，2006年第186页。

㊃ 王力《汉语诗律学》，新知识出版社，1958年，第787页。

㊄ 杨耐思、蓝立蓂《释"务头"》，原载《语文研究》1983年第1期，

收入《近代音研究》，商务印书馆，1997年。

㉕ 宁忌浮《〈中原音韵〉的调值》，原载《语言研究》1986年第1期，此见《宁忌浮文集》，吉林人民出版社，2010年，第295—314页。

㉖ 张玉来《〈中原音韵〉时代汉语声调的调类与调值》，《古汉语研究》2010年第2期。

㉗ 参见高永安《明清皖南方音研究》，商务印书馆，2007年，第129页。

㉘ 何九盈《古汉语音韵学述要》（修订本），中华书局，2010年，第146页；王建喜《明代中原官话语音研究》，2003年，北京大学博士论文。

㉙ 参见耿振生《明清等韵学通论》，语文出版社，1992年，第176—179页。

㉚ 最近看到有论文讨论《五方元音》实际上没有入声，谢纪锋先生也如此说。存此。

㉛ 见高永安《明清皖南方音研究》，商务印书馆，2007年，第266—278页。

㉜ 见《罗常培语言学论文集》，商务印书馆，2004年。

第五章　汉语声调的若干规律

5.1 汉语声调的复杂性和规律性

打开一本研究汉语声调的书,你可以看到各种可能的声调形式。从声调的数量来说,从两个声调到11—12个声调的方言,都可以找到;从来源来说,一个古调类在不同地区可能跟不同古调类合流;从调型来说,一个声调系统中,平调、升调、降调、升降调、降升调都可能出现。从演变的方向上来说,有的方言不同的调类合流了,有的方言相同的调类分裂了。总之,汉语声调里有太多不确定因素。

同时,汉语声调又是有规律的。主要表现在地域归一性,即同一地域的方言声调大致有相同的发展;时代归一性,即同一时代主要方言大致有相同的演变;条件归一性,即不同方言的演变大致依据有限的演变条件,比如声母的清浊、送气等;演变趋势的归一性,即各方言的演变虽然不同,但是,都以古四声为基础、四声各分阴阳、入声逐步消失,等等,为大趋势。

5.1.1　汉语声调的多样性

(一)存在形式的多样性

由于汉语声调的复杂多样,所以一个声调的存在形式可以五花八门。例如,普通话的四声阴、阳、上、去分别是55、

169

35、214、51，音节 tang 加上四个声调，变成 tāng（汤）、táng（糖）、tǎng（躺）、tàng（趟）四个仅仅依靠声调分别的词。但是在方言里，我们可以轻易找到分别两两同音的情况：

汤＝糖　　山西太原、平遥方言

糖＝躺　　山东莱芜、无棣方言

糖＝趟　　山东青岛、烟台方言

北京话里阴平是高平调，其他方言也有阴平是高平调的，但是阴平的音高和调型在不同方言里还可以有各种调高和调型：

低平调：太原阴平和阳平合并，调值是低调 11。

中平调：西昌、都匀阴平为 33。

高降调：荣成 42、威海 53、栖霞 52，都是不远的山东方言。

中降调：烟台、福山阴平是 31。

低降调：离北京很近的天津，阴平是 21。

降升调：阴平为降升调的方言分布很广，山东的平度、青岛、无棣，山西的大同，河南驻马店，安徽合肥，等等，阴平都是降升调。

声调存在形式的多样性还有很多体现，这使人在乍一面对如此复杂局面的时候，往往会手足无措。

(二)演变方向的多样性

从历时角度看，汉语声调的演变方向也是多样的。以古四声平、上、去、入为基点，平声在北方话里一般分化为阴平、阳平。但是山西的部分方言，如太原、平遥，却阴平、阳平不分。这算是方向不同的演变。就同一个系统来看，有的方言平声分了阴阳,但是上声、去声都不分阴阳。历史上,多数方言上声分过阴阳,但是阳上声很快就合并到去声里了。去声不分阴阳、阳上与去声合并,都跟平分阴阳的方向相反。

从地域来看,似乎南方方言倾向于分,形成多声调现状;北方方言倾向于合,形成以四声为主体的声调基数格局。这也是演变方向的不同。

演变主体也有多样性。所谓主体,就是指发生演变的声调。北京话里,平声发生了分化,平声就是演变主体。上声实际上也发生了变化,就是浊上变去。那么上声也是演变主体。在北京话里,有两个声调发生了分化,分化主体分别是平声、上声。这两个演变都在元代周德清的《中原音韵》里得到体现。但是,浊上变去的演变发生在唐末五代时期,平分阴阳才是《中原音韵》最早记录的。

在太原话里,分化的主体不是平声、上声了,而是入声。太原话的声调系统里,入声分阴阳,但是平声不分阴阳。

历史上的资料也呈现多样性,例如周德清《中原音韵》中,平声分化为阴阳,入声消失,上声分化之后浊上变去。周赟《山门新语》则平声、去声各分阴阳,桑绍良《青郊杂著》、吕坤《交泰韵》平声、入声各分阴阳。

总之,汉语声调的演变方向也是多样的,想找到完全一致的演变的汉语声调资料,那是绝对不可能的。

5.1.2 汉语声调的规律性

虽然从上述看,汉语声调呈现极强的多样性。但还是有很多地方显示出规律性。影响演变的因素，总是集中于几个方面。

（一）地域的归一性

地域的归一性，指声调的存在形式和演变方式，在很大程度上跟地域有关。在同一地域范围内，声调的格局接近，相应声调的调值也接近，连读变调的方式接近，声调的演变方式和方向接近。相反，如果地域不同，一般来说很难找到上述各方面都接近的方言。

（二）时代归一性

地域接近的方言，在同一时期所呈现的声调面貌也基本上接近。当一种演变发生时，相近的地域大致在相近的时间内会先后发生。例如浊上变去的演变发生在唐末五代时期。当我们在代表关中方言的李涪《刊误》里找到证据时，在大致同时期的西北方音资料里也有反映。再如，平分阴阳的演变最早发现在《中原音韵》里，但是稍后的很多韵书都反映了相同的现象。这个演变的时间虽然很长，但是前后衔接，大致可以看成同一时期。

连读变调也有时代性。驻马店方言的阴平变调和阳平变调就不属于同一个时代开始的变调。阴平变调只保留在少数一些字里，而且必须是在词汇内部变调，例如，"铁路""鸡蛋"两个词的前字变读如阳平。但是这条规则的适用范围很有限，而且对变调字的要求也很严格。从范围上看，只涉及极少数阴平字，大多数其他阴平字不发生变调，例如，"窗户""衣架""先生"都不变调；即便是这几个阴平字，也只是在特定词内发生变调，如"铁锨""鸡子"前字不变调。从变调条件来看，一是,必须在双音节词内变化;二是,前字变调后,后字必须变读轻声。

比较一下阳平字。阳平(53)字出现在阳平、上声、去声字前时,一般失去本调中下降的部分,因而听起来跟上声(55)差不多。例如:

银河、河流、皮鞋、红糖。

前字为阳平字组合成的两字组,可以是词,也可以不是。下面这些是词组,前字同样变调:

成神、人群、胡来、胡啄(胡说)、叠床、葫芦、如意、和面、红脸、成语。

所以,在驻马店方言里,“成人”跟“逞人”同音,“鱼鳞”跟“语林”同音,“文火”跟“稳火”同音,“情人”跟“请人”同音。

比较之后就会发现,驻马店方言的阴平变调受到很多限制,应该是早期变调的遗迹;阳平变调只有语音条件,是现时的变调。

(三)条件的归一性

声调演变的条件也是多样的,但是归根结蒂集中于几个主要的条件。历史上的声调分化,如浊上变去、平分阴阳,都是以声母的清浊为演变条件的。入派三声在很多地区也是以声母的清浊为条件的。清浊作为分化条件,空间跨度和时间跨度都很大,是主要的演变条件。

与分化条件相比,合流的条件似乎更难发现。就目前掌握的资料来看,声调的合流主要是受调值的影响。例如,山东青岛、烟台方言和莱芜、博山方言都只有三个调。如下表:

表 5—1

	烟台	青岛	莱芜	博山
阴	31	213	213	213
阳	55	42	55	55
上	214	55	55	55
去	55	42	31	31

表中四个方言中,烟台、青岛方言的阳平调跟去声调值相同,莱芜、博山方言的阳平调跟上声调值相同,所以,他们分别跟去声、上声合流了。推测在合流之初,其调值本来只是接近,然后渐渐失去了区别。

塞音、塞擦音的送气也可能成为声调分化的条件。

总之,声调演变的条件是有限的,可以通过某种线索发现的。

(四)演变趋势的归一性

汉语声调不论怎么变化,但起着主导作用的是几个总趋势。

一是,四声八调的格局,各地声调都万变不离其宗。不论哪个方言,不论有几个声调,这些声调都可以通过平、上、去、入和阴阳调,找到分合的线索。二是,一些主要的演变方向,在所有汉语方言里;一些次要的演变方向,在局部的方言范围内,是一致的。

首先,中古"四声"的格局对汉语声调具有很强的限制作用。在四声的格局之下再分出阴阳,个别地区还会根据声母是否送气再分出一类。与这个分类对照,则所有方言声调,所有历史的声调资料,都可以得到合理的解释。例如,广州话有九个声调,所有声调都分阴阳,入声更分为三类。见下表①:

174

表 5－2

调类	阴平	阳平	阴上	阳上	阴去	阳去	上阴入	下阴入	阳入
调值	53	21	35	13	33	22	5	33	2/22
例字	诗夫	时扶	使苦	市妇	试富	事父	识忽	泄法	食乏

如果按照阴阳分为两类,则呈现出阴阳配对的格局。看下表:

表 5－3

调类	平	上	去	入	
阴调	53	35	33	5	<u>33</u>
阳调	21	13	22	2	<u>22</u>

阴平和阳入分别有 55/53、2/22 的异读,这正好为阴阳配对带来了便利,形成了高低搭配的五组声调。这个声调系统跟北京话相比要复杂得多,但是,这不妨碍与北京话的声调系统作比较。看如下的比较表:

表 5－4

广州	调类	阴平	阳平	阴上	阳上	阴去	阳去	上阴入	下阴入	阳入
	调值	53	21	35	13	33	22	5	33	2/22
北京	调类	阴平	阳平	上声	去声	去声	去声	阴阳上去		阳平
	调值	55	35	214	51	51	51	55、35、214、51		35
	例字	诗夫	时扶	使苦	市妇	试富	事父	忽识	法泄	食乏

上表中,广州话各声调的阴阳分类的依据是声母的清浊,阴入的分类依据是元音的长短:短元音的音节是高调,长元音的音节是低调。但是北京话古清入声的分派就没有规律了。尽管如此,两地完全没有关系的方言,还是可以按类别找到对

应。不同的只是各类之间的关系。

其次,如上所述的每个方言都有声调分阴阳,尽管不是每个调都分,要想找到所有调都不分阴阳的方言很难。比如北京话,只有平声分阴阳,但是上声的浊声母字归入了去声,就表明当初上声也分过阴阳,后来阳上才可以合并到去声里。这样看来,声调按照声母分阴阳的规律,涉及所有方言,是主要的演变方向。

在局部地区,声调演变的方向也有一致性。例如,浊上变去的演变就蔓延到整个官话区和大部分非官话方言。平分阴阳更是涉及地域广阔,蔓至大部分汉语方言。汉语方言各自都有很多独特的特征,其中在声调上也有表现。这些特征在方言区内部都具有权威地位,是局部一致性的表现。

5.2 汉语声调的演变及其规律

5.2.1 汉语声调的演变

汉语声调在历史上的演变,著名的有浊上变去、平分阴阳、入派三声。总结起来无非两类:调分阴阳、促声舒化。

（一）调分阴阳

平分阴阳最早被《中原音韵》记载,但在之前已经发生。浊上变去应该与之同时或相继发生。因为浊上变去也是声调分阴阳之后的变化。

声调分为阴阳,跟声母的清浊有关:全浊、次浊声母字,由于声母发音时振动声带,使音高降低,读阳调;清声母字声母不振动声带,音高较高,读阴调。所以,最初的阴调一定相对

176

较高,阳调一定相对较低。

但是我们不能设想汉语四声一开始就是阴阳分调的。中古时期以及之前的声调,其清浊的音高固然不同,但是只是表现为个体差异,还不能分出阴阳调。分出阴阳调应该是个体差异逐渐加大之后的事。广州话的声调应该保持了早期分化时期的特征:

广州话声调:

表 5—5

调类	平	上	去	入	
阴调	53	35	33	5	<u>33</u>
阳调	21	13	22	2	<u>22</u>

图示如下:

图 5—1

如图,阴调、阳调各成一条线,互相没有交叉,阴高、阳低。说明四声阴阳的关系没有打乱;各相配的阴阳调之间保持调形一致。但是各声调阴阳之间的差距已经很大,其中平声和阴入的差距很大。说明这个声调系统已经发生了变化,不是作为个

177

体差异的四声格局。理想的四声格局中的清浊关系应该是：

图 5－2

各声调清浊声母字之间调形保持一致，调值差距不大。

像广州话这样，虽然是阴阳分化早期，但已经打破了阴阳的平衡，已经算是阴阳分调了。下一步会向阳江话的方向发展：

阳江话声调：

表 5－6

阴平	阳平	上声	阴去	阳去	上阴入	下阴入	上阳入	下阳入
33	43	21	24	54	<u>24</u>	<u>21</u>	<u>54</u>	<u>43</u>

阳江话的阴阳调之间的关系就没有广州话那么整齐了，看下图：

图 5－3

各阴阳调之间的差距有大有小,在上声处重合了,在入声处则打破了阴高阳低的规律。

北京话的阴入声分派到四声里了,我们仅用次浊入代替阴入,派入去声,阳入则派入阳平。我们再来看北京话的声调:

表5—7

阴调	55	214	51	51
阳调	35	51	51	35

图示如下:

图5—4

阴调1(阴平)和阳调1(阳平)调值不同,调形也不同,肯定要分化,这就是"平分阴阳"。阳调2(阳上)、阴调2(阴上)调值调形都差距很大,也要分化。阳调2(阳上)、阴调3(阴去)、阳调3(阳去)调值调形都一样,所以合并了,这就是"浊上变去"。同样,阴调4(次浊入)与它们的调值、调形都一样,所以合并了。《中原音韵》清入归上声、次浊入归去声、全浊入归阳平,也应该是调形、调值碰巧一致造成的。这就是"入派

179

三声"。

（二）促声舒化

入派三声属于促声舒化，与平分阴阳、浊上变去都不同。入声除了调值的特征之外，还有韵尾、元音方面的特征。韵尾方面，入声具有[-p]/[-t]/[-k]韵尾（个别地方有[-l]等韵尾）。在入声演变的初期，这三个韵尾先是变成喉塞音[-ʔ]，然后喉塞音消失，变同阴声韵，完成韵尾的转化。元音方面，由于塞音韵尾的影响，入声的音节比较短，元音因此比舒声韵短一些。当入声的塞音韵尾消失之后，元音也会变同一般的阴声韵。

入声舒化的现象由来已久，而被系统地记录还是在元代的《中原音韵》。但是，《中原音韵》只是把入声按声母不同分别放在平、上、去三声之后，标明入声派入某声。清声母入声字放在上声后，全浊声母字放在阳平之后，次浊声母字放在去声之后。跟今天北京话相比，全浊、次浊入声的分派都没有问题，只有清声母入声字在今北京话里不是全部归上声，而是分别归阴阳上去四声，很没有规律。因此，说《中原音韵》的入声消失了，可能并不是那么容易接受。

这个问题也许可以换个角度：一则，以历时发展的眼光看，北京话入声消失大概应该就在元代，距今尚远。二则，入派三声与今北京话大致相合。首先，明末徐孝《重订司马温公等韵图经》已经确定，北京话没有入声了，那之前的入声消失应该是可以上推的。从明代入声消失的结果看，入声消失的开始时间不会太晚。其次，现代北京话清入声派入四声，跟《中原音韵》不同，其原因可能是多方面的。一个可能是移民造成的。元末战争之后,大都(北京)人口大减,明初大量外地移民可能改变了北京语音的部分面貌。清人入关带来了大量的满人,他们集中居住在内城,又一次改变了北京话的面貌。这些因素也许是北京音清入声归属不同的原因。另外还有一种可能,上声的调值变化可能使派入上声的清入声字又发生了转移。从现在的北京话上声调值看,上声本调是214,还有35、21两个变调。那么,变调是不是早期调值? 在元代上声有没有变调? 变调有没有可能影响入声的分派?[2]北京话阴平、阳平、去声变调都不明显,只有上声变调多而且明显。也许在元代,上声的变调更多,久而久之影响了清入声的分派。

北京话的文白异读也可以为清入声归属提供参考。一些古清入声字在北京话白读是上声,例如色,文读[sɤ⁵¹],白读是[ʂai²¹⁴]。而且,北京话的白读是稳定的,尽管保留的数量不多,但是都成系统,而且不轻易改变。但是文读是不稳定的,常常会发生变化。有人认为北京话的文读来自周边方言,但是从其读音的多变性来看,文读肯定不是来自一个方言。那么,结合北京语言生活的实际,最可能的解释是,文读来自北京的文人阶层。北京的文人阶层来自四面八方,在北京社会上占有重要地位,具有很大的影响力,他们的语言对北京话的影响很大,包括制定语言文化政策等。可能正是他们影响了入声的归属。Forrest,R. A. D、Stimson,H. M. 和平山久雄都发现北京话阴平、上声中的古清入声字来自口语层,阳平、去声中的古清入声字来自文言层。可以部分地证明这一点。[3]

历史上还有一次入声舒化,是在魏晋时期。上古音里一部分入声字,在长元音的作用下失去了塞音韵尾,变同阴声韵了。这个变化促使去声的产生,从而促使四声的形成。

两次入声舒化,相同的是都脱落了塞音韵尾;不同的是,魏晋时期的入声韵尾脱落时,音节的主要元音长,使塞音韵尾无法生存,而近代的入声韵尾脱落时,音节的元音长度要比舒声韵短。

5.2.2　汉语声调演变的条件和动力

（一）条件决定演变的方向

汉语声调演变的条件有声母的清浊、声母的送气、元音的长短等。这些条件,在演变中起的作用主要是决定演变的方向。

声母的清浊,包括全浊、次浊、清。这些因素决定声调分裂为阴阳调之后的各自的去向。全浊、次浊声母音节,一般声调比较低,与清声母分开之后往低的方向走。清声母字相反。如前述广州话的声调分布就证明了这一点。

次浊声母的方向比较特殊,它有时候跟着全浊声母一起演变,例如北方话平分阴阳之后,次浊平声字一般跟着全浊声母字走,读阳平。有时候跟清声母一起演变,例如河南方言次浊入一般读阴平,跟清入一致。北方多处方言全浊上声变去声,但是次浊上声则不变,依然留在上声里。如"马染语雨吕"等。有时候自己单独演变,例如北京话次浊入,不跟全浊入一起读阳平,也不跟清入一起读上声,而是单独为一类,读去声。有时候部分跟全浊声母一起演变,部分跟清声母一起演变,如北京话阴平里也有个别次浊声母字:"妈懵妮妞"。不管属于哪个类别,次浊声母作为声调演变的条件,它决定着声调的演变走向。

(二)动力决定演变的发生

什么是声调演变的动力呢? 各种演变的动力不同。

在入声舒化的演变中,入声的短元音性质和塞音韵尾是其演变动力。有人说,入声一般是高调,舒化之后都会读高调。这个说法缺乏证据。我们看到的入声不都是高调,相反,既然它舒化之后多数与某类舒声韵合流了,如入派三声,说明跟这些舒声韵类调值相差不多。现代方言中,入声和舒声都各有高低调。所以,入声韵的元音、韵尾,都不决定声调的方向。但是入声舒化这个运动中,入声的短促、具有塞音韵尾的性质起到原发作用。

在调分阴阳的演变中,声调的调值是演变的动力。清浊声母字的声调差别,之所以从最初的个体差异,演变为调类差异,主要是调值发生了量的变化,在一定时期引起了质变。调类的合并更是如此。北京话之所以会发生浊上变去的演变,一定是浊上声的调值跟去声的调值逐渐接近,最后无法分别造成的。

外因也是不可轻视的因素。这可以从语言接触、语言运用两个方面来看。多民族、多语言的接触,可能加速语言的发展。汉语声调的发展也有接触方面的原因。例如,汉语入声消失为什么从北方开始? 为什么以北京话、东北话最彻底? 根据何九盈《汉语三论》的研究,北京地区从五代时期就是汉族和少数民族杂居的地区,汉语是这个地区的语际、族际交际语言。由于民族杂居,这里使用的汉语多呈现出中介语状态,

183

其突出的特点就是入声消失。由于元明时期北京地位的提高,这种脱胎于前代中介语的汉语方言的地位也开始上升,作为元曲创作集中地,其影响又受到提升,这就是北京话成长的历程。④

5.2.3　汉语历史声调的构拟

(一)古代调类的考证

古代声调直到六朝时期才被认识到,并且分了调类。但此前的调类则没有记录,要想了解那时候的声调状况,需要从一些蛛丝马迹中去考证。在声调发现之后的若干年里,声调在各地的表现不一,随着时代会发生变化,所以,很多情况下,声调并不是韵书记载的那样,其真实的情况也需要考证。

六朝以前汉语声调的考证,主要依据诗歌押韵和谐声、通假、异文等资料。各家对上古音声调的考证是典型的代表,参见本书第五章。六朝时期有"四声"的发明,隋唐时期有《切韵》的刊行,这时期的汉语声调是平上去入四声毋庸置疑。但是晚唐五代时期声调已经发生了变化,而韵书依然标明四声,唯赖李涪《刊误》可以窥见"浊上变去"的端倪。这就需要考证了。这种情况一直持续到明清时期,明末的《音韵正讹》以平上去入四声分卷,但是其上去入都表现出浊音消失,而平声却阴阳共存,经过考证,我们发现它的平声实际上已经分了阴阳,编者为了维护传统,没有破坏古四声格局。清代的《新安乡音字义考正》的声调系统标明为平上去入,但是仔细考察发现,其平声、上声都有清浊对立,次浊声母字也有对立情况,这就不能从声母上面找区别了,结合现代徽州话已经浊音清化的情况,推测反映清末语音的该书应该是平上各分了阴阳。再看去声和入声,就更加明确了:其去声只有清声母字,入声里却有9个浊声母去声小韵。这说明去声已经分阴阳,而且入声跟阳去合流了。这从侧面证明平声、上声也应该分阴阳了,《新安乡音字义考正》的声调系统应该是阴平、阳平、阴上、阳上、阴去、阳去(入声)。(高永安2007,271—272)

后代韵书为什么要承袭千年以前的"四声"格局呢?这一方面可能是编者观念保守,另一方面可能是编者注重摘录书本,不愿询问口耳。可见,元代周德清倡明平分阴阳和入派三声,明代桑绍良、吕坤标明六声,清代周赟得意于能够分辨去声的阴阳,都是需要很大的勇气的。正因为如此,古代很多反映声调情况的资料都需要考证。

(二)古代调值的构拟

桥本万太郎《古代汉语声调调值构拟的尝试及其涵义》⑤收集了大量汉语声调调值,把它们摆放在地图上,观察调值之间的渐变关系,发现中原地区的声调呈现三个声调波浪,他们代表着三个互相相距500年的声调形式。他进一步推广,发现可以观察到全国范围内的声调有五个声调波,他们分别代表:

南北朝:阴424、阳55、上24、去42;

汉代:阴42、阳35、上424、去55;

西周:阴33、阳24、上53、去31;

商代:阴523、阳13、上242、去54。

平山久雄一向关心汉语古调值的构拟,写过一系列文章。他的主要理论建立在他对一些地区汉语声调的区域观察上,

他认为,汉语的声调发展呈现"环流"态势:

高平→高降→中降/低降→降升调

低平调→中平调　　　→　　　高平调

低升调→高平调/高升调⑥

他运用这个理论构拟了厦门话的古调值、江淮方言的祖语调值,等等,可以说成绩斐然。

中日学者根据古代文献,如《悉昙藏》的描述构拟古调值,可信但不细致。根据现代调值构拟的古调值,细致但不可信。近年来,一些学者(包括平山久雄)利用连读变调来构拟古调值,也取得了一定的成果。

构拟古调值不容易取得信任的主要原因是无法验证,所以,如果有几种方法同时构拟,最后得到的结论相符,就可以得到一些信心。高永安构拟清代徽州话和宣城话调值的时候,运用了现代声调调值地理分布、连读变调、古文献记载几个方面的资料,是一次积极的尝试。⑦

我国古代演唱文学对汉语声调讲究有加,因此,如果能够发现古代配有文字的音乐作品对声调的要求,然后根据规律去探索调值,会是一个很可信的途径。⑧

附　注

① 北大中文系语言学教研室《汉语方音字汇》,文字改革出版社,1989 年,第 30 页。

② 参见高永安《驻马店方言的连读变调与入声的分派》,《燕赵学术》2009 年春之卷。

③ 见平山久雄《中古汉语的清入声字在北京话里的对应规律》，北京大学学报(哲学社会科学版)1990年第5期；收入《平山久雄语言学论文集》，商务印书馆，2005年，题目改为《中古汉语的清入声字与北京话声调的对应规律》。我们说"部分地证明"，是指他们不能解决今北京话阴平里的古清入声字问题。对比《中原音韵》清入声只分派到上声，现代北京话口语阴平里的古清入声字可能来自与中原官话的接触。而阳平、去声里的古清入声字都是文读，是文人的影响。

④ 何九盈《汉语三论》，语文出版社，2007年。

⑤ 桥本万太郎《古代汉语声调调值构拟的尝试及其涵义》，北京大学中文系编《语言学论丛》第16辑，商务印书馆，1991年。

⑥ 见平山久雄《汉语声调起源窥探》，《平山久雄语言学论文集》，商务印书馆，2005年，第288—289页。

⑦ 高永安《宣城方言声调的早期形式》，《中州大学学报》2005年第1期。

⑧ 参见叶桂桐《用古乐谱拟测古汉语调值论证》，《山东师大学报》(社会科学版)1987年第2期；李超《从古乐谱探析汉语声调的理论与方法》，《艺术百家》2008年第5期。

第六章　汉语声调的应用

6.1　四声别义

6.1.1　四声别义的含义

声调本来就是区别意义的,声韵相同的字,如果声调不同,就成了另一个词,有不同的意义。但是,声调有一种别义功能是通过改变声调派生新词,这叫做"四声别义"。因为它实际上是一种构词手段,所以也叫"变调构词"。

以前人们发现六朝时期的学者,在注解经典时常常注明某字的读音要改变声调,以解释该字意义的细微改变。比如,"好""恶"分别是上声、入声,如果改变声调,变为去声,他们就都变成了动词。"饮"是动词,"喝"义,上声;"让人喝"义,古人也说"饮",但是读去声。现代汉语中,以上三个字的变调用法都还保留着,只是"饮"的去声用法只用于让牲口饮水这个意思了。很多四声别义的用法今天已经不适用了,例如"语""衣""食"都不是去声,本来都可以读去声,分别表示"告诉""穿衣服""给……吃",但现在已经不这么用了。

四声别义除了转变成动词之外,还有其他变化。例如,处理的"处"是动词,读上声,改读为去声后成了名词"处所"。"难"读平声意思是不容易,改读为去声意思为灾难。

188

王力把四声别义看做是一种形态。他说:"同一个词,由于声调的不同,就具有不同的词汇意义和语法意义。主要靠去声来和其他声调对立,因为正如段玉裁所说,上古没有去声,后来一部分入声转为去声,又有一部分平声和上声转为去声。在声调转化的许多词当中,就有一部分词是为了区别词汇意义和语法意义而引起声调的分化的。"① 他在这段话里有个注解,交代了苏联汉学家龙果夫的不同意见。龙果夫认为四声别义只有词汇意义,没有语法意义,不是形态。孙玉文把四声别义叫做"变调构词",认为是构词法,而不是构形法。是一种词汇派生的手段。②

6.1.2 四声别义的类别

四声别义主要是平、上、入声字,变为去声,其意义主要是由其他词性变为意义有关联的动词。但是这只是主流的情况,实际情况要复杂得多。下面我们根据王力(1980)和周祖谟(1966)分类介绍一下四声别义。

(一)名词词性变化的

(1)名词变动词,动词变去声

王,本义君王,平声;转读去声,意义为君有天下。

妻,本义为妻子,平声;转读去声,意义为做……的妻子。

枕,本义为枕头,上声;转读去声,指动词枕。

(2)时间词改变为动词的,动词变去声

先,在前曰先,平声;转读为去声,意思是上前。

后,先之对称,上声;转读为去声,意思是使之后。

(二)动词的用法改变的

(1)不及物动词变成及物动词,及物动词变去声

语,本义为语言、话语,名词,上声;转读去声,意义为告诉。

雨,本义为下雨,动词,上声;转读去声,意义为下(雨、雪)等。

(2)一般动词变为使动用法,使动用法变去声

饮,本义为喝,动词,上声;转读为去声,使动用法,意思是让……喝。

来,本义为到来,动词,平声;转读为去声,使动用法,意义上是使……来。

(3)动词变为名词,名词读去声

采,本义为动词采摘,上声;转读去声,指古代分封的采邑。

过,本义为经过,动词,平声;转读去声,指超过。

宿,本义为停止,动词,入声;转读去声,指星宿。

(三)形容词变调别义

(1)形容词变动词的

好,本义为善,上声;转读为去声,意思是喜欢。

恶,本义为坏,入声;转读为去声,意思是讨厌。

卑,本义为下,平声;转读为上声,意思是使之下。

上,本义为上下之上,去声;转读为上声,意思是自下而升。

(2)形容词变为名词

高,本义为位置高,形容词,平声;转读为去声,意思是高度。

深,本义为深下,形容词,平声;转读为去声,意思是测深度。

(四)意义稍有变化的

(1)意义有彼此、上下之别

假,向别人借,上声;转读为去声,意思是给。

借,向人借取,入声;转读为去声,意思是给。

风,自上而下教化,平声;转读为去声,意思是自下刺上。

(2)意义有引申

首,本义为头,平声;转读为去声,意思是头朝向的方向。如狐死首丘。

当,合适,平声;转读为去声,意思是得所宜。

6.1.3 四声别义的产生时代

以前的学者认为四声别义只是六朝的经师们人为生造出来的别义方式,实际语音中未必要改变声调去区别意义。例如《离骚》有"理弱而媒拙兮,恐导言之不固;时溷浊而嫉贤兮,好蔽美而称恶。""恶"是丑陋的意思,应该读入声。但是按照上句韵脚"固",则"恶"应读去声。又,汉刘歆《遂初赋》:"何叔子之好直兮,为群邪之所恶;赖祁子之一言兮,几不免乎徂落。"其中"恶"为厌恶义,应该读为去声,但是与之押韵的"落"却是入声。所以,顾炎武《音学五书·音论》"先儒两声各义之说不尽然"认为:"乃知去入之别,不过发言轻重之间,而非有此疆彼界之分也。"钱大昕进一步说:"古人训诂,寓于声音,字各有义,初无虚实动静之分。"(钱大昕《十驾斋养新录·易卦指观字》)四声别义现象是客观存在的,以个别现象来否定四

191

声别义，是以偏概全。

关于这种现象产生的时间，有几种看法：

清代以前人们认为起自六朝。北朝颜之推《颜氏家训》言出自葛洪、徐邈，钱大昕遂认为："好恶异义，起于葛洪《字苑》，汉以前无此分别也。"（同上）

周祖谟认为四声别义起于后汉。"决非起于葛洪、徐邈，推其本源，盖远自后汉始。魏晋诸儒，第衍其绪余，推而广之耳，非自创也。"[3]梅祖麟认为上古就有四声别义。[4]孙玉文认为上古前期已经有了变调构词（四声别义）。（孙玉文2007，430）梅祖麟对上古四声的看法与上述其他学者不同。

王力认为四声别义是中古汉语的一种词汇、语法手段。他说："中古汉语的形态表现在声调的变化上面。"（王力1980，211）"唐人作诗，严格地遵守这种正音规则。宋元以后，也基本上遵守这种规则。"（王力1980，215）王力对四声别义的看法，是与他对上古汉语声调的构拟相联系的。王力认为，上古汉语没有去声，去声是从长入声变来的。而去声的最终形成是在六朝时期。而四声别义的最辉煌时期正是六朝时期，四声别义促成了去声调的形成。

6.1.4　四声别义的现代读音

传统上把因为意义的不同而改变读音，叫做破读，或者读破。我们对于古书的破读音应该具体问题、具体分析。首先，对于那些沿用至今的破读，今天当然要连本读，带破读都继续使用。其次，对于那些今天已经不使用的破读，则可以不必特意去区分，可以按照习惯读现代汉语的读音就可以了。但是，对于古代汉语学习者,则要了解破读。

历史上收集破读字音的主要文献有唐·陆德明《经典释文》、宋·贾昌朝《群经音辨》、清·马建中《马氏文通》。对于现代汉语中保留了哪些破读音,唐作藩(1979)根据以上三书做了统计。结果是考察的 260 个字中,有 161 个字今天只有一种读音。其中,破读音消失,只留下本读的有 104 个,如"冰轻高深思生"只读平声,"枕粉两广梅"只读上声。本读音消失,只留下破读的有 43 个,如"令治贯忘料放庆任"本读平声消失,今读去声;"上下右去柱奉后近夏树善滥造"本地上声消失,今读去声;"总反攘"本读平声消失,今读上声;"仰"本读去声消失,今读上声;"炙借贷告射刺帅画易"本读入声消失,今读去声,等等。尚有 99 个字保留了本读和破读,如"亲空膏过缝冠采饮论"。⑤

6.2 声调与音乐

6.2.1 中国古代对声调的认识得益于音乐

我国古代对声调的认识是在六朝,但是对音乐的认识却要早得多。《左传》《国语》都提到"五声""清浊"的概念。上古历代都设有乐师,音乐是国家礼仪的重要组成部分。《礼记·乐记》郑玄注:"宫商角徵羽,杂比曰音,单出曰声。"何九盈(2006,84)⑥说:"单独一个音阶,或清或浊,叫做'声';清浊按一定规律组合才能成为'音'。"宫商角徵羽是五个音阶,清浊即高低的意思,所以有"清商""清角"之说。这些音乐概念,至少在汉代就被借用于语言研究。《周礼·天官·医疾》"五声"

郑玄注:"五声:言语宫商角徵羽也。"

中国古代对声调的认识得益于音乐,一个有力的证据是,语言"声律"的所有概念都来自音乐。例如"清""浊",本来指音阶的高低,借用到语言研究里,指声母是否振动声带。振动声带的声母辅音与韵母结合后发音低沉,所以叫浊音。不振动声带的声母辅音与韵母结合后发音清越,所以叫清音。至于音乐里的音阶标尺"宫商角徵羽",更是被借用来代表声调。三国魏·李登作《声类》、晋·吕静作《韵集》,都是以宫商角徵羽各为一篇。是"直接用五声来分析语言。"(何九盈 2006,88)

6.2.2　音乐文学都对声调有特殊要求

(一)上古时期诗歌多配音乐

汉语诗歌从最早的诗歌总集《诗经》开始,就是配乐的。《吕氏春秋》说:"闻其声而知其风。""声"又有各地风土,有"郑声""秦声""卫音""齐音"等。所谓"国风"之"风"就正是从这些"声"中可以窥见的;而其"声""音",就是音乐和语言。

战国时期屈原的《楚辞》更是直接借鉴"楚声"和巫祝歌舞的文体形式。"'楚声'中有一种'九歌',就是'巫'在祀神时表演的歌舞曲。现在保存于《楚辞》中的'九歌',是楚国著名诗人屈原根据民间流传的'九歌'曲调,'更定其词'(汉·王逸《楚辞章句》——原注)而创作的。"[⑦]

汉代设立专门的音乐机构乐府,但是演奏"雅乐"的机会并不多,而对巫祝、祭祀之乐却很受重视。工作于其中的乐工和文学家多达千人。乐府还收集大量民间歌曲,"大致北起匈奴和其他北方少数民族居住的区域,南到长江以南;西起西域各地,东达黄河之滨,所包括的地区十分广阔"。(吴钊、刘东升 1993,41)

《诗经》《楚辞》和汉乐府民歌对声调有没有要求,有什么要求,由于当时还没有发现声调,所以现在是不得而知了。但是从押韵上看,基本上主体是按照同调相押的,可以推测应该是对声调很重视。

(二)诗歌与音乐是并行的

南朝永明体出现以后,"四声八病"说是有基础的,沈约之前的文学家、诗人多已经有意识地运用声调的特性来使创作更加和谐优美。到了唐诗,对声调的要求就成了形式美的主体了。宋词继承唐诗的律句,也同样讲求平仄。元曲同样讲究平仄,而且还对汉语声调做了第一次明确的革新,提出了平分阴阳、浊上变去、入派三声的主张。

并不是每首文人创作的诗歌都是在音乐伴随下产生的,但是,每个时代确实都有配合音乐的诗歌创作。汉代有"相和歌",是继承国风和楚声而来的演唱诗歌形式。有清唱和乐器伴奏的两种形式,延至魏晋。南朝清商乐繁荣,著名的陈后主的《玉树后庭花》名噪一时。这一时期的民歌曲子流入城市,在盛唐时期为娱乐场所接受、定形。我们今天熟悉的名字,如《杨柳枝》《菩萨蛮》《望江南》都形成于那个时期。《阳关三叠》《渔歌调》则是保留至今的唐代古歌。(吴钊、刘东升 1993,94)

(三)戏曲文学对声调有特殊要求

由于唱曲和汉字声调有关,戏曲文学对声调都有特殊要求。《中原音韵·正语作词起例》有"务头""末句"条,都是对

195

声调的要求。"务头"即周德清说的"俊语",是曲子的关键,但本义目前还待详考。杨耐思认为"务头"是指字调要求极为严格的句子。"末句"指律句的最后两字上声、去声要分明,不能一概以"仄声"论;要上去或去上混用,不可上上、去去叠用。[⑧]后世的北曲、南曲对声调也有严格要求。李渔《闲情偶寄·音律》有"慎用上声""少填入韵",都是对声调的要求。他说:"平上去入四声,唯上声一音最别:用之词曲,较他音独低,用之宾白,又较他音独高。""平去人三声以及阴字,乃字与声之雄飞者也;上声及阳字,乃字与声之雌伏者也。""初学填词者,每犯抑扬倒置之病,其故何居?正为上声之字入曲低,而入白反高耳。"[⑨]李渔对声调的感悟可谓独得胸襟。

近现代吟诗、吟词和宣卷,有的地方有特别的曲调。例如,湖南湘阴县的"儒教"在丧事中绕着棺材唱一种歌,其曲调如下:

曲中,"凡是两三仄声联成的小逗,其所配旋律一般地总是上升或是用较高的音。而凡是平声字联成的小逗,则其所配旋律,一般地总是下降或用较低的音。"[⑩]这是由于方言平声调低、仄声调高,声调要跟曲调配合起来才和谐顺畅。

现代戏曲唱词和宾白都讲究声调。杨荫浏制作了一张表,注明各声调在唱腔的具体表现,和前后字的关系。(见下页,摘自杨荫浏 1983,34—35)

南 北 曲 字 调 配 音 表

		1 阴 平 （南曲阴入同）	2 阳 平 （南曲阳入同）	3 上	4 去
本字音调之进行	腔格	1.单音腔升高或降低一二度后，回复原位，成三音腔。如： 1 2 1 ‖ 1 6 1 ‖	2.低起，上行一二度，成二音腔。如： 1 2 ‖ 5 6 —	3.甚低起上升，可从甚低起连续上升，亦可于第一低音后转向更低一二度处急过后再上升。如： 3 5 6 ‖ 3.2 5 6 ‖ 3.北曲有时起处略高，转低后再上升，如： 4 3 5 6 ‖ 3.本字低起，或低起转低后不即上行，待下字来继续上行，完成腔格。 3.北曲低起上行，有时又回下： 3 5 6 ‖	4.高起下行，可从甚高处下行，亦可于第一高音后转向更高一二度处急过后再下行。如： 2 1 7 6 ‖ 2.3 1 7 6 ‖ 4.本字高起或高起转低后不即下行，待字来继续下行，完成腔格。 4.北曲高起下行，有时回上。如： 5 4 3 5 ‖ 4.南曲阳去声字由低上跳后不即下行，待下字来继续下行，完成腔格。
	单音腔	平，北曲有时高。	平，北曲有时高。	低	高
	繁腔	1.三音腔格后向略高略低处留连婉绕。如： 6 — ‖ 6 56 53 ‖	2.随二音腔格更略上行后回头，留连缠绕。如： 20 3 3 5 ‖ 2 3 3 2 1 0 1 6 6 6 1 ‖	3.低起上行后再回低上行若干次。如： 5.6 1 0 1 7 6 1 ‖	4.高起下行后再回高下行。如： 6.1 5 0 1 6.5 3 5 3.2 ‖ 4.南曲阳去字去声首音跳下行，再回高下行若干次。
	跳腔		2.上跳，如： 1 5 ‖ 3 6 ‖	3.上跳，如： 1 5 ‖ 3 6 ‖	4.下跳。如：2 6 ‖ 1 5 ‖ 4.南曲阳去声字上跳。
前后字音调之关系	1 阴 平	11.同度 11.高低一二度 11.两字合用一腔格	12.略低或同度。	13.略低或大低。	14.略高大高，北曲有时从低处继续下行。 14.南曲去声字首音高低或同度均可。
	2 阳 平	21.同度，略高或上跳。	22.同度略高或上跳。	23.略低或大低。	24.略高或大高，北曲有时从高处继续上行。 24.南曲阳平去声字首音高低或同度均可。
	3 上	31.随前字上声腔上行或上跳。	32.随前字上声腔上行或上跳。	33.随前字上声腔上行或上跳。 33.下降后重新上行。	34.略高或大高。 34.反前字上声腔方向而下行。 34.南曲阳去声字首音高低均可。
	4 去	41.南曲随前字去声腔面下行或下跳，北曲有时上跳。	42.南曲随前字去声腔面下行或下跳，北曲有时上跳。	43.反前字去声腔方向而上行。	44.随前字去声腔方向而下行。 44.回上后重新下行。 44.南曲去声字后的去声字首音有时上跳。
	前字 后字	1.阴平	2.阳平	3.上	4.去

孙从音（1983，98）强调："戏曲唱腔要根据汉字四声声调进行创作，二者的结合是十分自然的，是非常必要的。"他提出了京剧、河北梆子、评剧中处理四声、避免倒字的方法：

①阴平和阳平字相连时，要阴　④阳上相连，阳高上低；
　高阳低；　　　　　　　　　⑤阳去相连，阳低去高；
②阴、上相连，阴高上低；　　⑥上去相连，上低去高；
③阴去相连，阴高去低；　　　⑦同声相连，前高后低。⑪

武俊达（1983）提出了京剧唱腔中四声的处理问题。他认为，在单字简腔，即字多腔少的情况下，可以采用寻声依调、循声转调的方式，字调要随着旋律走，但是在旋律中要突出四声的高下，使声腔跌宕多姿。在单字繁腔，即字少腔多的情况下，可以采用以字行腔、先字后腔两种方式，或者顺着旋律把字音逐步吐完，或者吐字清晰，唱完字调，然后再转入拖腔。⑫

6.2.3　现代歌曲对声调的要求

现代歌曲的歌词声调与音乐旋律，都是由音高体现的，他们相遇在歌曲中，势必产生和谐的问题。从歌词的声调来看，如果由于音乐的高低破坏了声调的高低升降的形式，可能会造成歌词声调变化，影响歌曲意义的传达。从音乐来看，如果歌词声调的升降与音乐旋律形成矛盾，也会影响旋律的顺畅优美。所以，歌词声调不得不慎重。这也引起了不少学者的关注，提出了一些有益的见解。如："上声唱字一般较其他各声（阴平、阳平、去声）唱字的较低音位更为自然，其原因主要是上声字为低升调，即由下向上升起滑进的缘故，这种由低向高滑进的音程幅度可大可小，甚至常常只须稍做低升便可。"

"由阴平声唱字连接其他各声唱字时,这些非阴平声唱字均可免去升降滑行,而以其中较低音代替即可,一般感觉仍是自然的。"⑬当然,现代歌曲声调没必要像格律诗那样整齐划一,但是基本的原则应该是和谐顺畅。

声调的高低应该跟音阶的高低相搭配,北京话中,阴平是高调,上声是低调,阳平、去声也有高点。音乐的高处应该填阴平字,低处应该填上声字。唱起来顺口,听起来顺耳。例如:

```
            ‰1.
0  0  0  0 | 3  6 6 3 | 5  6 5 6  -  | 6 3 5  6 5 |
            风 中 有 朵  雨 做 的 云,      一 朵 雨 做 的

3  -  -  - | 6 2 2 6 | 1  2 1 2  -  | 2 6 1  2 1 |
云。          云 的 心 里  全 都 是 雨,    滴 滴 全 都 是
```

这两句歌词中,"一朵""心里"唱起来和听起来都最和谐,这是因为"一""心"是高平调阴平55,"朵""里"是低调半上21。当歌词从55降到21时,音乐正好是从6降到3。所以很顺畅。

声调的升降应该与旋律的升降相配合,阳平是升调,去声是降调,所以当他们处于顺着字音的升降方向的地位时,感觉比较顺畅。上句中最后一个"云"和两个"全"字,都处在高音前的低音位置,旋律的上升和声调的上升一致。

有两点说明,一是,不是每个字的声调都必须严格要求,要注意的主要是节奏点的前后字音。二是,高调在高音位置、低调在低音位置,这只是一个相对的要求,一个字的音高主要还要看它跟前后字的音高对比关系。"风中有朵"四个字,前

两字阴平,后两字上声。但是"风""朵"音高都是 3,"中""有"音高都是 6,这是旋律的要求,同调有不同音高,异调有相同音高。

6.3　声调与古代诗词

6.3.1　"四声八病"

六朝沈约创"四声八病"之说,"声律"一词把音乐跟语言结合的更紧密了。其中,"四声"就是平上去入。"八病"是诗文创作中要避免的语言不和谐问题,分别指平头、上尾、蜂腰、鹤膝、大韵、小韵、正纽、旁纽。其中,后四项是跟声韵有关的:

大韵:一句之内不能有与韵脚字同韵的字,如:"泾渭扬浊清""清"是韵脚字,"泾"与"清"同在耕韵,失误。

小韵:上句最末一字,不得与下句任一字同韵部。如:"夜中无与悟,独寤抚躬叹。"上句末尾"悟"与下句中"寤"同属于六朝时期的模部。

旁纽:指五言诗一句之中不能用同声母的字。如"月鱼元愿"。

正纽:指五言诗一句之中不能用声韵相同而四声相承的字。如"壬衽任入"。

余下的四个方面的要求:平头、上尾、蜂腰、鹤膝,都是声调方面的。

平头,指五言诗的上下两句头两个字或第二个字不能同为平声或仄声。例如:"芳时淑气清,提壶台上倾。""芳时""提壶"同是平声字。"树表看猿挂,林侧望熊驰。""表""侧"同是仄声字。这两例都不符合声律要求。

上尾,指上下两句末尾字同为平声,不能"两句之中,轻重悉异"。如:"西北有高楼,上与浮云齐。""楼""齐"都是平声,缺乏变化。

蜂腰,指五言诗一句之中,第二字、第五字平仄相同。如:"闻君爱我甘,窃独自雕饰。""君"与"甘"同为平声、"独""饰"同为仄声,都不符合格律。

鹤膝,指第一联首句,与第二联首句最末一字,平仄不得相同。例如:"客从远方来,遗我一书札;上言长相思,下言久离别。""来""思"均平声,犯了"鹤膝"的毛病。

6.3.2 "四声八病"的实质

所谓"永明体",主要内容就是"四声八病"。对于今天的人来说,"八病"的要求太过细碎,行文时无法掌握。其实即使沈约当时,也受到强烈质疑。"周、沈等人发明四声,在汉语音韵学史上无疑是伟大的创举;以四声用于文学创作,以四声为基础建立永明声律学说,也是了不起的创举。但是,以'八病'为戒条,这就犯了形式主义的错误。"(何九盈 2006,101)文学需要形式,但是不需要形式主义。六朝之后的文人并没有完全摒弃沈约等人的形式,扬弃了"八病"的声律学说,开创了大唐格律诗盛世。沈约等人不被理解,究其实质,是由于讲求太过。何九盈(2006,83—119)对"四声八病"进行了梳理,发现其精神实质可以归纳为四个律:

一是清浊律,即音有高下之分,施于文学,就是清浊在文句中要有错落。"清浊杂比、宫羽相变的确是声律学中最基本

201

的律例"。(何九盈 2006,90)

二是声响律,即文句前后的声调要呼应,不能抵牾。

三是双叠律,即讲究双声叠韵字的施用和规避。

四是四声律,讲究声调在文句中的抑扬顿挫。

"四声八病"主要是讲求声调的高低、声韵的照应应该符合文从字顺的自然规律。由于声调的发展变化,声律的要求也应该改变。而如上的四条规律,是对声律的本质的赅括,是一切行文要达到的要求。

6.3.3　诗词格律的要求以声调为主

(一)格律诗的平仄

古代汉语的四声有个"平仄"概念,说的是四种声调分为两部分:

平声——就是指当时的平声;

仄声——就是除了平声之外的其余三种声调:上、去、入。

古代的格律诗讲究平仄的同异和交替。这个平仄,在普通话四声里也能轻易地分清楚:

平声——普通话阴平 ＋ 普通话阳平

仄声——普通话上声 ＋ 普通话去声

这样,跟古代的四声平仄大体差不多,不同只在古入声。古代的入声在近代消失了,分散在当时的平、上、去三声里,即"入派三声"。在北京话里,古代的入声分布在阴平、阳平、上声、去声里。对于读、写古体诗的读者来说,在今天北京话上声、去声里的古代入声字,不必关心,因为反正它们古今都是仄声;但是对于在今北京话阴平、阳平里的古入声字,则不同

202